복잡계와 동양사상

: 자기조직화와 조직관리

최창현, 박찬홍 공저

지 샘

머리말

페이겔스(Pagels)는 21세기에
복잡성이론과 혼돈이론을 모르는 국가는
경제적, 문화적, 정치적 강대국이 될 수 없다고 확신하고 있다.

"I am convinced that
the nations and people who master the new sciences of complexity
will become the economic, cultural, and political superpowers of the next century"
– Heinz R. Pagels –

시공을 고정시키지 않는 새 패러다임으로는, 어느 위치에 있느냐에 따라 관찰이 상대적일 수 있다는 Einstein의 상대성 원리(principle of relativity), 명제가 단계적, 합리적 사고에 입각해 결정될 수 없다는 Godel의 불확정성 원리(principle of undecidability), 입자의 속도와 위치를 동시에 측정할 수는 없다는 Heisenberg의 불확실성 원리(principle of uncertainty), 그리고 단순한 법칙도 감추어진 질서를 내재하는 혼돈적 행태를 보일 수 있다는 Lorenz나 Prigogine 등의 혼돈이론(Chaos theory) 및 자기조직화(Self-organization) 등을 들 수 있다.

본 서는 복잡계과학과 동양사상을 융합하고, 이를 조직관리, 더 나아가 사회체제의 관리에 응용하려는 시론적 시도에서 씌어졌다.

자연체제의 생태계와 마찬가지로 사회체제도 여러 사회구성원들의 군집인 조직군(조직의 집합)으로 구성되어 있다. 자연과학에서 시작된 체제이론이 이제까지 사회과학의 근복적인 패러다임으로 기능해 왔다는 점을 상기한다면 사회체제에도 복잡계과학의 이론을 적용하려는 시도는 의미 있는 일일 것이다.

복잡계과학과 동양사상은 어디까지 응용될 것인가? 필자들의 생각으로는 과거 수백년간 인간의 사유방식을 지배해 온 뉴튼(Newton)의 기계론적 우주관을 보완해 줄 수 있는 패러다임으로 자리잡을 것으로 생각된다.

기존 조직관리자들이 지니고 있는 사고방식은 조직의 성공이 질서 정연한 미래의 예측에 달려 있어, 조직관리자는 예측 가능한 미래의 환경 변화에 전략적 계획 등에 맞춰 조직을 통합 조정해 나가는데 달려 있다고 본다. 그러나 자기조직화 관점에서 보면 창조적 혁신은 혼돈으로부터 비롯되는 것이므로, 조직 성공은 조직구성원 개개인의 주도권에 좌우된다. 그러한 개인의 주도권은 복잡하고도 혼돈적이고 불안정한 상태에서만 가능한 것이다. 혼돈적 복잡체제 하에서는 결과의 예측 불가능성으로 인해 누구도 체제의 결과를 통제할 수 없다. 그러나 기존 조직관리이론은 대개 통제 지향적이었다는 점에서 혼돈이론이 시사하는 바가 크다.

이 책은 행정학, 경영학, 사회학, 심리학, 경제학등을 비롯한 대부분의 사회과학도나, 동양사상에 관심있는 분들, 그리고 조직에 몸담고 있는 조직구성원들이 한번쯤 읽어 볼 만한 책이라고 생각해서 집필하게 되었다. 독자 여러분들은 복잡계과학의 키스에 의해 새롭게 깨어난 동양사상, 그리고 자기조직화 관점에 따른 조직관리 방법(특히 이 부분은 최창현(2005), 『복잡계로 바라본 조직관리』에서 많은 부분을 인용하였음을 밝혀둔다)을 새로운 각도에서 생각해 볼 수 있을 것이다.

이 책이 출판되기까지 도움을 주신 많은 분들이 있었다. 김영조 소장님과 정옥경 선생님께도 감사드린다. 이 책의 출판을 맡아 주시고 무서운 열정으로 교정을 보아주신 김종호 사장님과 편집부의 오승미씨께도 깊이 감사드리고 싶다.

2007. 9.
최창현, 박찬홍

어떤 저자들은
자신의 저작에 대해 얘기할 때
나의 책, 나의 주해(註解), 나의 이야기, 등등이라고 말한다.
그렇게 말하는 그들은 집을 하나 마련해 놓고는 툭하면
내 집에서라는 말을 입버릇처럼 되뇌이는 속물냄새를 풍기고 있다.
오히려 우리의 책, 우리의 주해, 우리의 이야기, 등등이라고
말하는 게 나을 것이다.
왜냐 하면 보통의 경우, 거기에는 그들 자신의 것보다는
타인의 것들이 더 많이 들어 있기 때문이다.
— Pascal(43) —

차례

∷ 1 동양의 복잡계과학

∷ 2 복잡계(複雜系)

∷ 3

초기조건에의 민감성과 사주조직법

∷ 4

자기조직화와 음양론

:: 5

되먹임고리와 오행론

:: 6

시스템이론과 격국론

:: 7

혼돈과 자기조직화체제

:: 8

비평형구조와 신왕·신약론

:: 9
요동과 공진화 그리고 용신론

:: 10
복잡계과학의 활용

:: 1

동양의 복잡계과학

oriental complex system science

▸ 3천 년 전부터 시작된 동양의 복잡계과학

▸ 복잡계의 모든 이론들을 능가하는 사주학의 자기조직화 시스템

내가 의심하는 것은, 우주는 우리가 생각하는 것보다도 그리고 우리가 생각할 수 있는 것보다도 더 희한하다는 것이다. -J.B.S. Haldane

3천년 전부터 시작된 동양의 복잡계과학

20세기 후반부터 서구 과학계에서는 일대 혁명이 일어나고 있다. 그동안 데카르트와 뉴턴에 의해서 확립된 기계론과 분해 위주로 치닫던 환원론 등의 전통적인 단순성과학(science of simplicity)에서 전일론적인 복잡성과학(science of complexity)으로 패러다임[1]의 대전환이 일어나고 있는 것이다. 컴퓨터의 등장으로 힘을 얻게 된 복잡계과학이, 특히 요동(搖動, fluctuation)현상이 두드러진 기상학, 해양학, 생태학, 경제학, 사회학, 행정학, 군사학 등을 다룰 수 있게 되면서 복잡계과학은 평형에서 비평형으로, 선형에서 비선형으로, 닫힌계에서 열린계로 과학의 영역을 눈부시게 확장시키고 있다.

---

1) 패러다임(paradigm) : 패러다임은 어떤 과학자사회가 공유하고, 그 과학자사회가 적합한 문제들과 해결책들을 규정하는데 사용하는 업적들―개념, 가치, 기술 등―의 구성 총체라고 정의된다. 토마스 쿤에 의하면 패러다임 변화는 패러다임 전환이라는 불연속적이고 혁명적인 단절을 통해서 일어난다.

특히 복잡계과학을 주도하고 있는 미국 산타페 연구소의 학제(學際)간 연구에 자극을 받아 전 학계로 그 영역이 확장되고 있는 것이다. 그런데 이러한 학제간의 연구에도 불구하고 복잡계과학과 동양사상에 대해서만은 그동안 본격적인 접근을 시도하지 못하고 있는 실정이다. 그러나 현대과학이 300여년에 걸쳐 규명한 생명의 신비와 복잡계과학이 동양에서는 무려 3천여년 전부터 시작되었으며 8백여년 전부터는 실생활에서 쓰여지고 있었다.

〈표〉 하인즈 페이겔스의 복잡성과학과 단순성과학의 비교표

단순성의 과학 science of simplicity	뉴턴역학, 고전물리학 원자물리학	환원론	부분, 선형 평형, 가역	분석적 과학
복잡성의 과학 science of complexity	기상학, 행정학, 생태학 경제학, 사회학, 군사학	전일론	전체, 비선형 비평형, 비가역	통합적 과학

현대인들은 기존과학(환원론)에 너무나 매달려 왔다. 그러나 환원론은 자연을 보는 시각 자체에서부터 문제가 있었다. 자연을 너무 단순하고 분석적으로 규명하려고 시도해 왔기 때문이다. 과거 200여년 간 자연과학뿐만 아니라, 사회과학의 지배적인 사고방식이었던 뉴턴(Newton)의 기계론적 세계관에 입각한 선형적 인과관계 법칙은 원인과 결과간에 직접적인 관계가 있다고 믿어 왔다. 조직 및 사회체제 내의 인과관계는 복잡하여 탐지하기 매우 어렵지만 대부분의 사람들이 단순한 인과관계를 신봉하기 때문이다.

마치 시계를 최소단위로 분해하고 이를 다시 결합할 수 있듯이, 모든 물질은 최소의 단위였던 원자로 쪼개질 수 있고 이는 다시 결합될 수 있다는 원자론 및 기계론(atomism and mechanism)을 근간으로 단순하고 질서정연한 세계관을 갖는 뉴턴의 기계론적 패러다임(Newtonian mechanical paradigm)에 입각한 전통적인 과학은 작은

입력으로 균등하게 작은 효과를 거둘 수 있는 선형관계(linear relations) 및 결정론적 인과관계(causal relations)가 관심의 대상이며(아래 그림), 안정, 질서, 평형 등을 강조한다. 이에 반해 복잡성이론은 작은 입력으로 막대한 효과를 유발시킬 수 있는 비선형관계(nonlinear relations) 및 되먹임고리(순환고리)적 상호관계(feedback loops reciprocal relations), 그리고 시간의 흐름에 민감한 일시성에 관심을 갖는다(최창현, 1993).

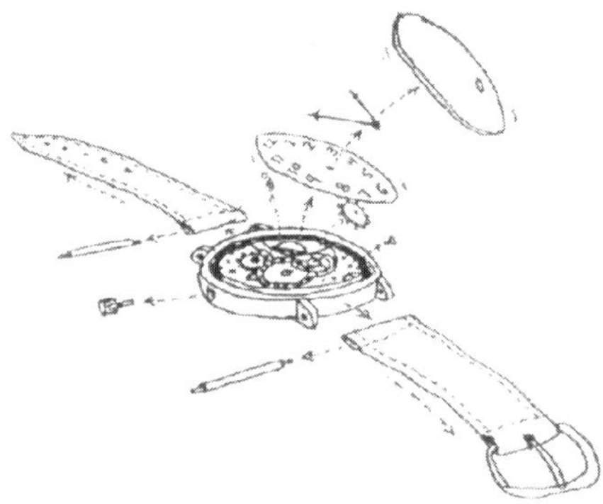

[그림] 원자론 및 기계론

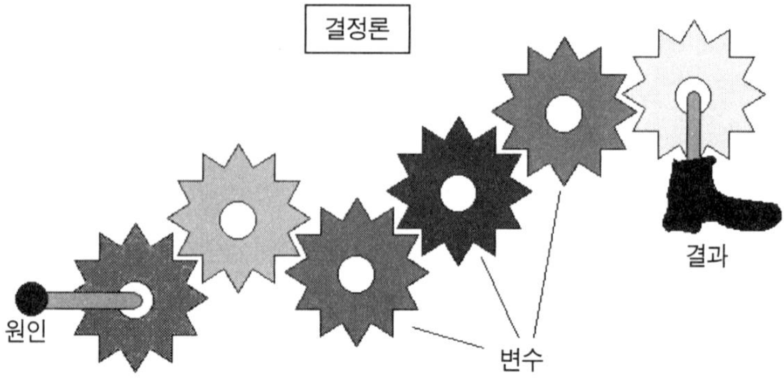

[그림] 결정론적 인과관계

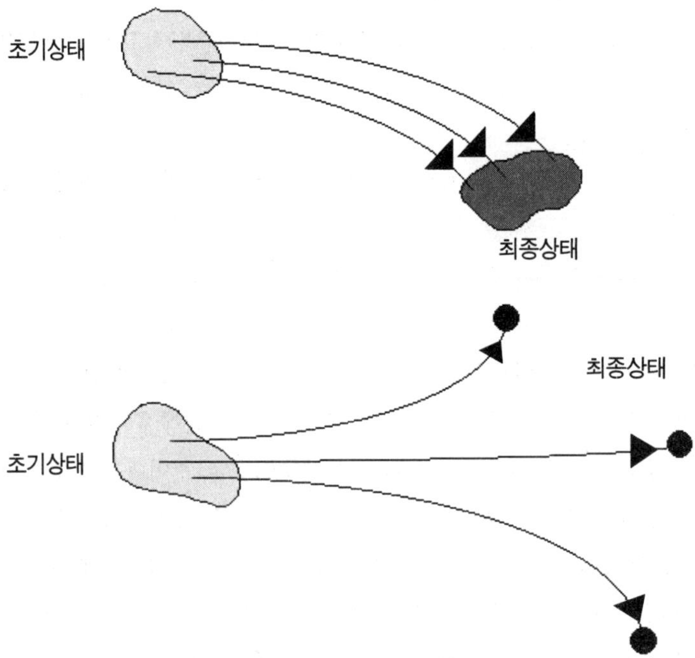

[그림] 선형체제와 비선형체제의 차이점

최근 수학자와 자연과학자들은 비선형 되먹임고리체제는 평형으로부터 멀리 떨어진 상태에서 작용된다는 것을 밝혀 냈다. 그러한 상태에서의 체제는 불안정한 행태를 보이나 이 행태는 특정 한도 내에서만 불안정하므로 제한된 불안정성이라 할 수 있다. 지극히 단순한 비선형 되먹임고리체제라 해도 그 역동성은 매우 복잡하기 때문에 실제 발생하는 사실의 인과관계를 규명하기는 어렵다. 사소한 변화가 막대한 결과로 증폭되기도 하며 악순환과 선순환이 발생되기도 하기 때문이다.

비선형 되먹임고리체제의 역동성은 규칙성과 불규칙성, 그리고 안정성과 불안정성의 조합에 의해 그 특성이 결정된다. 이러한 유형의 체제는 불안정성, 위기, 혼돈이 주기적으로 반복되면서 발전하고, 임계점(혹은 분기점: critical point or bifurcation point)에서 자기조직화적으로 선택하여 새로운 방향이나 새로운 질서의 형태를 만들어 나간다.

그러나 복잡계과학에서는 전체를 보면서 그 안에 내재되어 있는 보이지 않는 질서를 찾아 내려고 시도하는 것이다. 자연을 분석적으로 보던 시각과는 출발부터 달랐던 것이다. 그런데 이러한 복잡계과학의 방법론은 동양적인 사유체계와 맞아 떨어지는 것이다.

동·서양을 막론하고 고대인들은 태양을 신으로 받들었다. 그들이 태양신을 숭배한 이유는 그만큼 태양이 인간에게는 없어서는 안 될 위력적인 존재로 받아들여졌기 때문이었을 것이다. 그러나 이러한 종교적인 행위를 철학으로 연결시킨 곳은 동북아시아뿐이었다. 지금부터 3천여년 전에 중국의 고대왕조였던 상(商)나라에서는 세계 어떤 나라에서도 유래가 없는, 날짜에 대한 표기를 숫자로 하지 않고 간지(干支)로 표시했다. 무슨 이유였던 간에 그들은 날짜마다 어떤 의미를 부여하여 무질서해 보이는 하루하루에 질서를 부여했던 것이다.

우리는 하루하루의 일기예보를 한두 달 정도 계속 들여다 보아도 거기서 규칙성을 발견할 수는 없다. 그러나 참을성 있게 몇 년 간 기록을 하고, 1년이란 기간 즉 전체적인 시각으로 다시 정리해 보면 사계절이란 뚜렷한 현상이 숨어 있다는 것을 알게 된다. 그리고 지구상의 모든 생물들은 이러한 사계절의 리듬에 따라서 살아 간다는 것을 알 수 있게 된다. 고대 동양학자들은 여기서 '사단론'(四端論)을 정립했으며 이 '사단론'은 후에 태양력과 태음력을 혼합시킨 24절기란 아주 과학적인 역법체계로 발전하여 농경생활에 적극적으로 활용하게 된다.

세계의 모든 문화권에서 자연에 대한 관측을 소홀히 하지 않았지만 그들은 음양론이나 오행론 등의 이론을 찾아 내지는 못했다. 그러나 고대의 동양학자들은 자연이 아무리 무질서하게 보여도 그 안에는 음과 양이 교차되어 있고, 모든 생물들은 서로 상생·상극으로 연결고리를 이루고 있으며, 생명의 성장 과정에는 변하지 않는 순서가 있다는 것을 알게 되었으며, 인간이란 자연을 떠나서는 생존할 수 없다는 것을 간파했던 것이다. 이렇게 자연을 전체적인 시각으로 관찰하면서 시작된 동양철학은 자기조직화 메커니즘을 담고 있는 음양론을 이용하여 세상의 모든 일들을 일목요연하게 표현할 수 있는 상(象)으로 모형화(모델링)한 주역(周易)을 성립시키고, 생물들의 상생·상극 되먹임고리(순환고리)를 하나로 묶은 오행론이 형성되었으며, 인체를 하나의 시스템과 네트워크로 해석한 한의학이 등장했다. 그리고 복잡계의 특성인 초기조건의 민감성, 비평형시스템, 네트워크, 요동(동요)현상, 창발(創發)현상 등이 모두 내재되어 있는 사주학(四柱學)으로까지 발전되어 왔던 것이다. 또한 오늘날의 복잡계과학이 자연과학에서 출발하여 인문·사회과학으로 그 영역을 확장해 가고 있듯이 동양에서도 자연과학(기후학)에서 힌트를 얻은 사주학이 사회과학으로 발전되어 왔으며, 8백여년 전부터 실생활에서 활용되고 있었던 것이다.

복잡계의 모든 이론들을 능가하는 사주학의 자기조직화 시스템

인류는 생존을 위해서 자연을 관찰하고 탐구해 왔다. 그리고 그러한 과정 속에서 얻어진 학문 중의 하나가 사주학이다. 사주학은 갑골문자, 청동기, 역법 등으로 동양문명의 초석을 놓은 중국 역사시대의 최초의 왕국이라고 할 수 있는 상왕조(商王朝) 때부터 태동되기 시작하여 수천년 간에 걸쳐서 따로 따로 발생된 동양철학의 주요

이론들이 수많은 학자들에 의해서 연구되어 오다가 신유학(新儒學)으로 중국 고전들을 재해석한 송나라 때에 체계가 갖추어진 학문이다. 그러다 보니 사주학은 어느 학문보다도 가장 오랜 기간 동안에 수많은 학자들에 의해서 연구되고, 검증·수정되면서 집대성된 복잡한 학문이다. 또한 사주학은 발달과정에서 천문학, 기후학, 생물학 등에 의해서 재구성되었기 때문에 철학이 아니라 자연과학적인 학문이라고 할 수 있다.

그런데도 불구하고 사주학은 그동안 가장 잘못 인식된 학문 중의 하나였다. 그 중에서 제일 큰 오해를 불러일으키고 있는 것이 사주학을 결정론체계로 본다는 것이다. 마치 뉴턴 물리학처럼 초기조건만 알 수 있으면 모든 운동방정식을 풀 수 있다고 장담하는 결정론자들같이 인간의 운명도 출생순간을 초기조건으로 잡으면 앞날을 예측할 수 있다고 생각하는 것이다.

그러나 사주학을 깊이 천착해 들어가면 사주학은 뉴턴 물리학적인 결정론체계가 아니라 서구에서 18세기 이후 최근까지 300여년 간에 걸쳐 다루어진 생명에 대한 현대과학의 수많은 이론들과 20세기부터 불어 닥치고 있는 복잡계과학에 깔려 있는 이론들이 그 안에 깃들어 있다는 것을 알 수 있다.

그렇다면 사주학은 현대물리학이나 복잡계과학과 어떤 관련이 있는지 다음의 도표와 함께 간략하게 살펴보기로 한다.

(1) 사주조직법(四柱組織法) vs. 초기조건에의 민감성

사주학에서는 출생순간의 년·월·일·시를 초기조건으로 잡고 있는데 2시간 단위로 다른 형태의 사주가 성립하도록 되어 있다. 단적으로 말하면 초기조건의 2시간 차이로 인해서 인생의 행로가 크게 달라질 수 있다는 것이다.

20세기에 와서야 밝혀진 초기조건에의 민감성을 사주학자들은 이미 13세기부터 사주조직(四柱組織)에 응용하고 있었던 것이다.

〈표〉 사주학과 복잡계과학의 대비표

	사주학	복잡계과학
(1)	사주조직법(四柱組織法)	초기조건에의 민감성*(butterfly effect)
(2)	음양론(陰陽論)	자기조직화(self-organization)
(3)	오행론(五行論)	되먹임고리(순환고리, feedback loop)
(4)	격국론(格局論)	시스템(system)
(5)	육친론(六親論)	네트워크(network)
(6)	신왕(身旺)·신약론(身弱論)	비평형구조(non-equilibrium structure)
(7)	용신론(用神論)	요동(동요, fluctuation)
(8)	대운론(大運論)	창발(emergence)

* 초기조건에의 민감성(Sensitive dependence on initial conditions)은 나비효과(butterfly effect) 와 같이 쓰여지는 용어이다.

(2) 음양론(陰陽論) vs. 자기조직화(self-organization)

동양에서는 자연의 가장 기묘한 끌개(strange attractor)인 음양(陰陽) – 암·수의 분화와 끌림으로 인한 창조적 재조합과 다양성–의 상대적이고 상호보완적인 특성을 철학과 문화 등 전 분야에 적용하였다. 특히 음양의 자기조직화 메커니즘은 주역의 64괘(六十四卦) 시스템에 응용되었으며, 사주학에서는 제일 중요한 기본공식으로 쓰이고 있다.

또한 음양론은 우주물리학에서부터 천문학, 원자물리학, 상대성이론, 상보성이론은 물론이고 2진법과 디지털, 컴퓨터시스템과도 밀접한 관련이 있다.

(3) 오행론(五行論) vs. 되먹임고리(순환고리, feedback loop)

서구 생물학계에서는 20세기 초에 베르나르(Claude Bernard)가 외부환경이 큰 폭으로 변동하는 경우에도 건강한 유기체 속의 내부환경은 본질적으로 일정한 상태를 유지한다는 사실을 알아 냈다. 그리고 캐넌(Walter Canon)은 베르나르의 이러한 유기체 내부환경의 불변성 원리를 받아들여 그것을 항상성(homeostasis)이라는 개념으로 한층 발전시켰다. 그리고 캐넌의 이 항상성 개념은 베르탈란피(Ludwig von Bertalanffy)에게 큰 영향을 주게 되었고, 그 결과 베르탈란피는 시스템이론(system theory)을 수립하게 된다. 그리고 수학자와 공학자들로 구성된 사이버네틱스(cybernetics) 연구자들은 시스템이론을 피드백(feedback)과 자동조절 그리고 자기조직화(self-organization)의 개념으로 확장시키는 데 기여하게 된다.

이와 같이 20세기 초에야 발견된 생명의 순환적인 되먹임고리(순환고리)가 동양에서는 지금부터 약 2,500여년 전에 이미 오행론에 함축되어 있었다. 그리고 이 오행론에 내재되어 있는 순환적 인과성을 최초로 인간이라는 생물에게 적용한 것은 800년 전의 사주학자들에 의해서였다.

(4) 격국론(格局論) vs. 시스템(system)

20세기 과학의 가장 큰 충격은 시스템이 분석에 의해 이해될 수 없다는 것이었다. 게슈탈트 심리학자들에 의하면 조직된 전체는 부분들의 합이 아니며 그 부분들에서는 존재하지 않는 특성들이 있다는 것이다.

그런데 사주학자들도 부분이 전체의 합이 아니라는 사실을 간파하고 사주팔자의 부분들인 간지(干支) 한 자 한 자에 매달리지 않으면서, 사주 전체에 기후학적으로 가장 큰 영향을 주는 월지(月支)를 중심으로 한 격국론(格局論)을 만들어서 사주를 하나의 시스템으로 보고 해석하였던 것이다.

(5) 육친론(六親論) vs. 네트워크(network)

인간과 생물들은 열린계이기 때문에 자의든 타의든 간에 서로 영향을 끼치게 되어 있다. 복잡계 네트워크이론의 창시자이자 세계적인 권위자인 알버트 라즐로 바라바시(Albert Laszlo Barabasi)는 그의 저서 「LINKED」에서 다음과 같이 주장한다; "오늘날 우리는 어떤 것도 다른 것과 따로 떨어져 발생하지 않는다는 것을 점점 더 강하게 인식하게 된다. 대부분의 사건이나 현상들은 복잡한 세계(complex universe)라는 퍼즐의 엄청나게 많은 다른 조각들과 연결되어 있으며 그것들에 의해 생겨나고 또 상호작용한다."

사주학에서 육친론(六親論)이란 바로 음양·오행이라는 자연과학적인 리듬을 순환적인 오행의 상생(相生)·상극(相剋)을 이용해서 육친(六親)이란 사회과학적인 리듬으로 재해석한 것이다.

육친론은 바로 나 자신을 중심으로 해서 인간 사회의 최소단위인 가정과 중간단위인 사회, 그리고 최대단위인 국가와의 관계가 어떻게 연결되어 있는지를 살펴서 사주라는 시스템 내부의 다층구조를 파악하려는 이론이다.

(6) 신왕(身旺)·신약론(身弱論) vs. 비평형구조(non-equilibrium structure)

평형상태의 구조는 안정된 것이지만 비평형상태의 구조는 불안정하여 끊임없이 요동(동요)하고, 그 요동이 격심하여 분기점(bifurcation point)에 이르면 종래의 구조는 무너지고 새로운 구조가 나타난다. 일리야 프리고진(Ilya Prigogine)은 이 요동을 통한 새로운 질서의 출현을 분산구조(dissipative structure)라고 불렀다. 그리고 비평형구조에서 자기조직화하는 새 질서가 출현하려면 가장 먼저 대칭성이 파괴되어야 하며, 또한 프리고진을 가장 매료시켰던 것은 생물이 비평형이라는 조건하에서만 생명과정들을 유지할 수 있다는 사실이었다.

이와 같이 자기조직화하는 새로운 질서가 형성되려면 대칭성파괴와 비평형구조가 선행되어야 하듯이, 사주를 해석할 때도 가장 먼저 판단해야 할 것은 우선 감정하려는 사주가 복잡계의 비평형상태에 해당하는 신왕(身旺)·신약(身弱) – 비평형상태가 많은 에너지를 가지고 있듯이 사주의 신왕·신약도 기(氣)가 한쪽으로 편중된 것으로 에너지의 대칭성이 깨진 것이고 풍부한 에너지를 함유하고 있는 것이다– 구조가 형성되어 있는지 아닌지를 파악하는 데 있다.

(7) 용신론(用神論) vs. 요동(fluctuation)

사주학으로 말하면 격국론에 해당된다고 볼 수 있는 살아 있는 시스템들의 조직 원리를 기술하는 포괄적인 이론적 틀을 최초로 구축한 베르탈란피가 고전 열역학으로 열린 시스템(open system)에 대한 연구를 하다가 중단한 지 30여년 만에 자기조직화하는 시스템에 가장 큰 영향을 준 분산구조(分散構造)가 프리고진에 의해서 발표되었다.

프리고진의 이론에 따르면 분산구조는 평형상태와 거리가 먼 안정상태에서 스스로를 유지할 뿐 아니라 심지어는 진화될 수도 있다. 에너지와 물질의 흐름이 증가하면 그 구조는 새로운 불안정성을 거치면서 스스로를 복잡성이 증가된 새로운 구조로 변화시킬 수도 있다는 것이다. 이 놀라운 현상에 대한 프리고진의 상세한 분석에 의하면 분산구조가 비록 외부로부터 에너지를 받지만, 불안정성과 새로운 조직형태로의 도약은 양(陽)의 되먹임고리(순환고리, positive feedback loop)에 의해 증폭된 요동(fluctuation)의 결과라는 것이다. 또한 분기점에서의 분산구조는 그 환경 속에서의 작은 요동(搖動)에 대해 극도의 민감성을 보여 준다. 흔히 잡음이라고 불리는 작고 임의적인 요동도 특정한 경로 선택을 유발시킬 수 있다는 것이다. 모든 결정론적 기술은 분산구조가 분기점을 지날 때 붕괴한다. 환경 속의 미세한 요동들은 그 구조가 지나게 될 가지의 선택으로 이어지게 될 것이다. 그리고 어떤 의미에서 새로운 질서 형태의 창발로 이어지는 것은 이러한 임의적인 요동들이기 때문에 프리고진은 이러한 상황을 '요동을 통한 질서'(order through fluctuations)라고 표현하고 있다. 그러니까 어떤 조직이 새로운 조직으로 진화하려면 요동현상이 필수적이라는 것이다.

그런데 사주학에서 사주 전체를 장악하고 있는 에너지[기(氣)]를 흔들어 줄 수 있는 에너지를 용신(用神)이라고 한다. 그리고 이 용신이 발동할 수 있는 조건이 갖추어지면 그 순간부터 사주 전체는 용신이라는 새로운 질서에 의해서 재편된다. 그러므로 사주학에서 가장 중요한 핵심은 어떤 사주를 감정할 때 과연 그 사주가 용신(用神)시스템을 갖추고 있느냐가 관건이 된다.

(8) 대운론(大運論) vs. 창발(emergence)

복잡계는 많은 구성 요소들로 이루어져 있으며 이들 복잡한 부분들이 상호작용하며 서로 영향을 주는 시스템이다. 그리고 미시적인 부분들로부터는 유추하기 어려운 새로운 현상과 질서가 거시적으로 나타나는데 이 새로운 질서의 출현을 창발(創發)이라고 하며, 이때 나타나는 현상을 창발현상이라고 한다. 그러므로 복잡계에서 가장 중요한 핵심사항은 창발현상이라고 할 수 있다. 그런데 복잡계과학에서는 이러한 창발현상이 언제, 어떻게 발생하는지에 대해서는 아직 밝혀내지 못하고 있으며 그러기 때문에 아직 실생활에 활용될 만큼 진전되지 못하고 있는 실정이다. 그러나 사주학에서는 복잡계의 요동에 해당하는 용신이 언제, 어떻게 대운(大運)[2]과 상호작용하여 새로운 질서인 창발현상이 일어나는지를 구체적으로 밝혀내고 있을 뿐 아니라, 800년 전부터 실생활에 적용하고 있으며 그동안 수많은 사례들을 남겨 놓고 있다. 여기서 대운이란 사주라는 조직이 거쳐야 할 환경이며 시간의 흐름을 말한다. 지난 40여년 동안에 현대과학이 밝혀 놓은 가장 중요한 테마 중의 하나는 자연과 생명현상들이 비가역적이고 비선형적이라는 사실이다. 그런데 사주학자들 역시 13세기에 이미 비가역적이고 비선형적인 대운 시스템을 구축해 놓고 있었다. 과학적인 해석에 의하면 시간은 과거와 미래를 왔다갔다 할 수 있는 가역성과 과거와 미래를 교환할 수 없는 비가역성으로 분리된다.

프리고진에 의하면 자연현상의 핵심적인 특성으로서 불확정성에 대한 인식은 과학에 대한 재개념화의 가장 중요한 일부이다. 이러한 개념적 전환과 밀접하게 연관된 한 측면은 비가역성과 시간이라는 과학적 개념과 연관되어 있다. 프리고진은 평형과 거리가 먼 방식으로 작동하는 살아 있는 시스템에서 비가역적인 과정들이 필수 불가결한 역할을 수행한다는 사실을 입증함으로써 그의 분산구조이론에 이 점의 근본적인 변화를 도입시켰다.

생명의 기본적인 과정인 화학반응은 비가역과정의 원형이다. 마찬가지로 대운 시스템 역시 비가역적이다. 인생이란 시간의 강물도 한번 흘러가면 다시는 돌이킬 수 없기 때문이다. 비선형현상은 우리가 예상하는 것보다 훨씬 큰 정도로 무생물 세계를 지배하고 있을 뿐 아니라 살아 있는 시스템들의 연결망 패턴의 필수적인 한 측면을 이

---

2) 대운(大運): 사주학에서 대운이란 개념은 출생한 순간을 초기조건으로 하여 계절이 봄에서 여름과 가을을 거쳐 겨울로 한 방향으로만 흘러가는 것과 같이 비가역적인 시간의 흐름이며, 사주라는 조직이 거쳐야 할 비선형성을 내포하고 있는 환경이라고 할 수 있다. 그러기 때문에 사주 전체의 향방을 관장하고 있는 시스템 자체의 내부요동(內部搖動)인 용신(用神)과 외부요동(外部搖動)인 대운(大運)의 관계 여하에 따라서 창발(創發)현상이 일어날 수 있는지가 판가름나게 되어 있다.

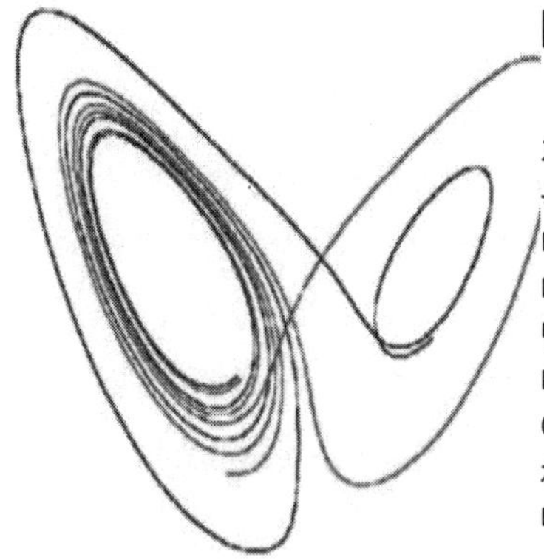

[그림] 로렌츠의 나비효과

계는 결코 반복되지 않기 때문에 이 곡선의 궤적은 결코 교차하지 않는다. 대신에 영원히 둥근 곡선을 그려나간다. 어트랙터 상의 운동은 추상적이지만 실제 계의 운동을 알 수 있게 한다. 예를 들어서 어트랙터의 한 날개에서 다른 날개로 건너가는 것은 유체 대류의 회전방향이 역전되는 것을 나타낸다(「CHAOS」 p.44, 129).

루고 있다. 동역학적인 시스템이론은 과학자들이 이러한 비선형현상들의 완전한 복잡성을 다룰 수 있게 해준 최초의 수학이다.

선형시스템에서는 작은 변화들이 작은 영향을 낳고, 큰 변화가 큰 영향이나 수많은 작은 변화들의 총합을 낳는다. 그러나 비선형시스템에서는 작은 변화가 극적인 영향을 일으킬 수 있다. 그 이유는 자기강화적인 편차증폭 되먹임고리(순환고리)과정에 의해 반복적으로 증폭될 수 있기 때문이다. 이러한 비선형 되먹임 과정들은 자기조직화의 가장 중요한 특징인 새로운 형태의 질서가 갑작스럽게 창발하는 단초가 될 뿐만 아니라 불안정성의 기반이 된다. 수학적으로 되먹임고리는 반복이라고 알려진 특수한 종류의 비선형과정에 해당한다. 이 비선형과정에서는 하나의 함수(function)가 스스로 반복 작동한다.

에드워드 로렌츠가 발견한 기후현상의 나비효과라는 끌개(attractor)를 보게 되면 분명히 알 수 있듯이 비선형시스템에서는 작은 변화가 극적인 영향을 일으켜 수시로 반대 좌표계를 넘나든다. 이와 마찬가지로 대운시스템 역시 비선형시스템이기 때문에 한 사람의 운로(運路)가 조그마한 요인[용신(用神)과 대운(大運)의 관계]때문에 수시로 고조기인 길운(吉運)과 저조기인 흉운(凶運)으로 왔다 갔다 한다.

이상과 같이 사주학과 복잡계과학의 키워드 부분만을 간략하게 대비하여 살펴보았는데 좀 더 상세한 설명은 다음의 관련된 장에서 다루어질 것이다. 아무튼 사주학은 복잡계과학의 전 분야를 총망라하고 있을 뿐만 아니라 창발현상이 일어나는 시기와 원인에 대한 구체적인 메커니즘을 밝혀 놓고 있으며, 그동안 800여년에 걸쳐 실생활에서 입증된 수많은 사례들을 남겨 놓고 있다. 그러므로 사주학의 임상결과를 복잡계에 적용할 필요가 있고, 복잡계과학을 알게 되면 사주학을 더 잘 이해할 수 있으며 복잡계과학의 이론들이 현실에서 어떻게 재현되고 있는지를 피부로 느낄 수 있을 것이다.

:: 2

복잡계(複雜系)

complex system

- 복잡계란 무엇인가?
- 복잡적응체제의 개념

복잡계(複雜系, complex system)란 무엇인가?

흔히 복잡성과학(science of complexity)이라고 불리는 복잡계란 한마디로 꼭 집어서 설명할 수 없을 정도로 많은 정의들이 있으며, 복잡계에 대한 연구를 위한 이론만도 혼돈이론, 프랙탈이론, 퍼지이론, 국면(카타스트로피)이론 등 많은 이론들이 있다.

조직론적인 차원에서 아주 간단히 설명하면, 복잡계란 자연계를 구성하고 있는 수많은 구성요소들이 유기적인 협동으로 자기조직화를 통해서, 새로운 질서인 창발현상을 일으킬 수 있는 메커니즘을 말한다. 그런데 아무리 복잡한 체제라도 의외로 단순한 규칙에 의해서 지배되는 특징이 있다. 예를 들어 하늘을 나는 새나 바다 속의 물고기를 생각해 보자. 이들은 매우 복잡한 행태를 보이면서 이동하지만 절대 서로 충돌하지 않는다.

컴퓨터로 단순한 세 가지 규칙—앞에 가는 새가 리더, 일정한 거리 유지, 일정한 속도 유지—만을 프로그램하고 모의실험한 결과, 새 무리가 서로 충돌하지 않으면서 모든 장애물을 피해 날아가는 것으로 입증되었다. 이러한 모의실험과 자연계의 현상이 시사하는 바

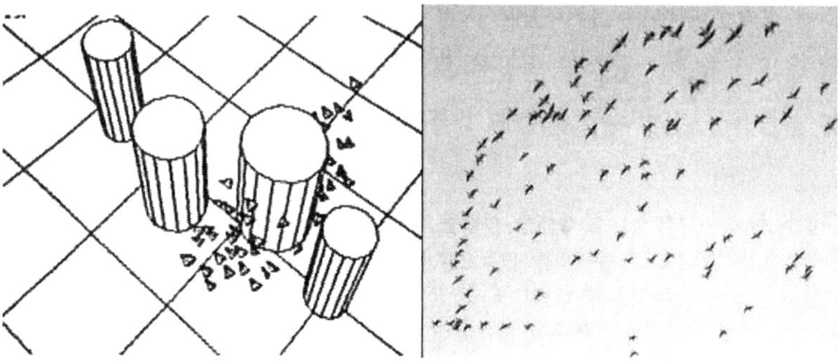

[그림] 장애물을 피해 가는 새 무리의 모의실험

는 조직 등의 사회체제가 복잡하기는 하지만 우리가 고안한 관리원칙이 너무 많고 복잡하지 않은가 하는 것이다.

페이겔스는 21세기에는 복잡계나 혼돈이론을 모르는 국가는 경제적, 문화적, 정치적 강대국이 될 수 없다고 주장한다. 뉴턴의 기계론적인 우주관은 이제는 제한된 특수한 경우에만 적용될 수 있는 것으로 간주되고 있다. 그러나 조직관리를 비롯한 대부분의 사회과학은 자연과학적인 방법론과 패러다임을 원용하고 있다. 제한적인 특수한 사례에만 적용되는 전통적 자연과학에 의존하는 한 조직관리자는 제한적인 범위에서만 조직세계의 현상을 보고 이해할 뿐이다.

옥스포드 사전에 의하면 혼돈(chaos)이란 뚜렷한 형체 없는 물질 혹은 극심한 혼돈상태로 정의된다. 전통적인 뉴턴 패러다임의 관점에서는 형체 없는 무작위적인 것으로 간주된 많은 체제가 실상은 자연체제의 일부이며 그 혼돈의 이면에 감추어진 일정한 패턴(pattern)이 존재한다는 것이다. 체제는 평형상태, 평형으로부터 가까운 상태, 평형으로부터 먼 상태, 혼돈상태 등의 4가지 가능한 체제상태를 보이는데, 기존 과학에서는 체제가 평형상태에서 먼 상태이거나 혼돈상태를 보이는 경우 이를 비과학적인 것으로 간주해 왔다. 그러나 혼돈이론에 따르면 이러한 혼돈스러운 현상 모두가 문자 그대로의 혼돈은 아니며 질서의 일부라는 것이다.

혼돈이론은 원래 노벨 화학상을 수상한 프리고진에 의해 본격적으로 발전되었는데, 혼돈이론의 특징 중의 하나인 초기조건에의 민감성, 즉 나비효과(butterfly effect)를 발견한 것은 MIT의 기상학자 로렌츠였다. 나비효과란 아마존 밀림의 나비 떼가 날개를 조금만 팔랑거려도(즉, 초기조건의 사소한 변화가) 텍사스에 태풍이 불 수도 있다는 로렌츠의 논문 제목에서 유래된 말이다. 원래 혼돈이론은 화학, 물리학, 수학, 기상학, 생태학 등의 자연과학에서 본격적으로 연구되고, 최근에 전자공학, 컴퓨터과학, 통신공학, 컴퓨터 그래픽스 등에 본격 응용되고 있다. 특히 생태학의 개체군 이론은 초기조건의 민감성이 좌우하는 분야이다. 생태계에서 살아가는 수많은 개체군들은 초기조건의 미세한 변화에도 개체군 수의 민감한 증감현상을 보이기도 한다. 자연체제의 생태계와 마찬가지로 사회체제도 여러 사회구성원들의 군집인 조직군(조직의 집합)으로 구성되어 있다. 자연과학에서 시작된 체제이론이 이제까지 사회과학의 근본적인 패러다임으로 기능해 왔다는 점을 상기한다면 사회체제에도 혼돈이론을 적용하려는 시도는 의미 있는 일일 것이다.

혼돈이론은 개방체제와 비선형체제에 적용된다. 과연 사회체제에 혼돈이론을 적용할 수 있는가 하는 문제가 제기될 수 있는데, 사회체제는 기존 체제이론을 빌지 않아도 환경과 끊임없이 상호작용한다는 점에서 개방체제이며, 미시 수준에서의 상당히 큰 투입의 변화가 산출에 별 영향을 미치지 않거나(인사조직 상의 대대적인 개혁이 관료제의 저항으로 무위로 끝나는 경우와 같이) 아주 작은 투입의 변화가 산출에 막대한 영향을 끼치기도 한다는 점에서(대통령의 지나가는 말 한마디로 관료제 전체가 민감하게 반응하는 경우와 같이) 비선형체제라고 보아야 한다.

기존 조직관리자들이 지니고 있는 사고방식은 조직의 성공이 질서 정연한 미래의 예측에 달려 있어, 조직관리자는 예측 가능한 미래의 환경변화에 전략적 계획 등을 맞춰 조직을 통합 조정해 나가야 한다고 본다. 그러나 자기조직화 관점에서 보면 창조적 혁신은 혼돈으로부터 비롯되는 것이므로, 조직성공은 조직구성원 개개인의 주도권에 의해 좌우된다. 그러한 개인의 주도권은 혼돈적이고 불안정한 상태에서만 가능한 것이다. 혼돈체제 하에서는 결과의 예측 불가능성으로 인해 누구도 체제의 결과를 통제할 수 없다. 그러나 기존 조직관리이론은 대개 통제 지향적이었다는 점에서 혼돈이론이 시사하는 바가 크다.

혼돈이론이 조직관리에 어떻게 영향을 미치고 있는지 살펴보자. 관리자들은 매일 혼돈을 경험한다. 관리자들의 반응은 항상 혼돈과 싸우는 것이다. 지난 40년 동안 관리과학은 조직효과성을 향상시키기 위하여 선형체제모형에 의존해 왔다. 과학적 관리법의 시조인 테일러부터 현대 조직관리이론가들에 이르기까지 관리의 목적은 혼돈적 환경의 영향으로부터 조직의 활동을 보호하는 혹은 차단하는 선형체제를 구축하는 것이었다. 오늘날 조직이 직면한 환경과 조직세계는 혼돈적이다. 조직관리자들의 관심을 끌어온 조직에 대한 설명은 질서, 규율, 규칙성 등을 확보하라는 처방이거나, 조직 내에서 왜 특정한 의사결정이 이루어지는가에 대한 진단적 기술뿐이다. 이러한 설명은 조직이 직면한 환경에 대한 고려없이 조직내부에만 신경을 쓰면 조직이 잘 굴러갈 것이라는 가정에 입각한 것이다. 조직에 대한 환경의 영향을 고려하는 설명도 조직과 환경 간의 적합도를 유지하여 외부의 혼돈을 중립화시키는 데 불과하다.

결국 이러한 통제 지향적 설명들은 확실성의 시대에나 통하는 것이다. 불확실성의 시대로 지칭되는 국제화, 개방화, 지방화, 무한 경쟁의 시대인 현대사회에서는 종래의 관리방식이 많은 문제점을 노출하고 있다. 관리이론은 조직의 질서를 유지하는 방법과 조직 내적 및 조직 외적 균형을 유지하는 방법에만 관심을 가져 왔다. 즉 조직구성원들의 행태를 통제하고 조정하는 수단의 개발에 초점을 맞춰 왔다. 그 일례로 과학적 관리법은 시간·동작연구를 통해 직무 행태에 질서를 부여하고자 하는 것이 그 근본을 이루고 있다. 과학적 관리법에 의해 야기된 과도한 통제에서 비롯되는 역기능에 대한 반발로 인간관계학파는 개인의 감정적인 측면을 강조하는 관리기법을 개발하는 데 초점을 맞추고 있다. 인간관계론자들의 의도는 공식조직에 있어서 비공식집단의 역할을 부각시키고 나아가서 공식조직과 비공식조직 간의 균형을 유지하려는 것이다. 구조적 상황이론가들은 분업, 계층제 등과 같은 조직적 수단을 통하여 인간의 인지적 한계를 극복하려고 한 사이몬의 정보처리 개념을 조직과 환경 간의 구조적 관계로 확장시킬 뿐만 아니라 조직의 구조 및 과정이 환경적 불확실성과 일치하는 적합도 개념을 발전시킨다. 이러한 일련의 현대 조직관리이론은 하나 같이 조직 내의 질서유지나 조직과 환경 간의 평형유지에 집착하고 있음을 볼 수 있다(이에 대한 자세한 논의는 최창현, 2005; 1995; 1993참조).

이러한 현대 조직관리의 흐름과는 달리 조직 내의 혼돈을 강조하는 이론적 모형이 간간이 대두되고 있다. 예를 들어 웨이크(Weick, 1987)는 혼돈적 특질을 보이는 환경과 적합도를 유지하려면 조직구조 및 과정 또한 혼돈적이 될 필요가 있다고 주장한다. 마치와 올슨(March & Olsen, 1976)은 의사결정과정에 있어서의 조직화된 무정부상태(organized anarchy)모형을 제시했다. 물리학자들은 열역학적 비평형상태를 평형상태에 대한 일시적인 혼돈으로 보나 프리고진과 스텐저스(Prigogine & Stengers, 1984) 등은 비평형상태가 자율적인 질서창조의 원천이 될지도 모른다고 주장한다. 조직이 혁신해 나가기 위해서는 항상 비평형상태를 유지해야만 한다. 자기조직화(自己組織化)하는 조직에 있어서 더 많은 자유는 더 많은 질서를 가져다 준다는 것이다(Jantsch, 1980). 새로운 질서가 혼돈에서 비롯된다는 역설적인 원리는 이제까지의 조직관리이론에서 간과되어 왔다.

복잡적응체제(complex adaptive system)의 개념

복잡성은 단순성의 반대 개념이다. 단순하다는 것은 요소로 나누어질 수 있다는 것이다. 아무리 복잡해 보이는 것이라도 나누다 보면 결국 단순해지고, 단순한 요소들을 지배하는 법칙을 알면 전체의 운

동원리를 알 수 있다는 것이 과거의 생각이었다. 데카르트와 뉴턴에 의해 확립된 고전과학은 요소환원주의(reductionism)와 결정론을 두 축으로 하는 '단순성의 과학(science of simplicity)'이라고 할 수 있다. 복잡성의 개념은 위버(Weaver, 1948)의 분석에서 정확한 정의를 찾아볼 수 있다. 그는 문제 상황을 단순성(simplicity), 비조직적 복잡성(unorganized complexity), 조직적 복잡성(organized complexity)으로 구별하고 있다(아래 표 참조). 고전물리학의 '2체 문제(2-body problem)'와 같은 단순한 문제들은 19세기에 다루기 쉬운 수의 변수들을 수반하고, 수학적 분석을 가능하게 했다.

무작위로 상호작용하는 다수의 실체들은 질서정연한 속성을 보여주면서도 비조직적 복잡성을 띤다. 이러한 현상들은 확률적 계산법으로 풀 수 있다. 한편 조직적 복잡성은 하나의 유기적 전체(organic whole)라고 상호 관련시킬 수 있는 여러 요인들을 동시에 다루는 것이다. 이러한 문제들은 확률 분석으로 처리될 수 없으며, 방법론적 문제를 제기하고 있다. 단순체제와 복잡체제는 그 속성이 상이하므로 다른 관리방식을 적용해야 한다. 다음 그림은 복잡성의 개념을 그림으로 설명한 것이다.

겔만(Gell-Mann, 1994)은 복잡성을 아주 정교하게 분류하고 이를 정의내리고 있다. 그의 정의에 따르면, 어떤 상태를 묘사하는 데 있어 문장이 길어지거나 여러 문장을 사용해야만 한다면 이는 복잡

〈표〉 과학의 발전

18세기	뉴턴	조직화된 단순성의 과학 (the science of organized simplicity)
19세기	통계역학	비조직화된 복잡성 (disorganaized complexity)
20세기	생물학	조직화된 복잡성의 과학 (the sciences of organized complexity)

출처 : The Origins of Order, Kauffman, 1993에서 재구성

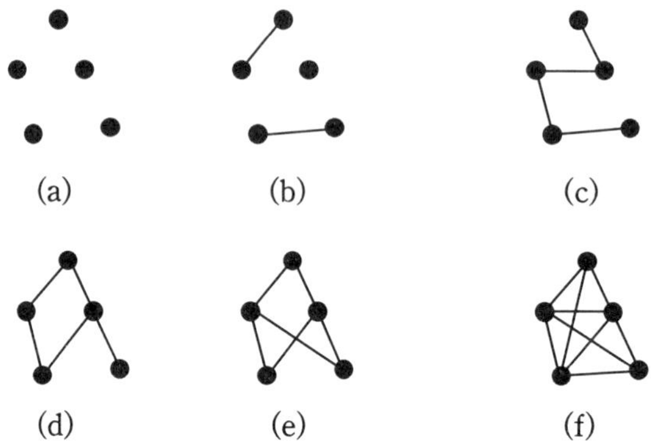

[그림] 점 연결과 복잡성

성의 정도가 높고, 그 반대라면 이는 단순성의 정도가 높다는 것이다. 위의 그림에서 a와 f는 상태를 묘사할 때 설명이 짧으므로 단순하다고 할 수 있다. 구체적으로 묘사해 보면, a는 모든 점이 서로 떨어져 있는 반면에 f는 모든 점들이 서로 연결되어 있다. a와 f는 비록 완전히 반대되는 형태로 보이지만 이 둘은 간단하게 그 상태를 묘사할 수 있으므로 단순하다. 그러나 b, c, d, e는 모두 많은 설명이 필요하다. 따라서 a와 f보다 b, c, d, e가 복잡성의 정도가 높다고 할 수 있다. 물론 b, c, d, e의 차이를 말하는 것은 또 다른 문제다.

조직, 인간, 사회, 경제, 생태계처럼 수많은 인자(agent)들로 복잡하게 얽혀 있는 체제의 성질은 그 구성요소인 각 인자들의 성질들을 단순히 선형적으로 연결해서는 결코 이해할 수 없다는 것이 복잡성과학의 근간이다. 따라서 복잡성과학은 현대과학이 이해하지 못하는 문제들에 대한 해답을 줄 대통합이론을 추구하는 것이다.

이러한 문제를 이해하는 첫걸음은 복잡한 체제들의 공통적 특질을 찾아 내는 일이다. 이를 정리해 보면 다음과 같다(Sherman & Schultz, 1998). 첫째, 이러한 체제들은 병렬적으로 행동하는 수많은 행위자들로 구성된 그물망이다. 따라서 종전 통계학적 방법론의 한계를 극복하기 위해 행위자 기반 모의실험(Agent-Based Simulation : ABS) 기법 등을 활용한다. 둘째, 이들은 여러 층의 조직 단계를 가지며 각 단계마다 새로운 기초 단위들을 형성하며 혼돈의 경계에서만 자기조직화, 즉 적응이 가능하다. 셋째, 어느 한 수준의 행위자들은 더 높은 차원의 행위자들의 구성요소가 됨으로써, 많은 계층을 갖는 좀 더 큰 구조로 끊임없이 조직화하고 재조직화한다. 이러한 체제의 구성요소는 외부 조건이 변하고, 행위자들이 학습하고 적응하고 진화해 나감에 따라 재조합되고 재배열된다. 넷째, 적응력을 갖춘 행위자들이 점유한 특별한 행태적 적소가 존재하나 환경이 변함에 따라 종래의 적소는 사라지고 새로운 적소가 만들어져서 역설적으로 새로운 기회를 창출하기도 한다. 다섯째, 행위자에게는 그들의 행동을 최적화할 수 있는 실질적인 방법이 결여되어 있다. 그 이유는 적합도 지형 상의 가능성 영역이 너무 넓고, 복잡하고, 불확실하고, 급변하는 환경에 처해 있기 때문이다. 다른 행위자들의 행동에 따라 자신들의 행동을 바꾸고 향상시키는 것이 최선의 방법이다.

복잡성 패러다임을 적용함에 있어 연구자들이 직면하는 여러 가지 문제들 중의 하나는, 복잡성 개념이 상호 연관되어 있고 때로는 중복적인데, 이러한 개념들을 일관성 있고 포괄적으로 종합하는 분석틀이 아직 없다는 것이다. 따라서 이 책에서는 복잡성 개념을 통합해 보려고 한다. 또 다른 문제는 복잡성 개념이 연구하고자 하는 특정 체제의 경계와, 이와 연관된 분석 수준에 따라 적용 가능성과 조작화의 가능성이 다르다는 것이다.

이 책에서는 복잡성과 관련된 핵심 개념들을, 낮은 차원의 상호작용부터 높은 차원의 질서가 어떻게 생성되는지에 초점을 맞추는 혼돈이론의 자기조직화 범주와, 체제가 어떻게 예측 불가능하지만 지능이 있는 것처럼 진화해 나가는지에 초점을 맞춘 복잡성이론에서의 진화의 범주로 구분하여 설명하고자 한다.

〈표〉 Chaoplexity 관련 개념(특질)※

복잡성(complexity)이론	혼돈(chaos)이론
창발성(emergence) 경로의존성(path dependence) 공진화(coevolution)	비선형 되먹임고리(nonlinear feedback loops) 초기조건의 민감성(나비효과)(sensitivity) 자기조직화(self-organization)

※ chaoplexity 관련 개념들은 구분된 특질이 아니라, 단지 강조하는 초점만을 부각시킨 것이다(자세한 내용은 최창현(2000), “복잡성 이론의 조직 관리적 적용 가능성 탐색” 참조).

3

초기조건에의 민감성과 사주조직법

Sensitive dependence on initial conditions

- 나비효과와 〈영화: 쥬라기공원, RV〉
- 기상모델 백만 개를 초기조건으로 잡는 사주조직법

나비효과와 <영화: 쥬라기공원, RV>

비평형시스템에서는 비선형성과 편차증폭 되먹임고리 과정이 융합될 경우 초기조건의 미세한 차이가 시스템에 더욱 큰 혼돈적 형태를 보일 것이다. 초기조건에서의 사소한 변화가 복잡한 시스템 위상공간 상에서 편차증폭 되먹임고리와 편차상쇄 되먹임고리의 작동으로 시스템의 진화에 엄청난 영향을 끼칠 수도 있다는 것이다(최창현, 1997 ; 145).

이 현상을 '초기조건의 민감성'이라고 한다. 초기조건의 사소함이 시스템의 진화에 예측하지 못할 만큼 커다란 결과를 초래하는 기상학적 특성을 '로렌츠의 나비효과'라고 부른다[3].

영화 <쥬라기공원>에서 여자 주인공이 남자 주인공에게 혼돈이론이 무엇이냐고 물어보자 남자 주인공은 초기조건의 민감성을 쉽게 설명해 준다. 그러나 관객이 다시 살아난 공룡을 보고 열광한 나머지 이 영화가 본래 하고자 한 이야기는 별로 주목받지 못했다. 그것은 원작의 의도를 충분히 살리지 못한 영화 자체에도 책임이 있다. 이 영화의 주제는 쥬라기공원이 과연 가능한가 하는 점이다. 공룡들을 다시 살려 내는 문제가 아니라, 철저히 고립된 계에서 우리가 만들어 낸 공룡들을 완벽히 통제하는 일이 과연 가능한가? 쥬라기공원을 운영하는 일은 공룡들을 다시 살려 내는 문제와는 별개의 것이기

3) 기상학자 로렌츠(Lorenz)는 기상 변화를 컴퓨터에 입력하는 작업에서 소수점 6자리까지 숫자를 입력하던 것을 소수점 3자리까지만 입력하자 차이가 전혀 다르게 나타났다. 초기조건의 사소한 차이, 말하자면 1,000분의 1 정도의 차이도 커다란 변화를 초래한다는 사실을 발견했다. 컴퓨터로 재현된 두 기후가 초기조건이 거의 같은데도(소수점 6자리와 3자리의 미세한 차이는 초기에는 거의 유사하게 나타나므로) 시간이 흐름에 따라 차이가 점점 커져서 유사점이 완전히 없어진 것이다(박배식 · 성하운 역, 1993 ; 23~46).

때문이다. 영화는 스스로 번식하여 통제가 불가능해진 공룡들의 반란을 통해 쥬라기공원은 불가능하다는 것을 보여 준다. 그런데 왜 공룡들을 통제할 수 없는 걸까? 만약 개구리가 아닌 다른 동물의 DNA에 이식했다면 통제가 가능했을까?

영화는 쥬라기공원의 안전성을 검사하기 위해 몇몇 과학자들이 초빙되어 그곳을 탐색하는 이야기로 시작된다. 그 중에는 혼돈이론을 전공한 말콤 박사도 있는데, 그가 가끔씩 언급하는 혼돈이론은—관객에게는 대부분 간과되었지만—실제로 쥬라기공원을 완벽히 통제하는 일이 왜 불가능한가에 대한 단서를 제공해 준다.

혼돈이론은 비선형적인 복잡계를 다루는 물리학 이론이다. 자연의 구성요소들은 그 상호작용이 단순한 비례관계가 아닌 복잡한 비선형적인 관계로 이뤄진다. 따라서 간단한 질서만으로 복잡한 양상을 보일 수 있다. 혼돈이론은 자연의 이러한 성질을 다루는 학문이다.

혼돈이론에 따르면 간단한 미분방정식으로 기술할 수 있는 계라 해도 비선형항에 의해, 초기의 작은 변화가 예측할 수 없는 전혀 다른 결과를 초래할 수 있다는 것이다. 간단한 미분방정식으로 기술된다는 것은 그 계의 미래 상태가 결정되어 있다는 것을 의미하는데, 아주 작은 변화가 얼마 후에 그 계를 전혀 다른 상태로 바꾼다면 우리는 그 계의 미래를 예측할 수 없다.

또 다른 예는 로빈 윌리엄스가 주연한 영화 〈RV〉에 나오는, 분기점에 걸려 있던 RV 차량을 생각해 볼 수 있다. RV 차량이 대롱대롱 매달려 일시적으로 안정된 듯했는데, 로빈 윌리엄스가 RV 차량을 흔들자 RV 차량이 불안정한 상태로 빠지는 장면이다.

이 장면은 나비효과(초기조건의 민감성)와 분기점이론을 잘 묘사해 주고 있는데, 큰 변화가 아무 결과가 없기도 하고 또 사소한 변화가 큰 결과를 초래하기도 한다는 것이다. 다시 말해 체제가 안정적인 상태에 있다면, 예를 들어 견고한 도로 위에 RV 차량이 있었다면 아무리 로빈 윌리엄스가 RV 차량을 흔들어도 안정성을 유지했을 것이다. 그런데 불안정한 상태에서 간당간당하다가 일시적으로 안정된 상태로 돌아갔기 때문에 로빈 윌리엄스가 무거운 RV 차량을 흔들어도 일종의 나비효과 나타나 일시적인 안정성이 깨지고 RV 차량이 움직이게 된 것이다.

이러한 맥락을 조직에 도입하여 생각해 보면, 조직에 변화를 주기 위해서 수많은 기법들이 도입되지만, 체제를 불안정한 상태로 흔들어 놓지 않고 도입해 봐야 별 효과를 못 미칠 것이라는 것이다. 체제를 흔들어 놓은 상태, 즉 체제에 요동을 줘야만 사소한 변화가 큰 결과를 초래할 수도 있다는 것이다.

그동안 제시되어 온 나비효과를 조직관리에 은유적으로 적용한 예는 다음과 같다. 첫째, 합리적 분석에 기초한 사전 계획의 한계를 인식하고 우연적인 요소들을 많이 개입시킬 필요가 있다. 둘째, 비록 비전과 목표는 원대하더라도 실천적인 측면에서 작은 변화와 시도를 중시해야 한다. 90년대 미국 경제를 부흥시킨 실리콘밸리의 힘도 사실은 차고에서 시작한 휴렛팩커드라는 회사 하나(작은 변화)에서 탄생되었다는 것을 주시할 필요가 있다. 셋째, 이러한 작은 변화와 시도들이 많이 발생하도록 유도하고 잘 되는 것에 집중하는 전략이 필요하다. 따라서 자원과 권력이 우수한 아이디어나 제안에 자연적으로 몰리도록 내부 체계, 특히 보상·유인 체계를 설계할 필요가 있다(박형규 · 이장우, 1997 ; 99~100).

로렌츠의 작업을 조직문제에 적용해 보자. 로렌츠의 작업과 조직관리자의 차이는 혼돈의 수준에 있어서 차이일 뿐이다. 로렌츠와 같은 기상학자들은 일기예보 예측방정식에 사용된 파라미터 값을 조절할 수 없는 반면, 조직관리자는 체제의 초기조건을 조절할 수 있다는 점에서 로렌츠의 발견은 기상학자들에게는 나쁜 소식이었을지 모르나 조직관리자들에게는 희소식이 될 수도 있다.

나비효과와 조직의 장기적 미래

이러한 발견이 함축하는 것은 가히 혁명적이다. 초기조건의 민감성은 구체적인 예측이 더 이상 과학의 목적이 될 수 없음을 뜻한다. 그 대신 과학의 목적은 설명과 이해로 대치될 수밖에 없다(Gleick, 1988 ; Waldrop, 1994).

초기조건의 민감성을 나타내는 체제는 계획되거나 조작될 수 없다. 어떤 기준에 대비한 성과를 측정함으로써 통제될 수도 없다. 그러한 체제는 자기조직화 과정을 통해 진화하므로 체제의 구성원은 진화하는 조직의 미래에 기여하기는 하지만 이를 통제할 수는 없다.

만일 인간 체제가 이러한 것이라면 체제의 장기적 미래를 성공적으로 계획하는 것은 불가능할 것이다. 체제의 장기적 미래를 계획한다는 것이 무엇을 의미하는지 생각해 보자. 체제를 통제하고자 하는 사람들은 그들이 바라는 체제의 장기적인 미래에 대해 구체적인 사항까지도 합의를 해야 할 뿐만 아니라 합의된 사항을 실현하기 위해 일련의 행동지침에 대한 합의를 해야 한다. 그 다음에는 같이 행동하고 자신들의 행동이 처음의 의도와 벗어나는지 그렇지 않은지를 계속 살펴봐야 한다. 그리고 만일 최초의 의도와 행동의 결과가 다를 경우 교정해야 한다. 물론 이러한 절차는 바람직한 미래의 상태가 이를 실현하기 위한 행동과 연계될 때만 효과적이다. 만일 행동과 장기적인 결과의 연계가 뚜렷하지 않다면, 다시 말해서 장기적인 미래가 본질적으로 예측 불가능하다면 바람직한 결과를 달성하지 못한다. 그러므로 장기적인 계획에 의존하는 대신 창조적인 관리자나 정책 결정자는 자생적으로 발생하는 자기조직화적 조직학습 과정에 의존해야 한다. 미래는 사전적인 의도성에 의해서가 아니라 체제가 진화하는 구체적인 방법에 따라 결정되기 때문이다.

경제나 기업의 장기적인 미래

만일 창조적인 인간 체제가 혼돈의 근처에서 움직이는 비선형 되먹임고리 체제라면 계획을 포기해야 한다. 계획은 조직과 경제의 일상적 활동의 단기적 결과만을 관리하고 통제해야 한다.

이 밖에도 시장의 힘에 대한 인식도 재고되어야 한다. 자유시장이 명백히 창조적인 자기조직화 체제이기는 하지만 장기적인 미래는 미리 알 수 없기 때문이다. 결과를 극대화하거나 최적화하는 자기조직화 체제의 특질이나 운영이란 존재하지 않는다고 한다. 자연도태(경쟁)의 힘은 유연하지 못한 모든 체제를 도태시킨다. 장기적으로 볼 때, 시장이 가지는 힘의 결과를 정확히 예측하는 것이 불가능한 것처럼 계획 체제의 결과를 정확히 예측하는 것 또한 불가능하다. 자유시장 정책은 결과가 자생적으로 발생해 나가도록 해주며 미래의 예측을 필요로 하지 않기 때문에 유리하다. 이것이 의미하는 바는 처음부터 시장경제가 어디로 가야 할지를 결정할 수 없다는 것이다.

기상(氣象)모델: 백만 개를 초기조건으로 잡는 사주조직법(四柱組織法)

뉴턴의 운동방정식이나 기상예보를 위해서는 초기조건을 가지고 방정식을 만들 수밖에 없다. 결정론자들은 초기조건만 알게 되면 모든 운동방정식을 풀 수 있다고 장담했다. 그러나 요동이 심한 기상현상이나 유체역학, 생명현상, 생물진화 등에서는 그런 단순한 결정론적 체계로는 예측이 불가능하다. 요동현상이 두드러진 기상학, 생태학, 해양학, 경제학 등에서는 비선형성이 내재되어 있기 때문에 기존 역학체계로는 풀 수가 없다.

그 이유를 기상현상을 통해서 접근해 보면 다음과 같다. 대기의 흐름도 분명 하나의 역학계이며 공기입자의 움직임도 뉴턴의 운동법칙을 따른다. 따라서 온도, 기압, 풍향, 습도 등의 데이터만 정밀하게 해주면 거의 정확하게 일기예보를 할 수 있다고 과학자들은 생각했다. 그러한 시도의 첫걸음으로 1783년 독일의 기상학자 브란데스는 기상관측 자료를 수집해서 최초의 일기도(日氣圖)를 작성했다. 그리고 1848년에는 영국의 데일러 뉴스誌가 일기의 일람표를 싣기 시작하였다. 또한 영국의 기상학자 리처드슨은 1922년에 유체역학의 이론을 바탕으로 일기예보의 이론적 체계를 세웠다. 그는 관측지점을 3,200개로 나누고 6만 4천명의 인원을 동원해서 관측데이터를 계산하도록 하는 일기예보센터를 제안했다. 그러나 그 결과는 참담한 실패로 끝나고 말았다.

그러다가 컴퓨터의 개발로 방대한 양의 관측데이터를 신속하게 처리할 수 있게 되자 다시 일기예보가 시작되었다. 그러나 1961년 로렌츠가 12개의 결정론적인 방정식을 컴퓨터에 프로그래밍하고 바람의 경로를 그래프로 나타내 보았는데, 로렌츠는 여기서 초기조건이 조금만 달라져도 그 결과는 크게 증폭되어 엉뚱한 결과가 나타나는 나비효과(butterfly effect)를 발견하게 되었다. 그리고 그는 이런 현상이 바로 혼돈(chaos)이며 그것이 기후변화의 본래 성격이라는 것을 직감했다. 로렌츠의 동료들은 끊임없이 기계적으로 계산을 반복하는 12개의 방정식으로 이루어진 그의 기후모델이 비주기성과 초기조건에의 민감성을 모두 나타내고 있는 것과 그러한 혼돈이 단순한 결정론적 계에서 생겨날 수 있다는 것에 놀랐다. 그러니까 아주 간단한 2차방정식이 혼돈을 보여준다는 점에서 과학계에 큰 충격을 준 것이다.

사주조직법에서도 사주를 결정할 때 초기조건을 잡는 것은 뉴턴의 운동방정식이나 기상예보 때와 마찬가지다.

사주학에서는 출생 순간의 년(年)·월(月)·일(日)·시(時)를 초기조건으로 잡고 있는데 년과 일은 60주기(週期) – 60갑자(甲子) – 를 쓰고 있으며 월과 시는, 년과 일에 종속되어 있기 때문에 12주기(週期) – 월은 1년을 12개월로 분할한 것이며, 시는 하루 24시간을 2시간씩 나누어서 쓰기 때문이다 – 를 쓰고 있다. 그러므로 사주의 유형은 518,400개가

(60年×12月×60日×12時 = 518,400)

있는데 남성과 여성은 대운(大運)을 결정하는 방법이 정반대이기 때문에 실질적으로는 518,400×2= 1,036,800개가 된다. 그러니까 사주학은 기후생물학이기 때문에, 사주라는 것은 백만 개의 기상모델을 가지고 기상예측을 시도하는 것과 같은 것이다. 그런데 13세기에 형성된 이와 같은 기상 모델링을 현대기상학에서는 20세기 후반에 이르러서야 실행했던 것이다.

그러나 사주학 역시 요동현상이 두드러진 기후생물학이기 때문에 초기조건에의 민감성의 영향에서 벗어날 수가 없다. 그러므로 출생시간이 2시간만 달라도 – 사주는 2시간 단위로 다른 형태의 사주가 성립된다 – 인생의 행로가 크게 달라질 수 있는 것이다.

:: 4

자기조직화와 음양론

self-organization

- 세계에서 가장 먼저 성립된 이론: 음양론
- 협동과 분업의 이율배반성
- 극하면 반전한다 !
- 암·수의 분화가 이룩한 창조적 재조합과 생물 다양성
- 암컷과 수컷의 끌림은 생물계의 가장 끈끈한 끌개
- 경로의존성
- 설계도 없이 500층을 축조하는 흰개미의 자기조직화 !
- 무한대로 자기조직할 수 있는 2진 스위칭 소자
- 음양의 자기조직화 메커니즘

세계에서 가장 먼저 성립된 이론: 음양론(陰陽論)

음양론은 세계에서 가장 먼저 성립된 이론이다. 고대 동북아시아에서는 B.C. 4천 년 경에 이미 농경 촌락이 형성된다. 천문과 역법의 발달은 농경과 밀접한 관계를 가지고 있는데 갑골문에 나타나는 상왕조(商王朝)의 역법은 상당한 수준에 이르렀던 것으로 판명되고 있다. 그들은 년 · 월 · 일 · 시에 대한 개념은 물론이고 1년은 12개월, 1개월은 30일 또는 29일로 정하였고 그 당시에 이미 윤달(閏月)을 썼던 것이 확인되고 있다. 이것은 태양과 달에 대한 정밀한 관측 없이는 만들어질 수 없는 역법체계이다.

십간(十干) · 십이지(十二支)는 사주학의 알파벳이라고 할 수가 있는데 이러한 간지(干支)가 B.C. 1300년 경 상왕조 때에 이미 형성되어 갑골문에 완벽하게 등장하고 있다. 십간을 일주하는 기간(갑(甲)에서 계(癸)까지)을 일순(一旬)이라고 하는데 여기서 일순이라는 말에는 열흘간이라는 기간과 태양의 순환을 의미하는 뜻이 내포되어 있고, 태양은 하늘에서 운행되므로 당연히 십간은 하늘과 관계가 있는 것으로 추정할 수 있다. 후일 송대(宋代)의 사주학자들은 이 십간을 식물의 성장과정으로 기호화해서 의미를 부여하여 사주학을 해석학(解釋學)으로 발전시켰다.

상왕조 때에는 무수한 신들이 등장하는 복잡하고 독특한 형태의 종교를 가지고 있었는데, 그들은 상왕(商王)이 하늘을 주관하고 있다는 최고신인 상제(上帝)의 아들인 천자(天子)라고 생각했다. 그리하여 상왕조의 왕이었던 상갑(上甲) 때부터 모든 왕들의 이름에 하늘을 상징하는 십간을 쓸 정도로 십간을 신성시하였다. 또한 매일 매일을 상제가 주관한다는 의미로 날짜를 표기하는 데 숫자를 쓰지 않고 간지를 썼던 것이다.

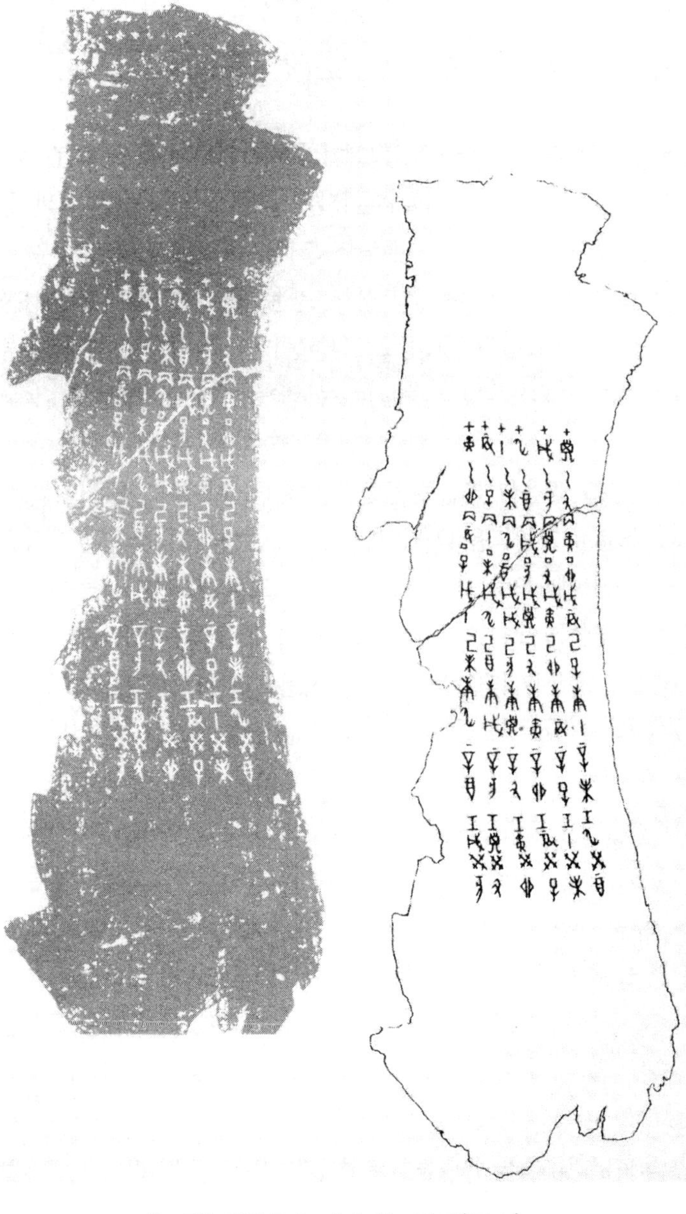

[그림] 갑골문에 나타나는 간지(干支)

출처: 「갑골문이야기」 p.244

태극(太極)	양 의(兩儀)			사 상(四象)			8괘(八卦)	
DNA	형태	형태유형	음양	염기	결합유형	사상코드	위치유형(1) Sense(+)	위치유형(0) Non sense(−)
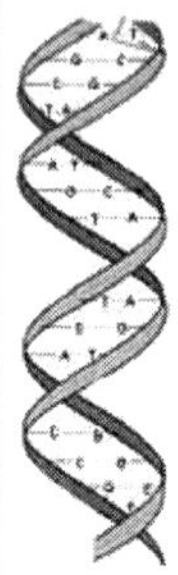	피리미딘	0	음 (- -)	C 시토신	0	00 태음(⚏)	001 C 간(☶)	000 $\bar{C}$ 곤(☷)
				T(U) 티민	1	01 소양(⚎)	011 U 손(☴)	010 $\bar{U}$ 감(☵)
	퓨린	1	양 (—)	G 구아닌	0	10 소음(⚍)	101 G 리(☲)	100 $\bar{G}$ 진(☳)
				A 아데닌	1	11 태양(⚌)	111 A 건(☰)	110 $\bar{A}$ 태(☱)

[그림] 8괘와 유전자코드

그런데 여기서 주의 깊게 살펴보아야 할 것은 그들이 날짜를 표기할 때에는 십간·십이지를 모두 썼으나 상왕의 이름에는 십간만을 썼다는 것이다. 이것은 십간과 십이지를 차별화 했다는 것을 의미한다. 그러니까 이미 이 당시부터 십간은 하늘을 상징해서 천간(天干)으로, 십이지는 땅을 상징하는 지지(地支)로 구별해서 썼다는 것을 유추할 수 있다. 그리고 이들의 주장이 발전하여 후에 음양론이 되었다는 것을 알 수 있다.

문헌상으로 '음양(陰陽)'이란 단어가 가장 먼저 등장하는 곳은 주역(周易)의 계사전(繫辭傳)이다. 최근 학계의 연구결과에 의하면 이 계사전의 성립시기는 대략 2,500여년 전 전국시대(戰國時代)에 형성된 것으로 간주되고 있다. 그러나 주역 이전에 이미 귀장역(歸藏易)과 연산역(連山易) 등이 있었다고 전하는 것을 보면 음양론의 출발은 4,000여년 전으로 거슬러 올라갈 수도 있다. 아무튼 이후 음양론은 중국 최초의 통일 왕조인 진대(秦代)를 거쳐 한대(漢代)에 이르러 발전을 거듭하여 한(漢) 제국주의의 초석을 이루고 동양문명의 기본틀이 되어 동양문화 전반에 걸쳐 가장 큰 영향을 끼친 사상이 되었던 것이다.

수천 년에 걸쳐 성립된 음양론은 동양철학은 물론이고 한의학,

건축, 복식 등의 의식주문화와 관혼상제 등의 동양문화 전반에 깊은 뿌리를 내리게 된다. 그러나 현대인들은 흔히 음양론이라고 하면 잘 알지도 못하면서 케케묵은 엉성한 미신쯤으로 치부해 버리고 만다. 그렇지만 2진법과 기호학을 연구한 라이프니쯔나 상보성이론을 주장한 닐스 보아, 심리학자였던 칼 융, 중간자이론으로 노벨 물리학상을 수상한 유가와 히데끼 등은 동양의 음양론에 심취하여 자기들 학문에 상당한 영향을 받게 되었다. 그러나 음양론은 여기서 그치지 않고 현대물리학, 천문학, 생물학, 생태학, 의학, 수학, 복잡계과학, 컴퓨터 등의 최첨단 학문들과도 비교·연구되어야 할 중요한 이론이다. 음양론은 워낙 방대한 이론이기 때문에 여기서는 복잡계이론과 관계되는 부분을 위주로 소개하기로 하겠다.

협동과 분업의 이율배반성

지구상에서 생존하고 있는 모든 생명체와 기업이나 국가 등의 조직관리에서 언제나 부딪칠 수 있는 명제 중의 하나가 협동과 분업의 이율배반(antinomy)적인 문제이다. 그런데 이 문제를 가장 명료하게 풀어 줄 수 있는 것이 생명 자체의 진화의 역사와 음양론 속에 숨겨져 있다. 지구 생명의 역사 38억 년을 돌이켜보면, 20억 년 전 어느 날 핵을 가진 박테리아가 자신에게 대항하여 싸우던 호기성 박테리아를 삼키게 된다. 그리하여 박테리아간의 공생관계가 형성되었고 이것이 우리 몸을 구성하는 세포의 시작이 된다. 그러기 때문에 박테리아를 제외하고 지구상에 있는 모든 생물체는 공생창조(共生創造) 관계의 생산물이라고 할 수 있다. 그것은 전혀 다른 종류의 유기체가 함께 합쳐져서 새로운 유기체를 만들어 냈다는 뜻이다.

세포 내의 핵은 DNA의 암호로 표시되어 있으며 지시에 따라 명령을 내보낸다. 그리고 명령을 받은 미토콘드리아는 에너지를 만들어 세포에게 공급한다. 생명의 모든 활동은 이 두 개의 작은 유기체가 각각 자신의 역할을 하기 때문에 가능한 것이다. 미토콘드리아가 만들어 낸 에너지로 세포는 자라고 분화하며 세포 밖에서 일어나고 있는 환경변화에 쉽게 대처할 수 있게 된다. 바다에서 육지로, 육지에서 다시 하늘로, 생명은 여러 환경에서 다양한 모습으로 살아가고 있다. 이 풍부한 생물계를 만들어 낸 주인공이 바로 세포이다. 바다에서 생명이 처음 탄생한 때부터 우리 몸을 구성하고 있는 세포가 조직될 때까지는 20억 년이나 걸렸다. 그 기나긴 시간 동안 미생물은 생명의 근본적인 원칙인 공존의 원칙을 세운 것이다. 그러나 이렇게 어렵게 생성된 생명은 아직 단세포 생물에 불과했다. 그들은 자신의 몸을 나누는 방법으로 번식했기 때문에, 새로 탄생한 세포들도 기존 세포들과 똑같을 수밖에 없었다.

세포 안에는 DNA가 한 세트 있는데 DNA는 수많은 분자로 이루어져 있으며 서로 쇠사슬처럼 연결되어 있다. DNA에는 생물체의 기능에 필수적인 엄청난 양의 정보가 쓰여 있으며 DNA를 구성하는 분자의 독특한 배열이 그 생물체의 특징을 결정하게 된다. 생물체가 분열법으로 증식할 때는 먼저 DNA의 복제가 이루어진다. 이런 식의 증식방법은 똑같은 생물체를 빠른 속도로 만들어낼 수 있으므로 숫자를 늘릴 때는 분열법이 가장 효과적인 방법이다. 그러나 이 당시에 낙원 같았던 바다에 중대한 변화가 일어나게 되었다.

지구상에 처음으로 초대륙이 등장했고 거기에 따라서 지구의 환경이 급격하게 변했기 때문이었다. 바다도 많은 영향을 받았으리라는 것은 당연한 일이었다. 바다환경의 급격한 변화로 영양분이 모자라게 된 곳에서는 단세포 생물들의 죽음이 잇따랐으며 번식은커녕 멸종의 위기에 처하게 되었다. 그런데 이 단세포 생물이 직면한 멸종의 위기 때문에 성(性)이 발생했다고 도쿄 대학의 그로이와 스네요시

박사는 주장한다. 그로이와 박사는 크라미도모나스라는 0.2~0.3mm 밖에 안 되는 단세포 생물에게 관심을 기울이고 있다.

> "보통의 경우 2~3일은 태고의 생물처럼 세포분열로 증식을 합니다. 하지만 양분이 없는 환경에 처하게 되면 크라미도모나스한테 어떤 일이 일어날까요? 그것을 알아보기 위해 양분이 전혀 없는 물에다 크라미도모나스를 넣었습니다. 그러자 혼자서 따로따로 움직이던 크라미도모나스가 여기저기에서 무리를 이루기 시작했습니다. 자세히 살펴보니 세포 2개가 몸을 떨면서 서로 다가가다가 결국 합쳐져서 하나를 이루고 있습니다. 영양분이 모자라자 크라미도모나스는 2개의 세포가 합쳐져 마치 하나처럼 되기 시작한 것입니다. 합쳐진 세포를 다시 영양분이 많은 환경으로 갔다 놓았습니다. 그러자 1주일 뒤에 합쳐졌던 세포는 다시 세포분열로 증식하기 시작했습니다. 그러나 세포 중의 일부는 분열 전의 세포와는 크기와 색깔이 달랐습니다. 분열을 할 때 어떤 일이 일어났던 것입니다. 이들 세포는 이미 어려운 때가 오면 둘이나 그 이상이 하나의 무리를 이루면서 서로 도와 주려고 하는 그런 경향을 가지고 있었습니다. 그러다가 계속해서 서로 협력을 하기로 결정을 했습니다. 환경에 적응하고 생존 가능성을 높이기 위해서 한 몸을 이루게 된 것이죠."

그로이와 박사는 서로 협력하려는 성(性)세포의 본성이 다세포 생물의 등장을 가져왔다고 믿고 있다. 세포는 분열을 계속했고 두 세트의 유전자를 정확하게 복제하며 성장을 계속했다. 그 결과 생성된 세포들은 합쳐져서 하나의 몸을 이루었다. 후손이 탄생할 때 세포 중의 일부는 다른 세포와 다른 식으로 분열하기 시작했다. 서로 유전자를 교환하고 오직 한 세트의 DNA를 포함하는 세포를 만들어 냈다. 이들 세포는 후손을 생산하기 위한 목적으로 생성된 생식(生殖)세포이다. 새로운 몸을 만들어 내기 위해 생식세포는 부모의 몸을 떠나 다른 생식세포를 만난다. 다세포 생물은 단세포 생물에서 진화했다.

> "이 해파리는 몸의 크기가 1mm 밖에 되지 않습니다. 하지만 수 천 개의 세포로 구성되어 있습니다. 몸 안의 둥근 입자는 자손을 생산하기 위한 생식세포의 덩어리입니다. 이 해파리의 생식세포는 다른 모양을 가지고 있습니다. 아주 작으며 편모를 가지고 있고 활발하게 움직입니다. 이들은 정자입니다. 난자를 가진 암컷과 정자를 가진 수컷이 탄생한 것입니다. 수컷의 몸에서 수백만 개의 정자가 나옵니다. 정자는 숫자가 많고 동작이 빨라서 난자를 만날 가능성이 높습니다. 한편 커다란 난자에는 수정이 되면 수정란의 성장을 도와줄 영양분이 많이 저장되어 있습니다. 세포가 서로 만나 자손을 생산할 수 있도록 생식세포는 정자와 난자로 분화되었습니다. 마침내 생명은 수컷과 암컷으로 이루어진 유성생식(有性生殖)을 완성했습니다."

5억 3천만 년 전 캄브리아기에 초대륙이 서로 떨어져 나가기 시작하며 땅덩어리 사이에 천해(淺海), 즉 얕은 바다가 형성되었다. 양분이 풍부한 천해는 생명체가 모두 한꺼번에 번성할 수 있는 기회를 제공해 주었다. 그때까지만 해도 50개도 안 되던 종(種)의 수가 이 시기에 갑작스럽게 1만여 개로 늘어 난 것이다. 이 같은 폭발적인 진화를 가져온 요인은 환경변화 등 여러 가지 이유를 들 수 있을 것이다. 하지만 유전자 재조합을 통해 새로운 생명을 계속 만들어 낼 수 있는 유성생식 방법이 생겨나지 않았다면 그러한 일은 불가능했을 것이다. 오늘날 지구 위에 살고 있는 생물체의 숫자는 3천만 종이 넘는다고 한다. 바다와 땅과 하늘에는 다양한 생명의 세계가 펼쳐져 있다. 유전자의 변이성(變異性)을 영원히 보장하는 유성생식 방법이 생겨났기 때문에 이 같은 다양성(多樣性)이 가능했던 것이다.

이상과 같이 생명의 공생창조[협동]와 암 · 수의 분화로 인한 역할분담[분업]은 그 행위 자체는 정반대일 수 있으나 급격한 환경의 변

〈표〉 무성생식과 유성생식의 진화도표

박테리아간의 공생관계 형성 (세포의 시작)	단세포 생물	20억 년 전	결합으로 인한 공생관계 형성	협동
다세포 생물 출현 (유성생식의 시작)	다세포 생물	6억 년 전	암·수의 분화로 인한 다양성 추구와 역할분담	분업

화 속에서 생명이 생존해 나가기 위한 목적지향성(teleonomy)은 공통적으로 가지고 있다. 여기서 목적지향성이란 어떤 조직이 나아가야 할 방향을 명확히 제시하기 위한 조직의 핵심적 가치를 가리킨다. 그러므로 현대의 기업이나 국가의 조직을 다룰 때도 가장 먼저 짚어볼 문제가 그 조직이 목적지향성을 뚜렷이 가지고 있느냐는 것이다. 그 조직이 나아가야 할 변화의 방향이나 목적이 제시되어질 때 구성원들의 창조적 에너지 또한 그러한 방향으로 보다 효과적으로 결집되어질 수가 있는 것이다.

그런데 조직이 목적지향성을 달성하려면 먼저 갖추어야 할 조건들이 있다. 그것은 바로 자율성과 동적협력성(動的協力性)이다. 특히 자기조직화 조직에서는 개체의 높은 자율성이 강조된다. 자율성은 구성요소가 명령센터로부터 명령을 일일이 받지 않고도 자기가 수행해 나아가야 할 기능을 스스로 창조하고, 형성하며, 변화시켜 나갈 수 있는 자기설계(self-design) 능력을 부여한다.

이때 자기설계란 시스템의 구성요소가 명령센터로부터의 명령을 그때그때마다 일일이 받지 않고도 시스템 전체 속에서 자기가 수행해야 할 기능을 스스로 설계하는 것에 의해 시스템 전체의 성과를 높여 나가는 것이 가능한 상태를 의미한다. 그러나 새로운 구조의 생성 시에는 자율성만으로는 한계가 있다. 이때는 구성요소들간의 고도의 협력인 동적협력성이 더 필요하게 된다. 그러니까 각 부서를 초월한 협력, 즉 구조적 통합과 의사소통의 활성화 등과 같은 절차적 통합은 동적협력성의 근간이 된다.

그런데 천여년 전 송대(宋代)의 유학자(儒學者) 주돈이(周敦頤)는 태극도설(太極圖說)에서 위에서 설명하고 있는 내용들을 다음과 같이 간결하게 주장하고 있다.

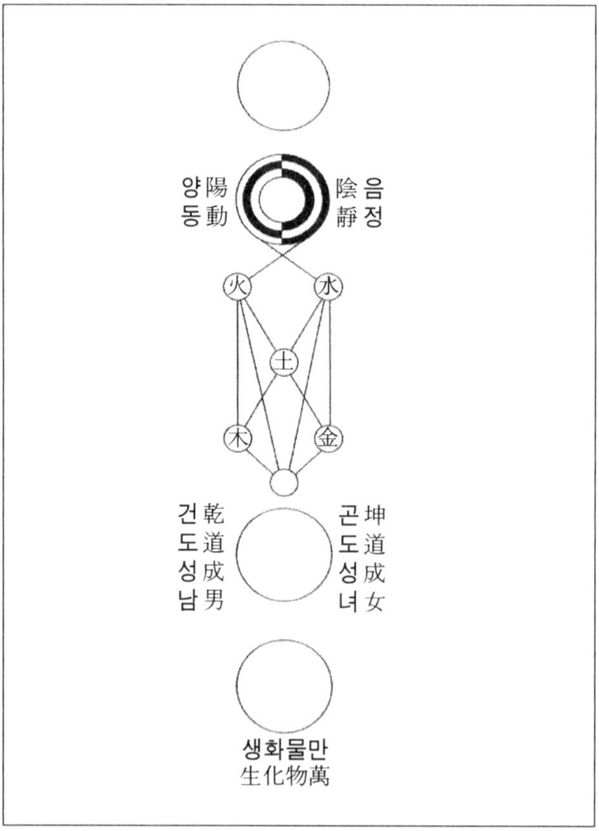

[그림] 주돈이의 태극도

무극이태극 태극동이생양 동극이정 정이생음
無極而太極 太極動而生陽 動極而靜 靜而生陰

정극이복동 일동일정 호위기근 분음분양 양의위언
靜極而復動 一動一靜 互爲其根 分陰分陽 兩儀位焉

건도성남 곤도성녀 이기교감 화생만물
乾道成男 坤道成女 二氣交感 化生萬物

- 주돈이의 태극도설 -

> 무극이 태극이다. 태극이 동하여 양을 낳고 동이 극하면 정이 되고 정하면 음을 낳는다. 정이 극하면 다시 동한다. 한 번 동하고 한 번 정하여 서로 그 뿌리가 된다. 그리하여 음으로 나뉘고 양으로 나뉘어 양의가 성립된다. 건도는 남성을 이루고 곤도는 여성을 이루어 두 개의 기가 교감하여 만물을 화생한다.

1922년에 원자구조론의 연구로 노벨물리학상을 수상한 덴마크의 이론물리학자 닐스 보어는 1927년 9월에 양자역학의 해석상의 곤란성을 해결하기 위하여 '상보성(相補性)이론'을 제기하여 하이젠베르그의 '불확정성원리'와 함께 양자역학의 '코펜하겐학파'의 중심인물로 떠오르게 된다.

"위치와 운동량, 시간과 에너지 등의 물리량은 불확정성 관계에서처럼 상호 그 수치를 동시에 정확하게 구할 수는 없지만 서로 보완해서 양자역학적 대상으로 기술할 수 있다"는 상보성이론은 주돈이가 태극도설에서 설파한 '動極而靜 靜極而復動(동극이정 정극이복동)' 즉 음(陰)과 양(陽)은 극단적인 대립자의 관계이면서도 상호 호환성이 있는 상보적 관계에 있다는 주장과 일맥상통하는 것이다.

닐스 보어는 자신의 상보성이론의 개념과 태극도설의 유사성에 감명을 받고 태극도와 'Contraria Sunt Complementa!'(대립적인 것은 상보적이다!) 라는 글귀를 예복에 새겨 넣어 입고 다녔다고 한다. 자석을 둘로 쪼개면 +극 −극이 또 다시 생성되어 2개의 완벽한 자석이 되듯이 자연은 항상 대립적이지만 또한 상호 보완적이기 때문이다. 양이 극성하면 음으로 변하고, 음이 극성하면 양이 될 수도 있는 것이 대자연의 법칙인 것이다.

극(極)하면 반전(反轉)한다!

동양의 음양론에 해당하는 서구의 2진법이나 디지털 체계에서는 양(+)이 음(−)이 되고, 음(−)이 양(+)으로 변환되는 시스템은 존재하지 않는다. 18세기까지도 서구의 과학자들은 복잡하고 신비스러운 자연을 기계처럼 단순하게만 생각했다. 그러나 현대과학이 밝혀준 생태계에서는 환경의 변화에 따라서 암·수가 바뀌고, 지구의 자극도 수십 번이나 역전되었다는 근거들이 포착되고 있다.

근대철학의 시조로 불리는 데카르트는 자연을 규명할 수 있는 수단은 수학이라고 주장하면서 모든 물체의 움직임은 결정론적 인과관계 속에 있다고 보았다. 뉴턴은 신학으로부터 철학으로의 독립을 추진한 데카르트의 뒤를 이어 철학을 과학으로 정립시킬 포부를 가지고 있었다. 뉴턴은 3차원적인 유클리드 기하학을 기초로 역학을 발전시켰다. 그의 역학에서는 시간과 공간을 전혀 별개의 것으로 완전히 분리시켰다. 뉴턴은 운동법칙과 중력법칙을 발견했으며 행성들과 달의 세밀한 운동을 기술하는 데 운동방정식을 성공적으로 적용했다. 뉴턴의 역학이 성립된 이후 우주에 대한 새로운 해석인 결정론(determinism)이 뿌리를 내리게 된다. 결정론에 의하면 물체의 최초 운동을 알면 미래의 운동까지도 알 수 있다. 그러니까 시계가 앞으로 움직이는 것처럼 과거에 의해서 미래도 결정된다는 것이다. 후에 많은 철학자들은 이러한 결정론이야말로 '운명예정설'을 뒷받침하는 증거라고 인용했다. 그러나 완전무결한 것처럼 보이던 뉴턴물리학은 200년도 채 유지하지 못하고 20세기에 등장한 양자역학과 상대성이론에 의해서 붕괴되었다.

뉴턴은 공간에서의 위치와 운동에너지를 정확히 정의할 수 있다는 가정 하에 뉴턴역학을 확립했다. 그러나 양자역학과 상대성이론

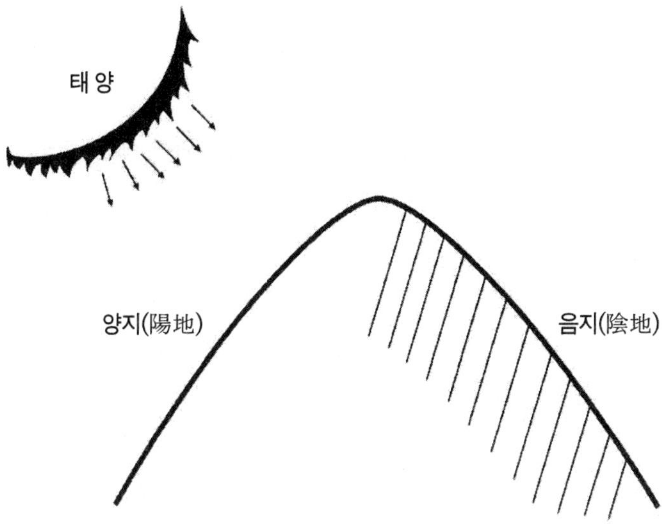

[그림] 동양의 음양론에 대한 개념도

에서는 시간과 공간이 서로 분리되어 있는 것이 아니라 밀접하게 연결되어 있음을 보여 주고 있다. 특히 상대성이론에서는 운동 상황에 따라 시간이 결정된다. 또한 공간 속의 물체는 주위 공간도 휘어지게 하는 성질을 지니고 있다는 것이다. 상대성이론은 공간이 3차원이 아니며 시간은 독립된 실체가 아니라는 것을 보여 준다.

그런데 동양의 음양론은 뉴턴물리학보다는 상대성이론에 더 가까운 학설이다. 본래 음양론의 음(陰)과 양(陽)이란 두 글자를 분석해 보면 왼쪽에 붙어 있는 阝은 阜(언덕 부)로, 음양이란 언덕을 중심으로 햇볕이 직접 쪼이는 곳은 양(陽)이요 상대적으로 언덕에 가려져 그늘진 곳은 음(陰)이라는 것이다.

그러므로 지구가 자전함에 따라서(즉, 시간의 변화에 의해서) 음(陰)과 양(陽)도 계속 변화한다는 의미를 내포하고 있다. 시계처럼 '결정론적'인 철학은 인간의 사고를 기계처럼 경직되게 만들고 '상대론적'인 철학은 인간의 사고에 유연성을 준다. 서구인들이 21세기에 들어와서도 세계를 지배해 보려는 정복적인 세계관을 버리지 못하는 것도 절대론의 그늘에서 아직도 벗어나지 못하고 있기 때문이다.

생태계 속에서 모든 생물종들은 무한증식의 잠재적 가능성을 가지고 있다. 그러나 이러한 경향은 그 생태계 내에서 균형을 유지하게 해주는 여러 가지 상호작용에 의해서 규제된다. 무한증식은 그 생태계가 심각하게 교란되었을 경우에만 나타날 수 있다. 그때 일부 식물들은 '잡초'가 되고 일부 동물들은 해를 끼치는 '골칫거리 짐승'이 될 것이며, 다른 종들은 멸종하게 될 것이다. 따라서 생태계 전체의 균형이 위협을 받게 될 것이다. 그러기 때문에 지난 38억 년 동안의 지구생물의 역사를 돌이켜보면 자연은 어느 한 종(種)의 무한증식을 허용하지 않았다. 실제로 38억 년 동안 바다동물은 5번, 육상동물은 3번의 집단 대멸종이 일어났었다. 생물이나 인간의 역사를 막론하고 전성기에 도달하면 어느 날 갑자기 멸망하거나 쇠퇴기에 접어들게 된다.

이와 같은 자연의 '자기조절 현상'은 동물실험에서 극명하게 드러나고 있다. 물고기나 악어 같은 난생동물(卵生動物)을 비롯하여 하등동물(단세포동물 포함)들은 환경의 변화에 따라서 암 · 수가 결정된다고 한다. 이런 변화의 원인으로 그 첫 번째는 온도의 변화를 들고 있는데, 온도가 일정기준을 넘도록 상승하면 암컷이 늘어나고 심지어는 수컷이 암컷으로 변화하기도 한다. 오늘날 지구의 평균기온이 상승하고, 환경 호르몬이 증가하면서 남성들의 정자 수가 감소하는 것도 같은 현상이라고 할 수 있을 것이다. 영국 환경청은 BBC 인터넷 판에서 2020년에는 지구 온난화의 여파로 많은 도시가 황무지로 변하고 남성의 생식능력 저하로 아기를 낳지 못하고 자녀를 입양하는 가정이 대세를 이룰 것이라고 전망하고 있다.

또 다른 변화의 원인으로는 암·수 개체수의 변화를 꼽고 있는데 어떤 동물이든지 대체적으로 집단의 밀도가 높아지면 수컷의 수명이 짧아지며, 증식이 계속 증가하면 아무 이유도 없이 어느 순간에 집단으로 몰살되기도 한다는 것이다.[4] 레밍(일종의 들쥐)들이 집단으로 절벽으로 뛰어 내린다든지 고래들이 떼를 지어 모래사장으로 올라와 자살하는 현상들이 목격되기도 한다. 그런데 인간도 예외는 아니어서 6·25 전쟁 당시에 한국에서 직접 조사한 미국 생태학자들의 연구에 의하면 전쟁 시에는 남아출산율이 늘어난다고 한다. 수많은 남성들이 전사하여 남성이라는 개체수가 줄어들고 환경이 열악해지면 종족유지 본능 때문에 남아출산이 늘어 난다는 것이다.

암·수의 분화(分化)가 이룩한 창조적 재조합과 생물 다양성

동물의 교접에서 가장 핵심이 되는 것은 수컷과 암컷이 각자 가지고 있는 유전정보의 교환이다. 그런데 정보의 공유(share of information)는 단순한 교환을 넘어서 창조적인 재조합을 함으로써 격변하는 환경에 대응할 뿐만 아니라 새로운 생명체를 탄생시켜 왔던 것이다.

자기조직화 조직은 정보의 창조를 활성화할 뿐만 아니라, 새로이 창조된 정보를 학습하는 조직이어야 한다. 즉, 신기성의 발생과 그것의 확립간에 적절한 정도의 긴장관계를 유지함으로써, 새로운 정보의 발생과 그것의 확립, 축적간의 균형을 원활하게 도모해 나가지 않으면 안 된다(Jantsch, 1980). 학습은 성장, 진보하는 조직의 기본이기 때문이다. 즉, 기존의 의사결정 전제 하에서의 학습뿐만 아니라, 그 의사결정 전제의 가정에 의문을 제기하고 새로운 전제를 수립하여 가는 학습 즉, 이중순환고리학습(double loop learning, Argyris, 1982; Argyris & Schön, 1978), 혹은 이중학습(deutero-learning, Bateson,

4) 동물실험 결과 똑같은 면적 내에서 충분한 영양분을 공급하면 개체수가 계속 증가하다가 어느 정점에 다다르면 별다른 이유 없이 집단으로 몰살하게 된다.

1979)의 능력이 있어야만 한다.

이와 같은 학습을 통한 정보의 공유로써 개인과 조직간의 정보의 격차는 적어지게 되며, 각 구성원들은 거시적 시점을 가지게 되는 것이다. 이른바 자기통제가 가능하게 되는 것이다. 구체적으로 조직의 새로운 질서를 구성원들에게 공유시키고 조직 전체의 지식으로 확립해 나가기 위해서는, 조직 내의 성공사례를 신속히 구성원들에게 주지시키고 새로운 행동양식의 모델로서 정립시킨다든가, 과거의 성공과 실패의 원인 및 결과를 분석하여 체계적으로 정리, 축적해 두는 것 등을 들 수 있다.

사람들이 아이를 낳으면 그 아이는 부모를 닮지만 똑같지는 않다. 그리고 이러한 사실은 양성생식(兩性生殖)을 하는 모든 생물들에게 그대로 적용된다. 생명체는 왜 자신과 똑같은 복제품을 만들어 내지 않고 자손이 자신과는 조금이라도 다른 특징을 가지도록 할까? 그리고 남성과 여성이라는 성은 왜 만들어졌고 또 그 역할은 어떻게 변해 왔을까? 우리 인간이 부모에게서 물려받은 두 세트의 DNA에는 각각 10만 개의 유전자가 있는데 이 중에서 93퍼센트는 정확히 똑같다고 한다. 하지만 나머지 7퍼센트에 대해서는 아버지와 어머니의 유전자와 다르다. 그리고 이런 차이가 자손들의 개별성을 낳게 된다. 7천 개의 다른 유전인자 조합의 종류는 2의 7,000제곱이나 된다. 이 숫자는 지구 상의 모든 모래의 수보다 많다. 거의 무한대에 가까운 수이다. 그러므로 한 부모 아래서 두 명의 아이가 똑같은 유전자 조합을 가지고 태어나기는 거의 불가능하다는 것이다. 그리고 이러한 다양성 때문에 유성생식에 의해 만들어진 개별성은 새로운 환경변화를 이기고 생존을 계속하는 데 아주 중요하다는 것이 밝혀지고 있다.

호주의 초원, 이곳에서 생물학적 개별성이 얼마나 중요한지 그 예를 하나 볼 수 있다. 여름에서 가을까지 초원에는 엄청난 수의 토끼가 퍼진다. 이들 토끼는 인간의 멸종 위협을 이겨낸 운 좋은 토끼다. 1895년 호주가 아직 영국의 식민지였을 때 사람들은 사냥을 위해 영국에서 토끼 몇 마리를 들여왔다. 이들 토끼는 1년에 평균 12마리의 새끼를 낳는다. 호주에는 토끼의 천적인 여우가 없었기 때문에 토끼는 빠른 속도로 번식했다. 토끼의 번식은 농장의 곡물들과 다른 동물들에게 커다란 위협이 되었다. 토끼를 없애기 위해 여러 가지 방법을 시도했지만 어느 것도 성공을 거두지 못했다. 그러자 호주 과학연구소에서는 미국에서 바이러스를 하나 들여왔다. 그 바이러스는 토끼한테만 감염되며 감염된 토끼는 죽게 된다. 바이러스는 빠른 속도로 퍼져나가 순식간에 많은 토끼가 죽었다. 2~3년 만에 야생토끼는 완전히 멸종된 것처럼 보였다. 하지만 결국에는 이 방법도 실패로 끝나고 말았다. 치명적이라고 생각했던 이 바이러스에 일부의 토끼가 면역성을 갖게 된 것이다. 토끼의 세포에는 면역계에서 중요한 역할을 하는 유전자그룹이 포함되어 있다.

MHC로 알려진 이 유전자그룹은 MHC단백질을 만들어 질병 박테리아를 이물질로 파악하여 물리치는 수문장 같은 역할을 한다. MHC단백질 위에는 특이한 홈이 있다. 어떤 물질이 질병 박테리아라는 것이 파악되면 MHC단백질은 그 물질을 이 홈에 가둔다. MHC단백질은 여러 가지 타입이 있다. 홈의 모양에 따라 잡을 수 있는 질병 박테리아가 다르다. 어떤 MHC단백질을 가지고 있느냐에 따라 어떤 질병에 대해 면역성이 있는지 결정된다. 이같이 다양한 MHC단백질 타입은 유성생식이 가져온 특징 중의 하나이다. 인간에게 있어서 MHC단백질 타입은 A타입, B타입, C타입 등으로 불리는 6가지 유전자조합에 의해 결정되며 그 6가지마다 여러 가지 종류가 있다.

예를 들어, A타입은 20여 가지 종류가 있고, B타입은 50여 가지 종류가 있어 변이성이 상당히 높다는 것을 알 수 있다. 개인의 MHC 단백질 타입은 부모에게서 물려받은 유전자 종류에 따라 다른데, 그 유전자에 가능한 조합의 종류는 수십억 개나 된다고 한다. 유성생식을 통해 유전자가 섞일 때마다 매번 다른 MHC단백질 타입이 탄생한다. 호주의 토끼가 가지고 있던 MHC단백질 타입은 다양했다. 그것 때문에 예상치 못했던 바이러스의 공격으로부터 살아남을 수 있었던 것으로 믿어진다.

유성생식으로 인한 개별성은 현대사회를 위협하고 있는 에이즈와 싸우는 데에도 도움이 되고 있다. 케냐의 수도 나이로비의 푸마니에서는 지금까지 300명의 여성이 에이즈로 죽었고, 그들의 자녀 800명이 고아가 되었다. 이곳 매춘여성의 에이즈 감염률은 특히 높아 세계 각국의 의사들이 세계보건기구가 조직한 프로젝트에 참여하여 이곳에서 에이즈 연구를 벌이고 있다. 그 결과 놀라운 사실이 밝혀졌다. 조사대상 매춘여성 1,700명 중에서 에이즈에 감염되지 않은 사람이 25명이나 있었던 것이다. 10년 동안 에이즈검사를 받았지만 바이러스의 흔적조차 발견되지 않았다. 그 25명이 우연히 에이즈에 걸리지 않았다고 보는 것은 불가능한 것 같아 프로젝트를 이끌고 있는 플러머박사는 그 25명의 혈액을 철저하게 분석했다. 그 결과 이 여성들이 공통적으로 특정한 MHC단백질 타입을 가지고 있다는 것을 알아 냈다. 플러머박사는 그 MHC단백질이 에이즈에 대한 면역과 관계가 있다고 믿고 있다.

"신체는 MHC단백질을 이용하여 자신과 다른 사람을 가려냅니다. 감염성 물질을 가려내고, 암세포를 가려내고, 이식된 조직을 가려냅니다. 자신의 MHC단백질은 다른 사람의 MHC단백질과는 다릅니다. 그것이 MHC단백질의 역할입니다. 이물질 단백질을 가려내고, 이물질 항원을 가려내어 그것을 죽이고 없애버립니다. 그러므로 이 여성들은 에이즈 바이러스 HIB 그 자체나 바이러스에 감염된 세포를 알아내고 모두 죽여 버리는 어떤 특수한 MHC단백질을 가지고 있는 것입니다."

에이즈 바이러스가 몸 안으로 들어가면 먼저 질병 박테리아를 먹어치우는 대식 세포가 바이러스를 둘러싼다. 그러면 대식 세포 안에서 에이즈 바이러스는 작은 조각으로 부서지게 된다. 단백질이 작은 조각들을 잡으려고 하지만 에이즈 바이러스는 마치 그걸 피해 빠져나가려는 듯이 계속 모양을 바꾼다. 결국 MHC단백질 타입 중 대부분이 모양을 바꾼 바이러스를 잡는 데 손을 쓰지 못한다. 하지만 에이즈 바이러스도 바뀌지 않는 부분이 있다. 플러머박사는 그 25명의 여자가 가지고 있는 MHC단백질 타입으로 에이즈 바이러스의 변하지 않는 부분을 알아낼 수 있다고 믿고 있다. 에이즈에 효과적인 MHC단백질 타입도 DNA의 재조합을 가능케 한 유성생식 덕분에 생겨났다.

에이즈, 아직도 치료 방법이 나오지 않는 저주의 질병. 하지만 유성생식은 인류가 언젠가는 에이즈도 극복할 수 있다는 가능성을 보여주고 있다. 유성생식에 의해 만들어진 개별성은 질병을 이기고 생존을 계속하는 데 아주 중요하다는 것이 증명되었다. 하지만 생태학자인 에스기 겐즈 씨는 개별성의 목적은 질병에 대한 저항뿐이 아니라고 믿고 있다.

에스기 씨는 오키나와에 살고 있는 나비를 연구하고 있다. '메넬라이데스 폴리데스'라는 나비이다. 일종의 호랑나비로 날개에 하얀색 띠무늬가 있다. 이 호랑나비 일부 중 암컷은 날개의 무늬가 조금 다르다. 하얀 띠에 빨간 점이 섞여 있다. 이것도 유성생식으로 인한 변이성(變異性)이다. 빨간 점이 있는 것은 소수이다. 수컷이 하얀색 암컷을 더 좋아하기 때문에 빨간 점이 있는 암컷은 번식 기회가 적기 때문이다. 나비의 천적은 나이팅게일 같은 새로, 이 새들에게 날개를 찢긴 나비를 쉽게 발견할 수 있다. 나비는 새의 공격에 끊임없이 노출된다. 하지만 어떤 이유에서인지 새는 빨간 점이 있는 나비는 먹지 않는다. 그걸 알아보기 위해서 한 가지 실험을 했다. 새 앞에 빨간 무늬 나비와 하얀 무늬 나비를 같이 놓았다. 새는 빨간 나비는 멀리하고 하얀 나비를 골랐다. 여러 번 실험을 했지만 결과는 똑같았다. 왜 빨간 무늬가 섞인 나비는 먹지 않을까? 일본 오키나와에는 '베니몬 아게하'라는 독나비가 살고 있는데 그것도 호랑나비의 일종이다. 메넬라이데스 폴리데스의 빨간색 종류는 이 독나비와 비슷하게 생겼다. 그래서 새는 빨간 종류가 독나비인 줄 알고 피하는 것이다. 빨간 점을 가짐으로써 포식자의 공격에서 살아남을 확률이 높아지는 것이다.

유성생식은 다양성을 만들어 낸다. 다양성이란 것이 겉보기에는 아무런 의미도 없어 보일지 모르지만 그런 다양성이나 돌연변이도 지극히 중요하다. 환경변화가 있을 때 생존 가능성을 높여주기 때문이다. 어느 정도의 다양성을 이루느냐, 생물적 개별성이 얼마나 다양한가, 그것은 생존의 문제에 있어서 아주 중요한 요소이다. 우리는 이제 유성생식에는 어떤 신비한 작용이 있어 가능한 한 여러 가지 다양성을 갖게 한다는 것을 알게 되었다.

미국 UCLA의 버지니아 리스코필트박사는 생물체가 다양성을 획득하는 일련의 과정에 대하여 흥미로운 연구를 하고 있다. 연구 대상은 요트장 같은 곳에 사는 멍게류이다. 이 멍게류는 군체를 형성한다. 1mm정도 밖에 안 되는 작은 것이 모여서 복잡한 모양을 만들기도 한다. 하나하나는 가는 관으로 연결되어 있어 양분 등을 서로 교환한다. 왼쪽에 있는 하얀색 무리와 오른쪽에 있는 갈색 무리가 모두 멍게류이다. 하지만, 둘의 유전자 구성은 전혀 다르다. 우리는 두 가지를 섞어 보았다. 하지만 서로 관을 섞지 않고 멀리 떨어져 버린다. 두 무리는 서로 이물질로 여기며 거부한다. 보통 이 멍게류는 유전자 구성이 다른 것과는 서로 섞이지 않는다. 하지만 번식할 때는 완전히 반대현상 일어난다. 유전자가 유사한 무리에 정자와 난자를 같이 놓았다. 하지만 정자와 난자에 접근해도 수정은 이루어지지 않는다. 난자는 비슷한 유전자를 가진 정자를 거부한다. 이번에는 앞에서 서로 거부반응을 보였던 유전적으로 서로 다른 무리에서 각각 정자와 난자를 가져다 같이 놓았다. 그러자 이번에는 난자는 정자를 받아들이고 분열하기 시작한다. 이 멍게류는 유성생식을 할 때 가능한 한 자신과 다른 개체를 선택하는 것이다. "이렇게 하여 수정은 전혀 다른 개체 사이에서 이루어지게 되는 것입니다. 이렇듯 같은 무리 내에서 번식하는 행위를 막아 이른바 근친교배에 의해 좋지 않은 형질이 쌓이는 것을 막고 다음 세대에서는 더욱 풍부한 다양성과 생물적 개별성을 이루려는 것입니다."

이곳은 미국의 샌디애고 동물원이다. 이곳에는 성(性)의 오랜 역사에서 가히 혁명적인 발전을 이룬 동물이 하나 있다. 인간과 상당히 가깝다고 여겨지는 영장류 '보노보'이다. 침팬지 무리와는 달리 보노보 무리는 싸우는 일이 거의 없다. 침팬지에게 먹을 것을 주면 가끔 먹이를 놓고 심한 싸움이 벌어진다. 하지만 보노보는 먹이를 먹기 전에 먼저 성행위를 한 후 사이좋게 나누어 먹는다. 보노보는 성(性)의 힘을 이용하여 개체사이의 관계를 부드럽게 함으로써 무리 내의 평화를 유지하는 것이다. 드왈 박사는 샌디에고 동물원에서 오랫동안 보노보를 비롯해서 여러 가지 영장류의 행동을 연구하고 있다. "보노보의 성(性)은 물론 그 1차적인 기능은 번식입니다. 우리 인간과 마찬가지입니다. 하지만 보노보의 성(性)은 기능을 하나 더 가지고 있습니다. 보노보는 무리내의 관계를 매우 중요하게 생각합니다. 포식자로 부터 지키기 위한 보호 방법인지, 먹이를 구하는데 도움이 되어서 그런지, 이유는 모르겠지만 긴밀한 관계를 형성하고 있습니다. 그러한 관계를 유지하기 위해서 성(性)을 이용합니다. 번식을 위한 것이 아니라 사회적 목적으로 이용하지만 그것도 또한 생존과 관련되어 있습니다." 이들은 밀림에서 살고 있는 보노보이다. 보통, 동물들은 발정기가 1년에 얼마 동안으로 정해져 있다. 하지만 보노보는 매일 성행위를 할 수 있다. 만일 무리 내에서 싸움과 같은 사태가 벌어지면 그들은 긴장을 해소하기 위해서 성행위를 한다. 암컷 보노보는 다 자라면 자신이 태어나고 자란 무리를 떠나 다른 무리로 들어간다. 새로운 무리에 들어간 암컷은 인정을 받기 위해서 애를 쓴다. 성(性)은 다양성(多樣性)을 만들어 냈고, 거기서 끝나지 않고 보노보가 무리 내에서 평화로운 관계를 유지하기 위해 이용되기도 한다. 성(性)은 전에는 존재하지 않던 새로운 의미를 갖게 된 것이다. 원시바다에서 두 개의 세포가 만나 협력함으로써 시작된 유성생식은 지구위에 다양하고 풍부한 생명의 세계를 탄생시켰다. 성(性)이야 말로 생명 진화의 추진력이었다. 정자가 자궁 속에서 움직이고 있다. 2억 개의 정자는 각각 서로 다른 DNA를 가지고 있다. 이들 중 하나만이 난자와 합쳐질 수 있다. 난자에게는 정자가 이물질이다. 하지만 정자가 난자의 표면에 도착하면 난자를 보호하던 벽이 열리면서 정자를 받아들인다. 수정이 이루어진 것이다. 정자의 DNA가 난자세포에 들어간다. 난자와 정자의 DNA가 서로 접근해 한 세포 안에서 함께 공존하기 시작한다. 그리하여 난자와 정자는 개별적으로 가지고 있던 정보(情報)의 공유(共有)를 통하여 단세포에 불과했던 생명체라는 조직(組織)을 끊임없이 진화(進化)시켜서 고도한 조직체인 인류(人類)에게 까지 계승되도록 하였다.

단세포동물 → 다세포동물 → 무척추동물 → 해양척추동물 → 양서류 → 파충류 → 포유류 → 인류

〈동물의 진화 계통도〉

그러므로 국가와 기업 같은 조직에서도 그 조직을 진화 시키려면 새로 발생된 정보를 조직 구성원들에게 공유(共有)시켜서 개인과 조직 간의 정보의 격차를 줄여야함은 물론이고 창조(創造)된 정보를 지식(知識)으로서 조직 내에 체계적으로 축적(蓄積)시켜야 할 것이다.

최근 유전공학의 발달로 인해서 생명체의 복제가 현실화 되고 있고 이것은 생물학적으로도 그리고 윤리적으로도 매우 큰 논란을 불러일으키고 있다. 무엇보다도 생명체의 복제는 남성과 여성이라는 유성생식이 만들어내는 종의 개별성과 다양성을 근원적으로 막는 결과를 초래하기 때문이라는 것이다. 무한대에 가까운 유전자들의 조합은 좀 더 뛰어난 능력을 지닌, 그리고 좀 더 효율적인 개체의 탄생을 언제나 가능하게 한다.

암컷과 수컷의 끌림은 생물계의 가장 끈끈한 끌개(attractor)

유성생식에 의해서 만들어진 종의 개별성과 다양성은 급격한 환경의 변화를 이겨내고 생존을 계속하는 데 가장 중요한 요소라고 할 수 있다. 그러나 이렇게 중요한 양성생식(兩性生殖)이 이루어지려면 일단 암컷과 수컷이 만나야 할 것이다. 그런데 원시바다에서 태어난 생명체는 그 넓은 바다에서 어떻게 정자와 난자가 만날 수 있었을까? 보름달이 떠오르는 밤이면, 바다에서는 마술과 같은 생명의 드라마가 펼쳐진다. 산호 하나가 알을 낳기 시작하면 다른 산호도 따라한다. 산호의 산란은 마치 계획표를 따르듯이 일정한 시간에 이루어진다. 태고 때부터 살아온 산호는 광활한 바다에서도 정자와 난자가 서로 만날 수 있게 같은 시간에 같은 곳에서 알을 낳고 정자를 내보낸다. 바다를 누비며 자유롭게 헤엄치는 어류는 항상 이리저리 움직이기 때문에 정자와 난자가 만나기 위해서는 수컷과 암컷이 산란기에 서로 가까이 있어야 한다. 수컷은 암컷이 알을 낳는 그 순간에 정자를 내보낸다.

땅으로 올라온 동물은 거친 환경에서 살아남기 위해 여러 가지 새로운 번식법을 고안해 냈다. 그리고 수컷과 암컷이 만나는 방법도 많이 바뀌었다. 정자와 난자는 공기 중에 나가면 즉시 말라서 죽어버린다. 이 문제를 해결하기 위해 정자가 암컷의 몸 안으로 직접 투사되는 체내수정이 생겨났다. 따라서 수컷과 암컷이 서로에게 끌리고, 서로 좋아 해야 할 필요가 생겼다. 서로를 끌기 위해 수컷과 암컷은 다른 외모를 갖게 되었고 여러 가지 구애 행동도 개발했다. 꽃들은 화려한 색깔과 향기로 나비와 벌들을 유인하고 거기다 꿀까지 제공했으며, 나무들은 맛있는 과일들로 유인했다. 이와 같은 수컷과 암컷의 '끌림'(attractor)은 생물들의 생존에 가장 중요한 요소라고 해도 과언이 아닐 것이다. 인간도 예외는 아니어서 사랑은 남녀노소를 막론하고 인종과 국경을 초월할 뿐만 아니라, 부모형제나 친구 사이도 갈라놓을 정도로 끈끈한 힘을 발휘한다.

고대의 동양철학자들은 생물들의 이러한 본능을 결코 놓치지 않고 포착했다. 그리하여 자연의 모든 법칙 중에서 음과 양의 관계를 제일 중요하게 생각하여 모든 분야에 적용했다. 특히 주역이란 책은 음양론만으로 이루어졌으며 한의학과 사주학에서도 가장 중요한 공식으로 등장하고 있다. 그러니까 음양은 오행과 더불어서 3천여년 동안 동양사상의 이면에서 '기묘한 끌개'(strange attractor)로 사용되어 왔던 것이다. 그러나 서구의 복잡계과학에서는 끌개를 발견해 놓고도 실생활에 활용하지 못하고 있다.

혼돈이론을 다시 불붙게 한 로렌츠는 모든 유체의 흐름에서 초기조건의 민감성이 어떻게 작용하는가를 밝히기 위해서 자신이 발견한 결과를 탐색했다. 로렌츠는 주기성이 없고 불규칙하게 보이는 난류운동에서 얻어진 신호를 3차원 위상공간(位相空間)에서 기하학적인 궤적으로 다시 그려 보았더니 그 이면에 나비모양의 기묘한 끌개가 숨어 있는 것을 발견했다. 로렌츠가 발견한 기묘한 끌개는 마치 어떤 중심점이 있어서 운동을 일정한 모습으로 이끌어 나가게 하는 것 같

〈표〉 음양 분류표

陽(양)	天(천)	男(남)	父(부)	上(상)	輕(경)	淸(청)	明(명)	晝(주)	봄·여름	形而上學的(형이상학적)
陰(음)	地(지)	女(여)	母(모)	下(하)	重(중)	濁(탁)	暗(암)	夜(야)	가을·겨울	形而下學的(형이하학적)
陽(양)	先(선)	本(본)	剛(강)	動(동)	進(진)	外(외)	奇數(기수)		左(좌)	統合的(통합적)
陰(음)	後(후)	末(말)	柔(유)	靜(정)	退(퇴)	內(내)	偶數(우수)		右(우)	分析的(분석적)

표 아래로 연결 →

이 보였다. 이 기묘한 끌개는 한번 지나간 곳은 다시 지나가지 않는 특성을 지니고 있다. 그러나 반복되지 않는 운동이 전체적으로는 어떤 질서에 따라서 움직이는 것처럼 행동하는 것이 된다. 그러나 그것은 또한 새로운 종류의 질서를 보여준다.

로렌츠의 이 기묘한 끌개는 대기운동을 표현한 것으로서 나비의 날개와 같은 모습을 하고 있다고 해서 '나비효과'(butterfly effect)라고도 불리게 된 것이다. 나비효과란 쉽게 말해서 서울 상공의 나비 한 마리가 날개짓을 하면 지구 반대쪽의 뉴욕 상공에 폭풍우를 불러올 수 있다는 것이다.

이것은 무질서하게 배열된 자료에 숨어 있는 정밀한 구조를 드러내 주고 있다. 그러니까 자기조직화 하는 비선형계는 겉으로 보기에는 혼돈적인 형태를 보이지만 실질적으로는 그 이면에 어떤 범위 내의 질서, 즉 끌개가 존재하고 있는 것이다.

동양에서는 음양론이 수천 년에 걸쳐 정립되면서 자연과 인간사회에 스며 있는 음과 양의 특징들을 상대적으로 분류하여 여러 분야에서 적용하고 있다.

현대물리학에 의하면 초신성(별)이 폭발한 잔해들이 모여서 행성이 되었다고 하는데, 가스들이 응축되면서 회전하게 되면 무거운 것은 가운데로 모여 음이 되고 가벼운 것은 떠올라 양이 된다고 한다. 빛(陽)은 '생명의 전달자'이므로 동적(動的)이며 물(陰)은 '생명을 기르는 자'이므로 정적(靜的)이라고 할 수 있다. 여기서 빛은 팽창하는 Big Bang, 초신성의 폭발, 태양을 상징하며 남성적이다. 또한 물은 Big Bang 직전의 상태인 블랙홀, 달을 상징하며 여성적이다. 그러기 때문에 음과 양은 각자 역할이 다르고 그 특성이 달라질 수밖에 없다. 이러한 관점을 가지고 앞의 도표를 보면 누구나 쉽게 음양에 대해서 이해할 수 있게 될 것이다.

경로의존성(path dependence)

키보드의 배열이나 야드-파운드(yard-pound)법, 신문의 세로쓰기, (자동차의) 좌측통행처럼 일단 사회에 뿌리내리면 효율이 나쁘거나 국제사회와 일치하지 않더라도 제도를 변경하는 비용이 들기 때문에 쉽게 바꿀 수 없다.

키보드의 드보락 자판 배열은 원래 수동 타자기 방식이 널리 사용되었을 때 너무 빨리 치면 자판이 서로 엉키는 문제 때문에 빨리 치지 못하도록 배열되어, 인체공학적으로 좋지 않지만 많은 사람들이 이 드보락 배열에 익숙해지자 사실상의 표준이 된 경우다.

어느 산업이나 기술, 품질에 특화하면 경험의 축적 때문에 그 방면에서 보다 강한 비교우위를 차지한다. 이와 같이 현재의 산업 구조와 기술의 발달은 과거에 경제가 걸어온 경로의 영향을 받는다. IBM과 매킨토시의 경쟁 사례를 보자. 더 많은 사람이 IBM 컴퓨터를 사면 더 많은 소프트웨어 회사들이 IBM 컴퓨터용 프로그램을 개발할 것이고, 더 많은 IBM용 소프트웨어가 개발되면 더 많은 사람들이 IBM용 컴퓨터를 찾는 것과 같다.

브라이언 아서는 VCR 시장에서 VHS 방식과 베타 방식의 기술 전쟁에 있어서 이러한 파급 되먹임고리가 어떻게 작동하는지 설명하고 있다.

이는 무작위적인 사소한 사건들(행위자들의 미시적 상호작용)에 의존하여 예상치 못한 결과가 야기되는 것이다. 예측 가능한 평형상태는 가정집의 자동온도 조절장치 등과 같은 편차상쇄 되먹임고리(deviation-counteracting feedback loop) 과정에 의해 지배되는 단순한 체제에서만 발생된다. 평형상태에서 벗어나 편차가 발생할 경우, 체제는 편차상쇄 되먹임고리에 의해 원래의 평형상태[5]로 회복되는 탄력성을 가지고 있다. 내부에 편차증폭 되먹임고리(deviation-amplifying feedback loop)가 없을 경우, 체제의 편차상쇄 되먹임고리를 극복할 수 있을 정도로 강력한 외부의 힘에 의해서만 변화될 수 있다. 이 경우, 사소한 동요는 결과에 영향을 미칠 수 없으며, 따라서 일련의 상이한 역사적 사건은 모두 한 가지의 유일한 평형상태로 흐를 것이다. 이는 역사를 단지 불가피한 것을 전달하는 전달자로서 격하시키는 것이다(Arthur, 1987 ; 127).

그러나 체제의 절대 다수는 스스로 변화할 수 있는 능력을 지니고 편차상쇄 되먹임고리와 편차증폭 되먹임고리 과정을 결합시킬 줄 아는 복잡적응체제이기 때문에 이와는 매우 다른 행태를 보인다. 이들은 완전히 상이한 끌개[6], 즉 여러 가지 잠재적으로 가능한 상태를 갖

---

6) 혼돈체제는 잡음(noise)에 의한 무질서와 구별된다. 모든 체제에 내재된 결정론적 혼돈 행태를 보이는 비평형상태와 안정적인 평형상태를 포괄한다. 체제도, 질서도 혼돈의 일부다. 혼돈체제라는 개념을 이해하려면 우선 평형이론과 비평형이론의 차이점을 알아야 한다. 두 이론의 차이점을 파악하려면 우선 '평형' 상태의 체제, '평형 근처'의 상태에 있는 체제(near-to-equilibrium system), '평형상태에서 먼' 체제(far-from-equilibrium system), 그리고 혼돈적 상태(chaotic state)를 구별해야 한다. 뉴턴의 기계론적 우주관은 평형상태의 체제와 평형 근처의 상태에 있는 체제, 즉 평형상태만을 분석 대상으로 하고 있다.

6) 끌개는 체제가 일정한 행태 유형을 유지하도록 해 준다. 이는 안정적일 수도 있고,

는다. 그러나 결국 발생되는 결과는 무엇인가? 경로의존성 개념에 따르면 이는 체제의 사소한 사건, 즉 초기조건의 민감성(나비효과)에 달려 있다는 것이다. 다시 말해 무작위적인 사건, 행동, 조건 등과 같은 사소한 사건에 달려 있다. 이것은 곧 자율적인 행위자들에 의한 지속적인 상호작용이다.

분기점[7]에서 우연한 환경과 사소한 사건이 결합되면 실제 어떠한 결과가 창발적으로 발생될지를 결정짓는 중요한 요소가 될 수도 있다. 어떤 사소한 사건들은 체제를 한 방향으로 몰고 갈 수도 있고, 또 다른 사건들은 체제를 다른 방향으로 몰고 갈 수도 있다. 따라서 사소한 사건이 평균화되거나 돌이킬 수 없는 것이기 때문에 역사가 중요하다고 할 수 있다(Arthur, 1987). 모든 결과는 역사적 경로에 의존적이다. 또 우연한 사건도 결과에 영향을 미칠 수 있다는 점에서 운도 중요하다(최창현 역, 1996).

복잡체제에 있어서 단기적으로는 체제가 현재 끌개 내에 머무를 확률이 높다. 그러나 가끔 요동을 증폭시키는 편차증폭 되먹임고리, 무작위적 사건과 우연 등이 결합되어 안정성의 경계까지 체제를 밀어 넣음으로써 전체적인 유형이나 끌개를 변화시키는 경우가 종종 있다. 장기적으로는 대규모 동요가 복잡체제의 진화에 매우 중요하다.

자기조직화는 편차상쇄 되먹임고리와 편차증폭 되먹임고리의 보완적 상호작용을 통해 이뤄진다. 체제 생존의 가능성은 무질서와 질서가 조화를 이룰 때, 즉 복잡성의 영역 혹은 혼돈의 경계(at the edge of chaos)에서 가장 커진다.

예를 들어, 지지나 정당성을 확보하기 위해 환경에서 비롯되는

규칙적 사이클 혹은 보다 복잡한 행태 유형일 수도 있다.

7) 분기점은 체제가 한 상태에서 다른 상태로 변하는 점이며, 분기도(bifurcation diagram)는 여러 개의 끌개를 갖는 체제의 변화다. 끌개는 특정 계수 값에 대한 체제의 변화만을 보여주나, 계수 값이 변할 경우 각 계수 값에 대한 체제의 변화를 보여준다.

조직에 대한 압력을 설명하는 제도화 이론은 사회·경제적 시스템에 있어 많은 집단적 결과의 유형을 좀더 잘 이해할 수 있도록 복잡성 패러다임과 함께 연구될 수 있다. 점점 더 많은 조직이 새로운 조직 혁신을 채택하거나 모방함에 따라 이 혁신은 점차 제도화된다. 이렇게 증가된 정당성은 더 많은 조직들이 채택하도록 해주는 원동력이 되는 것이다(Tolbert & Zucker, 1983). 일단 분기점에 다다르면 이러한 확산 과정은 자기 영속적인 것이 된다(Edelman, 1990). 편차증폭 되먹임고리, 경로의존성과 분기성 개념은 왜 그리고 어떻게 조직 혁신이 때로는 널리 확산되기도 하고, 다른 조직 혁신들은 용두사미로 끝나버리는지를 연구하는 데 도움이 될 수도 있다.

설계도 없이 500층을 축조할 수 있는 흰개미의 자기조직화

바퀴벌레의 사촌 격인 흰개미(termite)의 집은 그 구조가 창발적인 무작위적 자기조직화 활동의 산물이다. 그들이 지은 보금자리는 인간에 비유하면 약 1.6km 높이의 아름다운 빌딩으로, 환기장치와 습도조절 기능을 갖춘 건축물이라고 할 수 있다(동물의 건축 기술에 대해서는 다음 기사 내용 참조).

삼풍백화점 붕괴 사고 등 매사를 대충 처리해 온 우리를 뒤돌아보게 한다. 원칙대로만 했어도 그런 어처구니없는 일은 생기지 않았을 것을 원칙대로 하면 바보 취급받는 사회가 이런 참상을 만들었기 때문이다.

하잘 것 없는 동물에게도 한 가지 배울 점이 있다. 그들의 건축에서 날림 공사란 있을 수 없기 때문이다. 동물 중 가장 멋진 건축가인 비버는 물 속에 운하를 파고 통나무를 잘라다 댐을 막아 집을 짓는데, 무려 23년이나 사용할 수 있을 정도로 아주 견고하다. 이 건축물을 짓는 데 3대가 동원되고, 집 짓는 기간만 해도 수년이 걸린다. 뿐만 아니라 매년 보수 작업으로 언제나 집을 튼튼하게 유지한다.

동물들이 짓는 집의 건축 기간은 사용 기간에 따라 다르다. 까치는 3개월간 사용하기 위해 무려 40일에 걸쳐 집을 짓고, 호리병 벌은 20일 사용하기 위해 4일 동안 집을 짓는다. 잘못 지은 집은 과감히 버리며, 짓고 난 뒤에도 새끼가 다 자라 그 집을 떠날 때까지 보수 작업은 계속된다.

[그림] 흰개미의 자기조직화적 건축물

까치는 되도록 굵고 긴 나무를 기초 공사에 사용하는데, 가장 긴 것은 1m나 된다. 그리고 진흙을 물어다 이 나뭇가지를 고정한다. 이 진흙이 단단하게 굳기 전에는 다음 과정을 시작하지 않는다. 그래서 진흙과 나뭇가지를 붙여 만드는 이 작업이 2주 이상 걸린다. 이들에게는 결코 부실 공사가 없다. 그것은 곧 새끼들의 죽음을 의미하기 때문이다. 지름 1m의 공 모양 집을 짓는 데 무려 1,000여 개의 나뭇가지를 실어 나른다.

동물 집의 이런 설계는 종족 보존을 위해 너무도 고지식하게 만들어져 있다. 꾀를 부려 공기(工期)를 단축하지도 않고 불량 자재를 사용하지도 않는다. 이번 삼풍백화점 붕괴를 통해 가장 자연스런 것이 가장 진실될 수 있다는 교훈을 배우게 한다(중앙일보 1995. 7. 12).

과연 어떻게 건축 활동을 감독하고, 통제하고, 조정할 수 있는가? 흰개미의 행태에 관한 연구에서 얻을 수 있는 흥미로운 사실은 질서가 혼돈에서 비롯된다는 자기조직화 과정이다. 보금자리 구조는 흙더미가 퍼진 모양에 따라 결정되기 때문에 그 구조를 예측하기란 불가능하다. 보금자리의 설계도(청사진)는 무작위적이고도 혼돈적인 활동에서부터 진화해 간다. 이러한 관점은 인간 조직에 대해서 새로운 관점을 제공해 준다(Morgan, 1993).

기획은 사전적 합리성을 전제로 하는데, 급변하는 환경에서는 이를 확보하기가 어려우며 사후적으로나 합리화할 따름이다. 따라서 급변하는 환경에 처한 조직은 구체적이고 강제적인 전략적 기획보다는 자기조직화적인 기획이 유용하다.

조직관리론은 오랫동안 합리적인 관점에 사로잡혀 왔다. 귤릭(Gulick)의 표현을 빌리면, 관리자는 POSDCORB 중에서 기획(planning), 조직화(organizing), 조정(coordination)에만, 즉 통제 지향적인 기능에 주로 관심을 보여 왔다. 그러나 관리자의 행태는 종종 무작위적이고, 무계획적이다(Pfeffer, 1982). 요즘처럼 환경이 급변하는 시대에는 변화와 흐름으로서 조직에 대한 개념(Morgan, 1986)이 유용할 수도 있으며, 이러한 조직을 관리하기 위해서는 시대의 변화와 흐름에 적절히 대응할 수 있는 학습 조직의 개념과 활용법에 익숙할 필요가 있다.

자기조직화

비평형상태의 체제는 초기조건에 민감하고 비선형 되먹임고리의 증폭성으로 인하여 조직의 종전 구조와 행태 등이 깨져버린다. 그러나 새로운 질서나 구조가 형성되기 위해서는 창조적 파괴의 과정을 통하여 종전 질서나 구조를 파괴해야 한다. 물을 가열하여 물 속의 분자가 종래의 패턴을 깨고 무질서하게 운동함으로써 임계점에 이르러 새로운 형태의 질서인 기체, 즉 수증기로 변하는 현상을 위상 전이라 하듯이, 사회 체제도 요동을 통한 창조적 파괴를 통해 새로운 질서로 발전, 진화할 수 있다.

조직에 창조적 파괴가 일어나면 처음에는 물 분자처럼 무질서한 행태를 보이지만, 요동을 통한 역동적 질서로 위상 전이하면 종전과 전혀 다른 새로운 조직 혁신이 이뤄질 수 있다. 조직 관리자는 분기점에 이르면 중요한 결정을 해야 하는데 조직은 성장하거나 쇠퇴한다. 이 두 가지 경로 중 조직이 어느 길로 갈지는 예측 불가능하다. 혼돈이론은 체제의 이 예측 불가능성을 그 특징으로 하는데 그럼에도 불구하고 자기조직화라는 진화 과정을 통하여 새로운 질서, 즉 분산 구조로 도약해 나갈 수 있다.

요약하면, 조직의 구조와 변화 과정은 조직 지식을 발견·전파·통합할 것을 강조한다. 조직 변화는 문화적 변화나 리엔지니어링 프로그램에 의해 강요되어서는 안 된다. 그 대신 지속적인 적응과 학습을 유발하는 긴장 메커니즘을 조직 구조에 설치해야 한다. 적응하려는 인센티브가 조직의 일부가 될 때 쪽거리(fractal) 같은 조직이 된다.

새로운 학습에 대한 적응 능력이 있는 조직, 즉 본질적으로 유연한 조직만이 예측 불가능한 미래에 대처할 수 있다. 그러한 조직은 일상적 관리와 특수 관리를 적절히 혼합하여 사용했을 때 성공적으로 운영된다. 다시 말해 제한적 불안정성 내에서 운영되는 조직이다. 이러한 조직은 자연에 있어서 창조적인 체제와 흡사하다. 이와 같은 추론은 성공적인 경제의 연구에도 똑같이 적용될 수 있다.

자기조직화적 전략관리

최고관리자가 개방적인 변화를 미리 예측하고 관리하는 것은 불가능하다. 왜냐하면 이러한 변화는 사소한 것이고 조직의 반응과 경쟁

조직의 반응이 얽히고 설켜 증폭되기 때문이다. 명령이나 통제를 통하여 이익 집단이나 연합체의 형성을 조정할 수는 없다. 따라서 성공적인 조직은 관리자들의 자발적인 자기조직화에 의존해야만 한다. 공식적인 관리자 회의와 비공식적인 회의를 비교해 보면 그 이유를 알 수 있다. 공식적인 회의는 조직의 성공이나 실패의 원인을 규명하기 위해 연간 계획이나 예산과 과거의 업무 수행 정도를 비교한다. 이러한 기능은 조직의 계층제적 통제 체제나 과정을 합리화하는 것이다. 조직이 능률적일수록 미리 정해 놓은 상황에 권한을 위임해 주는 데 있어 조직의 규칙이나 절차가 효과적이다.

흔히 이러한 기능은 긴 회의시간을 잡아 먹는다. 전략적 이슈는 비공식적으로 이루어지는 모임에서 실제로 다루어진다. 이러한 비공식적인 회의는 개방적인 토론이나 학습 가능성이 높다. 사소한 변화는 중요한 결과로 증폭될 수 있기 때문에 이러한 모임의 결과는 예측 가능하다. 공식적 회의의 가장 유용한 역할은 비공식적 모임으로부터 발생되는 것을 정당화해 주는 것이다. 이러한 비공식적 모임은 폭발적 불안정성이 아니라 제한적 불안정성이다. 자기조직화는 공식화된 참여나 권한 재분배가 아니라 관리자들의 공식적인 책임 이외의 영역에서 중요하다고 간주하는 영역에 몰입하는 것이 가치 있다고 느끼기 때문에 자발적으로 참여하는 것이다. 이러한 유형의 자발적인 활동이 최고 관리층에 국한되지 않을수록 조직은 더욱 더 새로운 전략적 방향을 발전시켜 나갈 가능성이 높아진다.

무한대로 자기조직할 수 있는 2진(二進) 스위칭 소자(switching element)

독일의 수학자이며 기호학의 대가였던 라이프니쯔(G.W,Leibnitz)는 300여년 전에 2진법 산술 체계를 세웠다. 어느 시대 어느 철학자도

라이프니쯔만큼 '기호(記號, symbol)'의 의미와 가치를 잘 인식한 사람은 없었다. 라이프니쯔는 철학의 문제로서 기호적 인식을 중요시하고 그것에 대하여 열광적인 꿈을 안고 필생의 과제로서 관심을 기울였다. 라이프니쯔는 그의 나이가 20세 되던 해인 1666년에 이미 결합법론(結合法論, Dissertatio de arte combinatoria)을 발표했다. '인간 사상의 알파벳' 혹은 '발견의 논리학'이라고 불렸던 결합법은 인간 사상을 분석하고 그것을 논증하는 데 그치는 것이 아니라 새로운 인식의 발견을 기도하는 '발견의 법(ars inveniendi)'이었다.

결합법은 단순한 수론적(數論的) 체계의 추상적 형식론이 아니고 개개의 민족의 언어를 초월한 인류의 언어를 발견해 내려는 것으로 이것은 논리학적 형이상학을 예상하는 '보편적 기호법(普遍的 記號法)'의 이념의 탄생이라고 할 수 있는 것이다. 라이프니쯔는 이 결합법을 통하여 자연과학은 물론 철학, 형이상학, 종교에 이르기까지 일체의 문제들을 통일적으로 해결해 보려고 시도했다. 즉, 인류의 최대 과제를 보편학의 이념을 발견하는 것이라 보고, 그것의 기초 작업으로서 여러 분야들의 과학의 유사성과 조화성(analogie et harmonie)을 이룰 수 있는 보편기호법(普遍記號法, characteristica universalis)을 창안해 내기 시작하였던 것이다.

라이프니쯔는 젊은 시절부터 중국의 실천철학 및 도덕 정치에 관하여 깊은 관심과 찬탄의 정을 품고 있었다. 그것은 특히 그의 사상 속에 통일 과학의 꿈을 잉태하기 시작할 때이기 때문에 동양문화에 대한 호기심과 열망은 더욱 바람직한 것이었다. 그는 종교 합동에 의한 세계적 교회(국가)를 건설하는 길만이 인류 평화를 이룩할 수 있다고 믿었기 때문에 이 시기를 이용하여 동·서의 접촉을 시도해 보려고 하였던 것이다. 세계의 모든 학파와 모든 종파 간의 논쟁과 대립을 제거할 수 있는 길은 오직 보편적 방법론을 발견해 내는 일만이 최선이라고 생각했다. 그리하여 라이프니쯔는 동양의 신비한 논리학

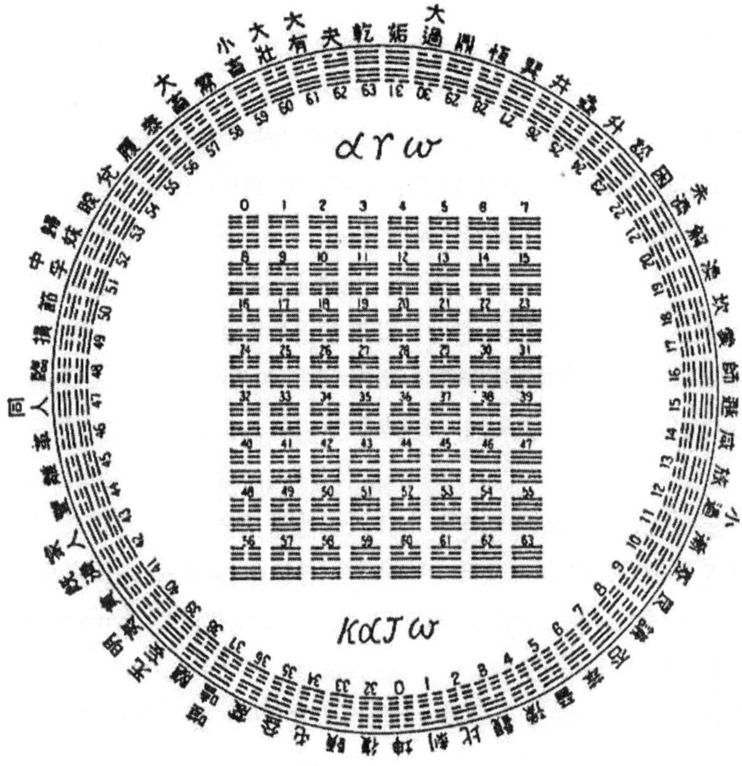

[그림] 복희 64괘도(伏羲 六十四卦圖)

독일 하노버대학 도서관에 소장되어 있는 이 그림 속의 숫자는 라이프니쯔가 붙인 것이고, 희랍문자는 선교사 부베가 기입한 것이다.

출처: 「주역이란 무엇인가」 p.38

이라고 할 수 있는 주역에 대한 연구를 필생의 과업이라고 생각할 정도로 열광적인 관심을 표시하였던 것이다. 그는 1695년 경부터 중국에 파송되었던 선교사들과의 서신 연락으로 중국의 고전을 접하게 되었는데, 특히 선교사 부베(Bouvet)로부터 주역의 64괘도를 받고 4천여년 전에 만들어졌다는 이 도표에서 음양 2종의 기호를 6개씩 조

[그림]

주역(周易) 64괘와

라이프니쯔의 2진법 비교표

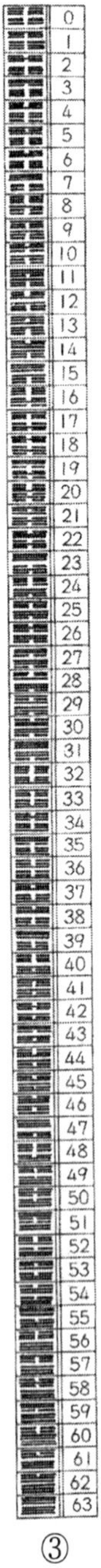

③

0	0	0	0	0	0	0
0	0	0	0	0	1	1
0	0	0	0	1	0	2
0	0	0	0	1	1	3
0	0	0	1	0	0	4
0	0	0	1	0	1	5
0	0	0	1	1	0	6
0	0	0	1	1	1	7
0	0	1	0	0	0	8
0	0	1	0	0	1	9
0	0	1	0	1	0	10
0	0	1	0	1	1	11
0	0	1	1	0	0	12
0	0	1	1	0	1	13
0	0	1	1	1	0	14
0	0	1	1	1	1	15
0	1	0	0	0	0	16
0	1	0	0	0	1	17
0	1	0	0	1	0	18
0	1	0	0	1	1	19
0	1	0	1	0	0	20
0	1	0	1	0	1	21
0	1	0	1	1	0	22
0	1	0	1	1	1	23
0	1	1	0	0	0	24
0	1	1	0	0	1	25
0	1	1	0	1	0	26
0	1	1	0	1	1	27
0	1	1	1	0	0	28
0	1	1	1	0	1	29
0	1	1	1	1	0	30
0	1	1	1	1	1	31
1	0	0	0	0	0	32
1	0	0	0	0	1	33
1	0	0	0	1	0	34
1	0	0	0	1	1	35
1	0	0	1	0	0	36
1	0	0	1	0	1	37
1	0	0	1	1	0	38
1	0	0	1	1	1	39
1	0	1	0	0	0	40
1	0	1	0	0	1	41
1	0	1	0	1	0	42
1	0	1	0	1	1	43
1	0	1	1	0	0	44
1	0	1	1	0	1	45
1	0	1	1	1	0	46
1	0	1	1	1	1	47
1	1	0	0	0	0	48
1	1	0	0	0	1	49
1	1	0	0	1	0	50
1	1	0	0	1	1	51
1	1	0	1	0	0	52
1	1	0	1	0	1	53
1	1	0	1	1	0	54
1	1	0	1	1	1	55
1	1	1	0	0	0	56
1	1	1	0	0	1	57
1	1	1	0	1	0	58
1	1	1	0	1	1	59
1	1	1	1	0	0	60
1	1	1	1	0	1	61
1	1	1	1	1	0	62
1	1	1	1	1	1	63

②

					0	0
					1	1
				1	0	2
				1	1	3
			1	0	0	4
			1	0	1	5
			1	1	0	6
			1	1	1	7
		1	0	0	0	8
		1	0	0	1	9
		1	0	1	0	10
		1	0	1	1	11
		1	1	0	0	12
		1	1	0	1	13
		1	1	1	0	14
		1	1	1	1	15
	1	0	0	0	0	16
	1	0	0	0	1	17
	1	0	0	1	0	18
	1	0	0	1	1	19
	1	0	1	0	0	20
	1	0	1	0	1	21
	1	0	1	1	0	22
	1	0	1	1	1	23
	1	1	0	0	0	24
	1	1	0	0	1	25
	1	1	0	1	0	26
	1	1	0	1	1	27
	1	1	1	0	0	28
	1	1	1	0	1	29
	1	1	1	1	0	30
	1	1	1	1	1	31
1	0	0	0	0	0	32
1	0	0	0	0	1	33
1	0	0	0	1	0	34
1	0	0	0	1	1	35
1	0	0	1	0	0	36
1	0	0	1	0	1	37
1	0	0	1	1	0	38
1	0	0	1	1	1	39
1	0	1	0	0	0	40
1	0	1	0	0	1	41
1	0	1	0	1	0	42
1	0	1	0	1	1	43
1	0	1	1	0	0	44
1	0	1	1	0	1	45
1	0	1	1	1	0	46
1	0	1	1	1	1	47
1	1	0	0	0	0	48
1	1	0	0	0	1	49
1	1	0	0	1	0	50
1	1	0	0	1	1	51
1	1	0	1	0	0	52
1	1	0	1	0	1	53
1	1	0	1	1	0	54
1	1	0	1	1	1	55
1	1	1	0	0	0	56
1	1	1	0	0	1	57
1	1	1	0	1	0	58
1	1	1	0	1	1	59
1	1	1	1	0	0	60
1	1	1	1	0	1	61
1	1	1	1	1	0	62
1	1	1	1	1	1	63

①

출처: 「주역의 현대적조명」 p.290

<**그림**③>은 易의 64卦에다 라이프니츠의 수를 기입하여 대조해 본 것이다. 라이프니츠의 表와 易의 64卦는 똑같은 결과가 나온다.

<**그림**②>그림 ②와 그림 ①은 둘 다 0과 1의 二元的 진행으로서 易의 重卦에서처럼 여섯 개씩 순열 조합한 것으로 0을 포함해서 64번의 조합이 나온 것이다.

<**그림**①>이 그림①·②는 라이프니츠가 易을 발견하기 약 20년 전 1979년에 기호법의 일환으로 발표한 것이다. 易의 陰에 해당하는 것이 0, 陽에 해당하는 것이 1이다.

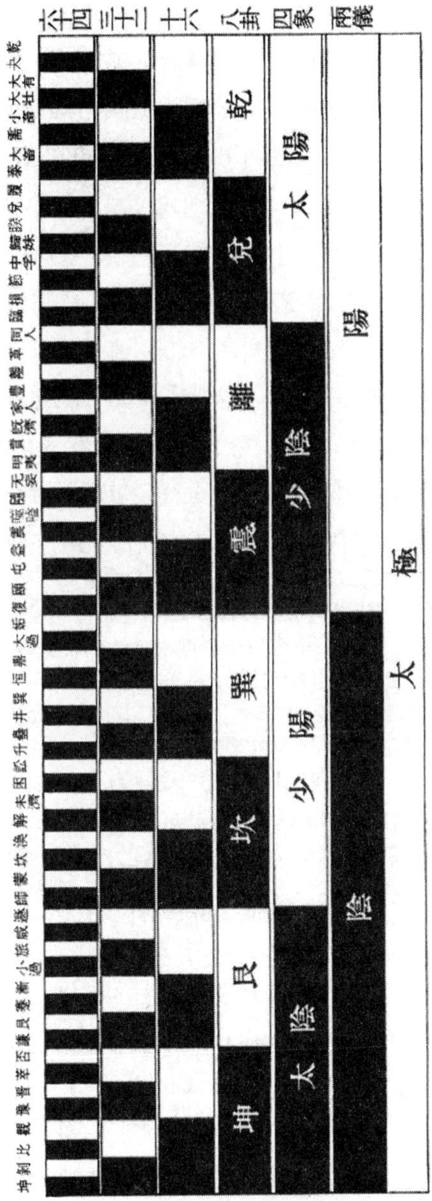

[그림] 주역64괘 차서도(次序圖)

출처 : 「주역철학사」 p.410

합한 64종의 배열순서가 너무도 수학적이고 논리적인 데 놀랐다.

이 복희 64괘도(伏羲 六十四卦圖)는 그가 1679년에 발표한 이진법 산술(Arithmetique binaire ou arithmetique dyadique)과 거의 동일했기 때문이었다. 라이프니쯔가 0과 1로 표기한 것을 주역에서는 ―과 ‐‐로 표기했을 뿐 별로 다를 것이 없었다. 그러나 라이프니쯔가 본 복희 64괘도는 사실은 4천여년 전에 복희(伏羲)가 그린 것이 아니고 송대(宋代)의 역학자(易學者)였던 소강절(邵康節)이 그린 것이었다.

그러나 라이프니쯔의 2진법은 그 당시에 수학의 진법체계에 그쳤지만 주역은 이미 역경(易經)[8] 부분에서 태극(太極)이 6번을 분화, 즉 자기조직하여 64개의 상(象)이 형성된 것을 각자 하나의 시스템으로 보고 각각의 특징을 괘사(卦辭)[9]와 효사(爻辭)[10]를 붙여 설명하고 있다.

그리고 2천 5백여년 전에 성립된 역전(易傳)[11]의 일부인 계사전(繫

---

8) 역경(易經): 주역은 성경이나 불경처럼 수천 년에 걸쳐서 수많은 저자들에 의해서 형성된 문헌이다. 그러므로 주역 역시 여러 문헌들이 합쳐져서 이루어졌는데 크게 분류하면 역경(易經)과 역전(易傳)부분으로 나눌 수 있다. 역경은 고대중국의 다른 책들과는 달리 편(篇)이나 장(章)으로 구성되어 있지 않고 상경(上經)과 하경(下經)으로 나뉘어 괘(卦)단위로 구성되어 있으며, 64괘에 대한 괘사(卦辭)와 효사(爻辭)로 이루어져 있는데 그 내용이 점서(占筮)의 형태를 취하고 있다. 최근의 연구 결과에 의하면 역경의 성립 시기는 서주(西周)초기로 학계에서는 보고 있다.

9) 주역(周易)에는 전부 64개의 괘(卦)가 있는데, 각 괘는 6개의 효(爻)로 이루어진다. 그리고 6개의 효로 이루어진 하나의 괘를 대성괘(大成卦)라고 하며 괘사(卦辭)란 이 64개의 대성괘의 의미를 각 괘의 모양에 따라서 그 괘만의 고유한 의미를 해설한 것이다.

10) 주역(周易)의 64개의 괘(卦)는 각자 6개의 효(爻)로 구성이 되어 있는데, 주역의 계사전(繫辭傳)에 의하면 효(爻)는 효야(效也)라고 설명하고 있다. 그러니까 효라는 것은 본받는다는 의미라는 것이다. 주역의 64괘는 각 괘마다 6개의 효로 되어 있기 때문에 384개의 효가 있는데 효사(爻辭)란 각 괘의 효의 위치에 따라서 그 효가 어떤 의미를 내포하고 있는지를 해설한 것이다.

11) 역전(易傳): 역전은 역경을 해설한 글들의 모음으로 역경에 철학성을 부여했으며, 역경에 열 개의 날개를 달았다는 의미로 흔히 십익(十翼)―단전(彖傳), 대상전(大象傳), 소상전(小象傳), 건 · 곤괘문언전(乾 · 坤卦文言傳), 계사전(繫辭傳)上 · 下, 설괘전(說卦傳), 서괘전(序卦傳)上 · 下, 잡괘전(雜卦傳)―으로 일컬어지고

辭傳)에 다음과 같이 음양(陰陽)의 '자기조직화'에 대한 내용이 간략하게 실려 있다.

> 건지대시 곤작성물
> 乾知大始 坤作成物
>
> 강유상추 이생변화
> 剛柔相推 而生變化
>
> 일음일양지위도 생생지위역
> 一陰一陽之謂道 生生之謂易
>
> 성상지위건 효법지위곤
> 成象之謂乾 效法之謂坤
>
> — 주역 계사상전(周易 繫辭上傳) —
>
> 건(乾)은 크게 시작하는 것을 주장하고, 곤(坤)은 물건을 만들어 완성한다.
> 강(剛)과 유(柔)가 서로 밀어서 변화를 낳고,
> 한 번 음(陰)하고 한 번 양(陽)하는 것을 도(道)라 이르며, 낳고 낳음을 이르되 역(易)이라 한다.
> 상(象)을 이루는 것을 건(乾)이라 하고 법(法)을 들어내는 것을 곤(坤)이라 한다.

그러니까 라이프니쯔는 1670년대에 자기가 창안한 2진법이 자기조직화의 기초가 될 줄은 꿈에도 상상하지 못했으며, 2진법은 단순한 수학에 머무르고 말았다. 그러나 주역은 이미 4천여년 전에 64괘가 2진법적인 수학적 체계로 이루어졌음은 물론이고 음양의 분화를 통한 자기조직화 시스템임을 밝혀 놓고 있었으며, 여기에 자연과학적이고 철학적인 사유까지 붙여서 무미건조한 2진법체계에 생명을 불어 넣었던 것이다. 그야말로 라이프니쯔의 보편기호법 사상을 뛰어넘는 세계

있으며 전국시대 후기에 성립된 것으로 보고 있다.

최고의 논리학이었던 것이다. 그런데 라이프니쯔의 이 2진법 체계도 그 후에 위너(Norbert Wiener)의 사이버네틱스(cybernetics)를 거쳐 현재의 컴퓨터에까지 영향을 주게 되었다. 자기조직화 개념이 처음 등장한 시기는 사이버네틱스 초기에 과학자들이 신경망에 내재해 있는 논리를 표현하는 수학적 방법을 구성하기 시작했을 때였다. 1943년에 신경과학자 맥컬록과 수학자 피츠(Walter Pitts)는 「신경활동에 내재하는 개념들의 논리적 계산(A Logical Calculus of the Ideas Immanent in Nervous Activity)」이라는 제목의 선구적인 논문을 발간했다. 그 논문에서 두 사람은 모든 생리과정 그리고 모든 행동의 논리가 연결망을 구성하는 규칙으로 변환될 수 있음을 증명했다.

그 논문에서 저자들은 2진 스위칭 소자들, 다시 말해서 '온(on)'이나 '오프(off)'상태가 될 수 있는 소자들로 표현되는 개념화된 뉴런들을 도입시켰다. 그리고 그들은 신경 시스템(신경계)을 이러한 2진 스위칭 소자들의 복잡한 연결망으로 모형화했다. 이러한 맥컬록-피츠 연결망에서 '온-오프' 접속점(node)들은 각각의 접속점의 움직임이 '스위칭 규칙(switching rule)'에 따라 다른 접속점들의 앞선 움직임에 의해 지배되는 방식으로 서로 연결된다. 일례로, 하나의 접속점은 특정 숫자의 인접 접속점들이 특정한 순간에 '온'이 될 때에만 다음 순간에 '온'이 될 수 있다(켜질 수 있다). 맥컬록과 피츠는 이런 종류의 2진 연결망이 지극히 단순화된 모형임에도 불구하고, 신경 시스템 속에 내재해 있는 연결망과 상당히 유사하다는 것을 증명했다. 1950년대에 과학자들은 실제로 이러한 2진 연결망 모형을 구축하기 시작했고, 그 중에는 접속점에서 온-오프 상태로 점멸하는 작은 램프들로 구성된 모형도 포함되었다. 그런데 놀랍게도 그들은 대부분의 연결망에서 짧은 기간의 임의적인 깜박임 이후에 일부의 질서있는 패턴들이 창발된다는 사실을 발견했다. 그들은 깜박임의 물결이 연결망을 통과하는 모습을 보거나, 또는 반복되는 순환주기를 관찰하게 된 것이다. 이 연결망의 초기 상태가 임의적으로 선택되었음에도 불구하고, 잠시 후 질서있는 패턴이 자연발생적으로 창발되며, 그것은 바로 '자기조직화'라고 알려진 질서의 자연발생적인 창발이었다.

그런데 이와 같은 2진 스위칭 소자는 컴퓨터 시스템에서 꽃을 피우게 된다. 컴퓨터에서 2진 스위칭 소자가 사용되는 이유는 전자제품인 컴퓨터는 전자가 통하느냐, 통하지 않느냐는 신호체계가 2진법체계와 맞아떨어지기 때문이며 그러므로 논리의 조립이 간단하고 그 조합이 무한대이기 때문이다.

음양의 자기조직화 메커니즘

현대과학에서 가장 신비로운 주제 중의 하나는 우주와 생명의 탄생이라고 할 수 있을 것이다. 그런데 이 신비로운 주제를 풀어줄 수 있는 열쇠 중의 하나가 주역 속에 내재해 있다. 특히 동양철학자들의 음양의 자기조직화 과정에 대한 주장은 현대물리학, 생물학 등과 비교해 보아도 손색이 없다. 태극도(太極圖)나 64괘 차서도(六十四卦 次序圖)에 의한 음양의 분화과정을 분석해 보면, 비약이 조금은 심하지만, 마치 현대물리학의 빅뱅론(Big-Bang Theory)을 보는 것 같다. 태극도에 의하면 음양의 분화가 음과 양으로부터 출발하는 것이 아니라 느닷없이 무극(無極), 태극(太極)이란 용어가 튀어나올 뿐만 아니라 괘의 명칭도 4괘, 8괘, 64괘에만 붙어 있다. 그런데 동양학자들이 이런 음양의 분화체계를 만든 것은 다 그럴만한 이유가 있었으며, 수많은 학자들의 오랜 사유 끝에 성립된 것이다.

다음의 도표를 참조하면서 주역의 분화체계와 현대물리학에 의한 우주의 역사를 비교해 보면 상당히 흥미로운 사실을 발견할 수 있다.

[표] 주역 64괘의 분화와 우주의 역사 비교표

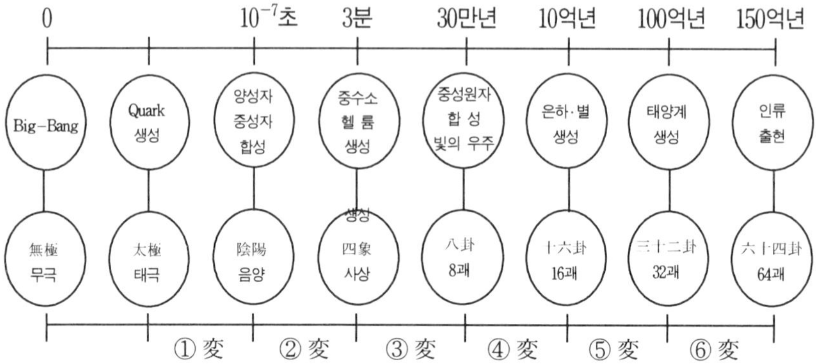

- **무극**: 주돈이(周敦頤)는 태극도(太極圖)설에서 무극이 태극이라고 주장하여 주자학파(朱子學派)와 육상산학파(陸象山學派)간에 500여년 간의 논쟁을 불러일으켰다. 그러나 엄밀하게 보면 무극과 태극은 외부적으로는 같아도 내부적으로는 차이가 있다. 무극이란 음양의 기미가 조금도 없는 상태를 말하며, 빅뱅(Big Bang)이 일어난 직후에서부터 쿼크(quark)가 생성되기 직전까지를 말하는 것이다. 태초부터 우주의 전하(電荷)는 전체적으로 중성이었고 이것은 오늘날까지도 변하지 않았다고 한다.

- **태극**: 태극은 무극에서 내부적으로 음양이 잉태되었으나 독립적으로 나뉘어 나가기 직전의 상태를 말하는 것으로, 쿼크가 단독 입자로 활동하지 못하고 양성자와 중성자 속에 갇혀 있는 것과 같은 상태를 말한다.

- **음양**: 태극 안에 갇혀 있던 음양이 독립적으로 분리되어 나타난 상태를 말하는 것으로 쿼크들이 결합하여 이루어진 양성자와 중성자들이 독립적인 입자로 활동하는 상태를 말한다.

- **사상**: 음효(陰爻)와 양효(陽爻)가 한번 더 분화하여 물질의 근본인 상(象)으로 형성된 것으로 중성자와 양성자가 결합하여 원자핵으로 생성된 것에 비유할 수 있다.

- 8괘 : 사상이 한번 더 분화하여 물질의 근본 성질이 형성되어 가는 것으로, 모든 물질을 구성하는 기본적인 입자인 원자(atom)에 비유할 수 있다. 그리고 이러한 원자들이 서로 결합하여 분자(molecule) –각 물질의 화학적 성질을 가진 최소의 단위입자– 수준으로 합성된 것을 우리는 물질로서 직접 볼 수 있는 것이다. 우주는 원자들이 생성되기 시작한 이 시점에 와서야 액체상태의 우주에서 빛의 우주로 진화되었다고 한다.
- 16괘 : 8괘가 한번 더 분화한 것이지만 주역에서는 16괘와 32괘에는 큰 의미를 부여하지 않고 있다. 그러므로 이들 괘에는 어떤 명칭들을 붙이지 않았고, 64괘는 8×8＝64로 생각했다. 그러니까 원자에 해당하는 8괘가 어떻게 조합되어서 어떤 특성을 가지고 있는 상(象), 그러니까 어떤 조직을 이루고 있느냐는 것이다. 그러나 16괘 역시 물리학적으로 비유해 보면 원자들이 합쳐져서 은하와 별들을 생성했다고 볼 수 있다.
- 32괘 : 16괘가 한번 더 분화한 것으로 은하계 내의 태양계로 볼 수 있다.
- 64괘 : 32괘가 한번 더 분화한 것으로 태양계 내의 지구에 해당되며 아무런 도구에 의존하지 않고 우리가 직접 만질 수 있고, 볼 수 있으며, 느낄 수 있는 현상계(現象界)라고 할 수 있다.

그러니까 우주의 역사 150억 년을 살펴보면 빅뱅 이후 6단계에 걸친 진화 끝에 현재에 이르렀다고 볼 수 있는데, 주역에서도 태극으로부터 6번의 변화 끝에 이루어진 64괘 이상은 취급하지 않고 있다. 그리고 우주진화의 역사 중에서 가장 중요한 순간은 쿼크의 합성에 의한 양성자와 중성자의 생성과, 물질들의 기본입자인 원자의 탄생이며, 이와 동시에 이루어진 상전이(相轉移)현상 – 액체 우주에서 빛의 우주로의 진화 – 이라고 할 수 있다. 마치 생물들이 바다에서 대기권으로 상륙해서 평형상태를 깨고 비평형을 획득하여 창공으로 도약할 수 있었던 것처럼, 우주 역시 비평형상태로 들어온 것이다. 그리고 우주진화의 바로 이 부분들이 64괘의 분화 체계에서는 음양과 8괘의 성립단계에 해당되는 것이다. 그런데 주역을 저술한 동양학자들도 음양과 8괘에 가장 많은 비중을 두고 역경(易經)과 역전(易傳)을 서술하고 있다.

생명이 단순한 단세포에서 어떻게 인류라는 고도한 조직체까지 자기조직화 해왔는지는 생물계의 최대 수수께끼다. 그런데 그 수수께끼의 실마리를 풀기 위해서는 지구 생명의 역사를 다시 한 번 살펴볼 필요가 있다.

원시 지구의 바다에 생명체가 처음 출현한 것은 대략 38억 년 전으로 보고 있는데, 그 후 무려 18억 년이 지나서야 박테리아들간의 공생으로 비로소 세포가 만들어지게 된다. 그리고 생명은 또다시 14억 년만에 다세포로 진화하면서 유성생식을 할 수 있게 된다. 그런데 생명이 이 유성생식을 할 수 있게 되면서 폭발적인 대 번성기를 맞이하게 된다. 이때가 5억 3천만 년 전의 캄브리아기로, 생명이 유성생식을 시작한 지 7천만 년 동안에 50여 종에 불과하던 생명이 1만여 종으로 늘어났던 것이다. 그러니까 생명진화의 역사에서 가장 극적이고 중요한 순간은 세포의 탄생과 유성생식의 획득에 있다고 할 수 있다. 특히 생명을 폭발적으로 번성시킨 일등공신은 무성생식밖에 할 수 없었던 단세포에서 유성생식을 할 수 있는 다세포로의 전환에 있다고 할 수 있을 것이다. 그러면 유성생식의 어떤 특성이 생명을 그렇게 번성시킬 수 있도록 했을까?

그 원인은 음양의 상이성(相異性)과 역할분담, 유전정보의 교환, 창조적 재조합, 음양 조합의 무한대성, 음양 사이의 끌개(attractor) 등을 들 수 있다. 그런데 주역의 역경을 분석해 보면 유성생식의 이러한 특성들이 빠짐없이 기본공식으로 깔려있는 것이다. 그러면 역경에서는 유성생식의 이런 특성을 어떻게 서술하고 있는지 하나하나

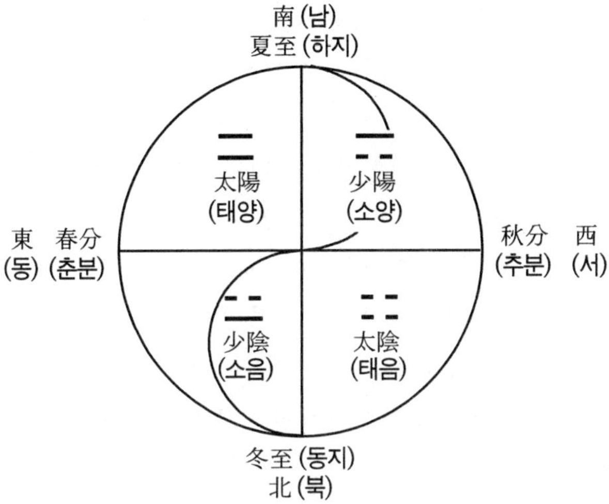

[그림] 태극(太極)과 사상(四象)의 방위도(方位圖)

소개해 보기로 하겠다. 그런데 지금부터는 주역의 낯선 용어들이 등장하기 때문에 이쯤에서 주역의 기초사항을 먼저 설명하기로 한다.

우리나라의 국기인 태극기를 보면 가운데에 자리잡고 있는 태극마크가 위는 붉은색이고 아래는 푸른색으로 누워 있는 형태로 되어 있으나, 본래 태극문양은 위의 그림처럼 계절에 따라서 밤과 낮의 길이가 변화하는 모습을 도형화한 것으로 세워서 그리는 것이 옳다고 할 수 있다. 또한 현재 유통되고 있는 지도들을 보면 북쪽이 위에 있고 동쪽을 오른쪽에 표기하는데 동양에서는 정반대로 방위를 표시하고 있다. 그 이유는 남쪽을 상징하는 화(火)는 불꽃처럼 위로 타오르고, 북쪽을 상징하는 수(水)는 물처럼 흘러 내려간다는 철학적인 의미를 반영하고 있기 때문이다. 음양이 태양과 달을 상징하고 있다면 사상(四象)은 사계절을 의미하는 것으로, 양에서 분화된 소음(少陰)은 봄을 상징하고 흔히 태양(太陽)이라고 부르는 노양(老陽)은 여름을 상징한다. 그리고 음에서 분화된 소양(少陽)은 가을을 상징하며 태음(太陰)이라고 부르는 노음(老陰)은 겨울을 상징한다.

주역에서는 ― 를 양효(陽爻)라 하고, ‒ ‒ 를 음효(陰爻)라고 한다. 양효의 특성은 극단적으로 설명하자면 기체와 같이 위로 떠오르는 상승작용을 하기 때문에 하늘을 상징하고 동적 성향이 강하다. 상대적으로 음효는 물질에 가깝기 때문에 하강작용을 하므로 땅을 상징하고 정적인 성향이 강하다고 할 수 있다.

노양은 양효로만 이루어져 있기 때문에 남성적이고 진취적이며 강건하며, 노음은 음효로만 이루어져 있어서 여성적이고 치밀하며 유약하다. 또한 소음은 외부를 상징하는 상효(上爻)가 음효이고 내부를 상징하는 하효(下爻)가 양효이기 때문에 외유내강형이고 소양은 소음과 반대이기 때문에 외강내유형이다.

〈표〉 음효(陰爻)와 양효(陽爻)가 상징하는 의미

양효 (陽爻)	홀수	天 (천)	男 (남)	動 (동)	剛 (강)	進 (진)	上 (상)	左 (좌)	外 (외)	輕 (경)	本 (본)	先 (선)	順 (순)
음효 (陰爻)	짝수	地 (지)	女 (여)	靜 (정)	柔 (유)	退 (퇴)	下 (하)	右 (우)	內 (내)	重 (중)	末 (말)	後 (후)	逆 (역)

〈표〉 사상(四象)이 상징하는 의미

상(象)	명칭	의미	성질
⚊ ⚊	노양(老陽)	내실외실(內實外實)	외향형(外向型)
⚋ ⚋	노음(老陰)	내허외허(內虛外虛)	내향형(內向型)
⚋ ⚊	소음(少陰)	내실외허(內室外虛)	외유내강형(外柔內剛型)
⚊ ⚋	소양(少陽)	내허외실(內虛外實)	외강내유형(外剛內柔型)

8괘는, 원자들이 모여서 물질을 이루었듯이, 음효와 양효들로 괘가 형성되었기 때문에 그 모양인 상, 즉 구조를 중요시해서 8괘의 명칭이 결정된 것이다.

건괘(乾卦)는 양효만으로 구성되었기 때문에 하늘을 상징하고, 태괘(兌卦)는 두 개의 양효 위에 하나의 음효가 고여 있는 형국이기 때문에 연못이라 했고, 리괘(離卦)는 두 개의 양효 사이에 음효가 끼

〈표〉 8괘(八卦)가 상징하는 의미

八 卦	☰	☱	☲	☳	☴	☵	☶	☷
名稱(명칭)	乾(건)	兌(태)	離(리)	震(진)	巽(손)	坎(감)	艮(간)	坤(곤)
自然(자연)	天(천)	澤(택)	火(화)	雷(뢰)	風(풍)	水(수)	山(산)	地(지)
人間(인간)	父(부)	少女(소녀)	中女(중녀)	長男(장남)	長女(장녀)	中男(중남)	少男(소남)	母(모)
性質(성질)	健(건)	說(열)	麗(려)	動(동)	入(입)	陷(함)	止(지)	順(순)

어 있는데 본래 양효의 특성은 동적이라서 빛과 같이 확산하는 의미가 있다. 진괘(震卦)는 두 개의 음효 밑에 하나의 양효가 위치하고 있는 것으로, 여기서 음효는 구름에 해당되며 이들 구름들이 서로 충돌하면서 번개가 생성되므로 진괘를 우뢰라 한 것이다. 손괘(巽卦)는 두 개의 양효 밑에 하나의 음효가 포진한 것으로, 대기권(양효) 아래를 음효가 파고든 것을 바람으로 해석한 것이다. 감괘(坎卦)는 두 개의 음효 사이에 하나의 양효가 끼어 있는 것으로, 리괘(離卦)와는 정반대 상황이다. 여기서 강한 수축력이 있는 두 개의 음효가 하나의 양효를 가운데 두고 양쪽에서 밀어 붙여서 강한 결속력이 생성되는데, 이러한 의미에서 겉으로는 유연하지만 응집력이 강한 물의 속성과 비슷하기 때문에 물에 비유한 것이다. 간괘(艮卦)는 두 개의 음효 위에 하나의 양효가 위치한 것으로, 땅에 해당되는 음효 두 개가 겹쳐 있으므로 높은 땅, 즉 산을 상징하고 있으며 하늘을 뜻하는 양효에 맞닿아 있는 형국이다. 곤괘(坤卦)는 음효만 세 개가 모여 있는 것으로 대지를 상징한다.

주역에서 효의 명칭은 아래부터 위로 초효, 이효, 삼효··· 순서로 붙여 나간다. 또한 양효는 홀수인 1·3·5, 음효는 짝수인 2·4·6 자리가 각자의 정(正)위치에 해당된다. 주역의 기초 사항은 이 정도로 간략하게 설명하고 본론으로 넘어가기로 한다.

상효(上爻) ━━━ 음위(陰位)
오효(五爻) ━━━ 양위(陽位)
사효(四爻) ━━━ 음위(陰位)
삼효(三爻) ━━━ 양위(陽位)
이효(二爻) ━━━ 음위(陰位)
초효(初爻) ━━━ 양위(陽位)

〈효(爻)의 명칭과 위치〉

(1) 음양(陰陽)의 상이성(相異性)과 역할분담

유전정보의 교환과 창조적 재조합은 음양의 상이성 문제와 연계되어 있으므로 여기서 별도로 다룰 사항은 아니며, 음양 조합의 무한대성도 앞에서 다룬 2진(二進) 스위칭 소자(switching element)에서 충분히 이야기된 부분이므로 생략하기로 한다.

유전학에 의하면 암컷과 수컷은 서로 다른 환경에서 자랐을수록 그 자손들이 뛰어나다고 한다. 그 이유는 각각 서로 다른 환경에 적응하다 보니 그만큼 다양한 유전정보를 서로 교환할 수 있기 때문이다. 여기서 다양한 유전정보의 교환은 언제 돌변할지 모르는 급격한 환경의 변화에 대한 적응력과 관계가 있기 때문에 모든 생물들의 생존문제와 직결되어 있다고 할 수 있다. 그러기 때문에 근친교배는 유전학적으로 가장 문제가 되는 것이며, 따라서 그걸 방지하기 위하여 인간사회에 혼인 문화가 생긴 것이다. 그러니까 암컷과 수컷은 서로 다를수록 좋다는 결론에 도달할 수 있다. 그런데 역경의 내용을 검토해 보면 바로 이 음양의 차별성을 가장 비중을 두어 강조하고 있다. 그러기 때문에 64괘를 해설하고 있는 괘사(卦辭)나 효사(爻辭)를 막론하고 음양이 각자 자기자리를 지키고 있는지가 가장 중요한 첫 번째 포인트가 된다. 그러므로 양효(陽爻)는 1효(一爻)인 초효(初爻), 3효(三爻), 5효(五爻)에 위치해 있고, 음효(陰爻)는 2효(二爻), 4

효(四爻), 6효(六爻)인 상효(上爻)에 위치해 있을 때 바른 자리를 얻었다고 해서 득정(得正) 또는 득위(得位)·당위(當位)라고 한다. 그 대표적인 예를 들어보면 수화 기제괘(水火 旣濟卦)와 화수 미제괘(火水 未濟卦)를 들 수 있다.

기제(旣濟)　　　미제(未濟)

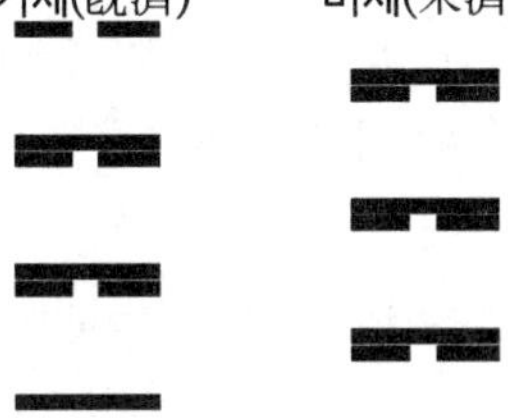

〈기제괘(旣濟卦)와 미제괘(未濟卦) 비교표〉

위의 도표에서와 같이 수화 기제괘는 6개의 효가 양효는 1·3·5효에, 음효는 2·4·6효에 자리잡고 있어서 전부 득정했기 때문에 모든 것을 이룰 수 있는 기제괘라 했으며, 주역 64괘 중에서 가장 완벽한 괘라고 할 수 있다. 그러나 화수 미제괘는 6개의 효가 모두 실위(失位) 했기 때문에, 어느 것 하나도 이룰 수 없다고 해서 미제괘(未濟卦)라고 하는 것이다.

두 번째 포인트로는 음과 양의 역할분담 문제인데, 이 세상의 모든 조직 -생물들이나 기업, 국가, 스포츠- 의 시스템을 크게 두 가지로 나눈다면 공격과 방어시스템으로 분리할 수 있다. 생태계를 예로 들면 수천만 년 간이나 고도한 조직사회를 유지해 온 개미의 경우를 보면, 개미들은 애당초 일개미와 병정개미로 분리되어 각기 특성에 맞는 신체조건을 가지고 태어난다.

스포츠에서도 농구같이 선수 숫자가 적고 경기장이 좁은 경우에는 특별히 공격과 방어의 전담 선수로 분리할 필요성이 없겠지만, 축구의 경우에는 경기장이 넓고 참가선수들이 많기 때문에 공격진과 방어진으로 나누는 것이 효율적인 것이다. 그런데 1974년 서독월드컵에 참가한 네델란드축구팀 감독 리누스 미헬스(Rinus Michels)는 그동안의 전통적인 고정관념을 깨고 전원공격, 전원수비의 개념을 바탕으로 한 토탈 사카(total soccer)라는 혁명적인 축구시스템을 들고 나와서 준우승을 차지했다. 그러나 일반적인 상식을 깨는 이 전술은 고도한 개인기와 뛰어난 스피드, 막강한 체력이 요구되기 때문에 어떤 팀이나 쉽게 소화할 수 있는 시스템이 아니다. 또한 그 부작용도 심해서, 우세한 경기를 펼치다가도 쉽게 실점할 수 있는 등 단점도 많은 전술이다.

이러한 문제를 해소하기 위해서 한국축구대표팀 감독 네델란드출신 딕 아드보카드는, 경기 내내 압박을 펼치는 전 대표팀 감독 히딩크식의 토탈 사카와는 달리 경기 초반과 후반, 또는 아주 필요한 시점에만 화력을 집중해서 득점을 시도하고 득점한 뒤에는 불필요한 체력소모를 줄이기 위해서 즉각 수비형태로 전환한다고 한다. 같은 토탈 사카라도 리누스 미헬스나 히딩크 식보다는 딕 아드보카드의 전술이 좀 더 비평형구조에 가깝기 때문에 훨씬 더 박진감 넘치는 경기를 펼칠 것으로 기대된다.

그러나 이러한 토탈 사카같은 작전은 축구와 같은 작은 조직에서 주어진 시간 내에서 무한경쟁을 할 때나, 전쟁이나 돌발 사태같은 비정상적인 위기상황에서나 쓸 수 있는 방식이지 기업이나 국가같은 거대조직에서는 통용될 수가 없는 것이다. 조직이 커질수록 전문분야별로 분업이 세분되어야 하고 각 부서별 상호 네트워크가 잘 짜여져야 효율이 높아지기 때문이다. 그러나 현대사회같이 복잡한 시스템도 그 시작은 공격과 방어시스템에서부터 출발했다. 그러니까 주역에서 한결같이 주장하는 것도 남성에 해당되는 양은 동적이기 때문에 그 성질이 적극적이며 대담하므로 공격적인 일을 해야 하고, 상대적으로 여성을 상징하는 음은 정적이기 때문에 치밀하고 분석적이므로 방어적인 일이 더 뛰어나다는 것이다. 주역 64괘 중에서 그 예를 살펴보면, 전시를 상징하는 수지비괘(水地比卦)·지수사괘(地水師卦)와 평화시를 상징하는 화천대유괘(火天大有卦)·천화동인괘(天火同人卦)를 비교해 보면 알 수 있다.

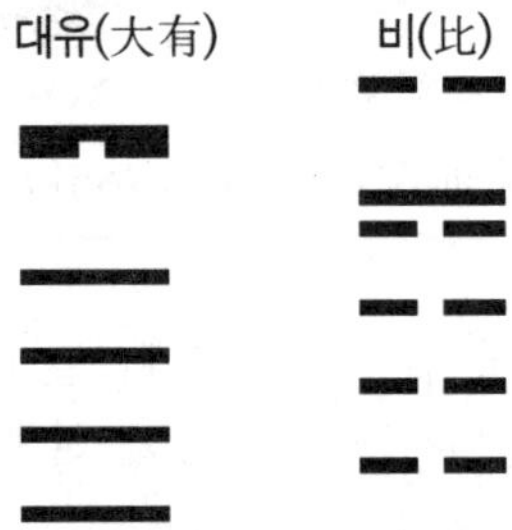

〈대유괘(大有卦)와 비괘(比卦)의 비교표〉

이 두 괘는 평화 시와 전쟁 시에 국가지도자가 어떻게 처신해야 할지를 분명하게 제시해 주고 있다. 주역의 대성괘(大成卦) −6개의 효로 구성된 괘− 에서는 5효가 지도자에 해당되는 자리인데, 화천대유괘는 5효에 자리 잡은 음효 하나가 다섯 개의 양효를 거느리고 있는 상으로 여왕벌과 같은 존재라고 할 수 있다. 그러니까 안정기에 국가를 발전시키려는 리더는 여성적인 섬세함과 친화력으로 그 조직을 이끌어 갈 것을 웅변적으로 보여주고 있는 것이다. 실제로 동서고금의 역사를 살펴보면, 에스파니아의 무적함대를 무찌르고 대영제국의 기틀을 쌓은 영국의 엘리자베스 1세 여왕과 삼국통일의 기초를 마련한 신라의 선덕여왕을 여기에 비유할 수 있다. 그러나 국가에 긴급상황이나 전쟁같은 돌발사태가 벌어지면, 수지비괘(水地比卦)가 상징하는 것처럼 리더는 대담하고 용맹하게 앞장서서 국민들에게 믿음을 주고 어려운 난국을 수습해 나가야 하는 것이다.

〈동인괘(同人卦)와 사괘(師卦)의 비교표〉

천화동인괘(天火同人卦)와 지수사괘(地水師卦)는 평화 시와 전쟁 시에 현장책임자가 취해야 할 행동을 설명해 주고 있다. 주역 대성괘의 2효는 현장의 총책임자에 해당되는 자리로, 기업이나 국가를 막론하고 어떤 조직이 발전해 나가려면 일선에서 뛰는 사람들의 희생 없이는 유지해 나갈 수 없다는 것을 보여 주고 있다. 동인괘에서 2효는 음효가 음위(陰位)에 위치하면서 혼자서 다섯 개의 양효를 상대하고 있기 때문에 홍일점으로 주목을 받고 있으며, 희생정신이 강한 능력이 있고 성실한 현장책임자라고 할 수 있다. 그러나 사괘(師卦)에서 2효는 동인괘와는 정반대로 양효가 청일점으로 스포트 라이트를 받고는 있지만 양효가 음위에 자리하고 있기 때문에 좌불안석이 될 수밖에 없다. 그만큼 국가나 어떤 조직이 절대 절명의 위기를 당한 시점에서 최일선의 책임자로서 그 임무가 막중하기 때문에 아무리 양효가 담대하고 용맹스럽다 해도 신중에 신중을 기해야 하기 때문이다. 주역은 이와 같이 어떤 괘의 전체적인 괘상(卦象)도 중요하지만, 효의 위치와 그 효가 음효냐 양효냐에 따라서 해석이 달라지게 된다.

(2) 음양 사이의 끌개(attractor)

그런데 아무리 음과 양의 상이성(相異性)과 역할분담이 중요하다고 해도 음과 양이 만날 수가 없다면 정보교환이나 창조적 재조합이 이루어질 수는 없을 것이다. 그러므로 주역에서도 음과 양이 만날 수 있느냐, 없느냐가 가장 중요한 포인트가 되고 있다. 그 예를 들어 보면 다음과 같다.

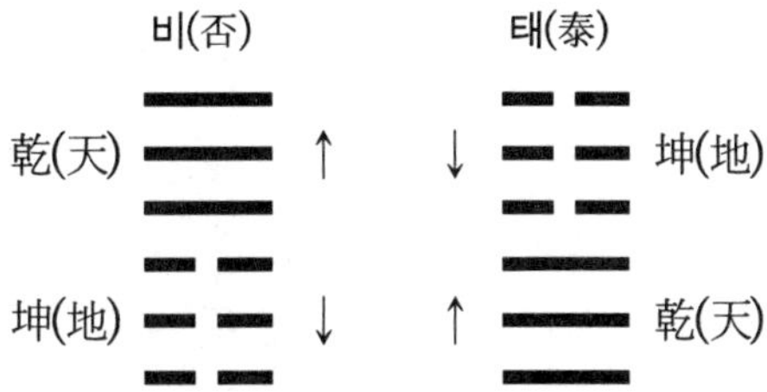

〈비괘(否卦)와 태괘(泰卦)의 비교표〉

천지비괘(天地否卦)에서 상괘(上卦)에 해당되는 건괘(乾卦)는 하늘을 상징하기 때문에 기가 위로 상승한다. 그러나 하괘(下卦)에 해당하는 곤괘(坤卦)는 땅을 상징하므로 기가 아래로 하강하게 되어 상괘와 하괘가 분리하게 되므로 음양이 만날 수가 없게 된다. 그러므로 역경의 저자는 이 괘를 일컬어서 위아래가 막혀 비색(否塞)하게 되므로 비괘(否卦)라는 괘명(卦名)을 붙인 것이다. 그러나 지천태괘(地天泰卦)는 천지비괘(天地否卦)와는 정반대의 형태로 되어 있어서 상괘와 하괘 간에 소통이 원활하게 이루어질 수 있기 때문에 태괘(泰卦)라고 한 것이다.

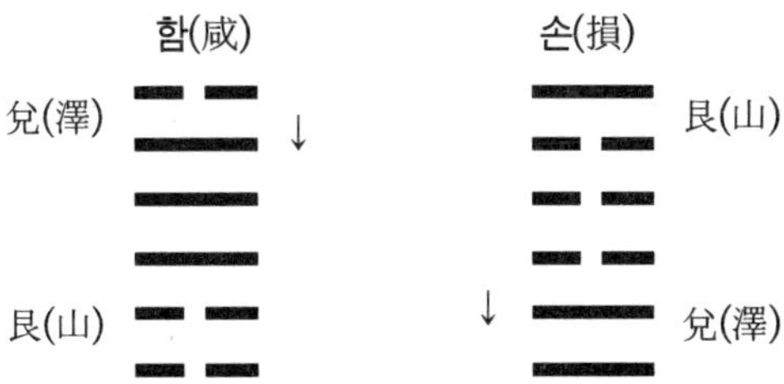

〈함괘(咸卦)와 손괘(損卦)의 비교표〉

택산함괘(澤山咸卦)에서 상괘에 해당하는 태괘(兌卦)는 고여 있는 물로 연못을 상징하므로 기가 하강하고, 하괘인 간괘(艮卦)는 산을 상징하므로 기는 정지 상태에 있다고 해석할 수 있으므로 상괘와 하괘가 잘 어우러질 수 있기 때문에 음양이 잘 교감할 수 있어서 함괘(咸卦)라 한 것이다. 그런데 산택손괘(山澤損卦)는 택산함괘(澤山咸卦)와는 정반대의 형태로 되어 있기 때문에 산에 고여 있던 물이 흘러나오는 상황이므로 손괘라는 명칭을 붙인 것이다. 주역의 8괘를 인간에 배당하면 건(乾)은 부(父)요, 곤(坤)은 모(母), 간(艮)은 소남(少男), 태(兌)는 소녀(少女)인데 주역에서는 이와 같이 특히 남자와 여자를 상징하는 괘(卦)일수록 음양이 만날 수 있느냐, 없느냐가 관건이 된다.

:: 5

되먹임고리와 오행론

feedback loop

▸ 생물의 항상성 유지를 위한 되먹임고리

▸ 현대과학으로 재해석한 오행론

▸ 천적이 있어야 순환이 된다!

▸ 비선형되먹임고리와 되먹임고리 메커니즘으로서의 조직

▸ 오행론의 상생·상극과 되먹임고리

생물의 항상성 유지를 위한 되먹임고리

근대적인 실험의학의 창시자인 베르나르(Claude Bernard)는 모든 생물들이 그 속에서 그 생물의 기관과 조직이 살아가는 내부환경(internal environment)을 가지고 있다고 주장했다. 베르나르는 외부환경이 큰 폭으로 변동하는 경우에도 건강한 유기체 속에서 이 내부환경이 본질적으로 일정한 상태를 유지한다는 사실을 알아 냈다. 1920년대에 생리학자였던 캐넌(Walter Cannon)은 베르나르의 이러한 유기체의 내부환경의 불변성 원리를 받아 들여 그것을 '항상성'(homeostasis)이라는 개념으로 한층 발전시켰다.

항상성(恒常性)이란 생물이 허용한계 내에서 요동하는 여러 변수들과 동역학적인 균형 상태를 유지할 수 있게 해주는 '자기조절 메커니즘'이다. 그리고 캐넌의 이 '항상성'개념과 신진대사에 대한 실험적 연구는 비엔나에서 생물학자로 활동하고 있던 베르탈란피(Ludwig von Bertalanffy)에게 큰 영향을 주게 되었고 그 결과 그는 1940년대에 '열린시스템'(open system)과 '일반시스템'(general system) 등의 새로운 이론을 수립하게 되었다. 뒤이어 '사이버네틱스'(cybernetics)[12]의 강력한 뒷받침 덕분에 '시스템 이론'은 공식적으로 통용되는 과학언어에서 빼놓을 수 없는 중요한 부분이 되었다. 베르탈란피가 시스템 연구에 몰두하는 동안 '자기안내'(self guiding)와 '자기조절'(self regulation) 기계를 개발하기 위한 시도는 사이버네이스트들에 의해서 전혀 다른 연구 분야에 도달하게 되는데 이 분야는 이후 생명에 대한 '시스템적 관점'의 발전에 중요한 기여를 하게 된다. 사이버네틱

---

12) cybernetics : 2차 세계대전 중에 시작된 운동으로 생물의 자기제어(自己制御)의 원리를 기계장치에 적용하여 통신・제어・정보처리 등의 기술을 종합적으로 연구하는 학문 분야로 인공두뇌의 실현과 오토메이션의 개량을 목적으로 했다.

스는 유기체설 생물학과 일반시스템 이론을 독자적으로 수립했다.

'사이버네틱스'는 수학자, 신경과학자, 사회과학자, 그리고 공학자들로 구성되었는데, 그들의 연구는 시스템 이론을 '피드백'(feedback)과 '자동조절' 그리고 '자기조직화'(self organization)의 개념으로 확장시키는 데 기여하게 된다. 사이버네틱스의 모든 주요 업적들은 유기체와 기계 사이의 비교를 통해 이루어졌다. 다시 말해서, 살아있는 시스템들의 기계론적 모형들에서 비롯되었다. 그러나 결정적인 차이는 위너(Norbert Wiener)의 '피드백'개념에서 구체화되었고 '사이버네틱스'라는 개념 자체에서 표현되었다. 사이버네틱스 운동을 주도했던 수학자이며 철학자이기도 했던 위너는 생명을 충분히 과학적으로 기술하는 데 결정적으로 중요한 조직의 패턴 즉, 비물질적 실체를 설명하는 데 사용되는 메시지, 제어, 피드백 등과 같은 새로운 개념들을 인식하고 있었다. '되먹임고리'(feedback loop)는 인과적으로 연결된 구성요소들의 순환적인 배열을 말한다. 되먹임고리 속에서는 최초의 원인이 루프의 연결을 통해 전파되며, 각자의 요소는 다음 요소에 영향을 미쳐 마지막 요소가 첫 번째 요소에 그 영향을 '피드백'한다.

이러한 배열의 결과는 첫 번째 고리(입력)가 마지막 고리(출력)에 의해 영향을 받는다는 것이다. 이것은 최초의 효과가 주기 전체를 순

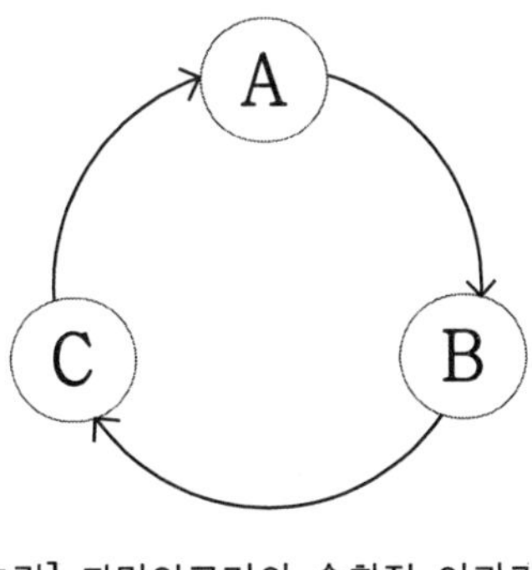

[그림] 되먹임고리의 순환적 인과관계

환하는 매 단계에서 변경되면서, 시스템 전체의 '자기조절'로 귀결한다. 좀 더 넓은 의미에서 '피드백'은 어떤 과정이나 행동의 결과에 대한 정보를 그 근원에 대해 전달하는 것을 뜻한다. 그런데 아이러니컬한 것은 되먹임고리를 포함하는 자동조절기계는 사이버네틱스가 등장하기 훨씬 전부터 존재했다는 것이다. 18세기 말엽에 와트(James Watt)에 의해 발명된 증기기관의 원심조속기는 이러한 자동조절기계의 고전적인 예에 해당한다. 그리고 최초의 자동온도 조절장치는 그보다 훨씬 먼저 발명되었다. 그러나 초기의 피드백 장치들을 발명한 공학자들은 그 속에 묻혀 있는 순환적인 인과성을 알아차리지 못했다. 그리하여 피드백과 순환적 인과성(circular causality) 사이의 연관성이 올바로 인식되기까지는 다시 한 세기를 기다려야 했다.

그런데 서구 생물학계에서 피드백, 자동조절, 자기조직화 등의 '생명의 원리'를 20세기에 이르러서야 포착한 것을 동양에서는 이미 2,500여년 전에 오행론(五行論)이 등장하면서 시작되었으며, 이 오행론에 내재되어 있는 순환적 인과성을 최초로 인간이라는 생물에게 적용한 것은 13세기경의 사주학자들에 의해서였다. 피드백이론과 오행론의 차이점은 되먹임고리는 부정적 되먹임고리(negative feedback)와 긍정적 되먹임고리(positive feedback)의 경로가 뒤섞여 혼재되어 있는 데 반하여 오행론에서는 상생과 상극으로 명확하게 분리되어 있다는 것이다.

되먹임고리에 대한 최초의 상세한 논의는 위너(Norberet Wiener), 바이겔로프(Julian Bigelow) 그리고 로젠블루드(Arturo Rosenblueth)가 발간한 「행동, 목적, 그리고 목적론(Bebavior, Purpose, and Teleology)」이라는 제목의 논문 속에서 등장했다. 이 선구적인 눈문에서 저자들은 '피드백'이라는 공학적 개념 밑에 내재하는 논리적 패턴으로서 순환적 인과성의 개념을 도입했을 뿐 아니라 그 개념을 최초로 생물에 적용시켰다. 위너와 그의 동료들은 '피드백'을 생물이 역동적인 균형 상태에서 스스로를 유지할 수 있도록 해주는 '자기조절'인 항상성의 필수적인 메커니즘으로 인식했다. 그러나 캐넌만 해도 그의 저서 「신체의 지혜(The Wisdom of the Body)」에서 '항상성'의 개념을 소개했을 때, 여러 가지 '자기조절'하는 신진대사 과정에 대한 상세한 설명을 했지만 그 속에 들어 있는 닫힌 인과관계의 루프들을 분명하게 식별해 내지 못했다. 따라서 사이버네티스트들에 의해서 도입된 '되먹임고리'의 개념은 수많은 '자기조절'하는 과정들이 생명에 대한 특성으로 새롭게 인식되었다. 오늘날 우리는 '되먹임고리'가 살아있는 시스템들 속에 어디나 존재한다는 사실을 이해하고 있다. 왜냐하면 그 루프들이 살아있는 시스템들의 특성인 '비선형 연결망패턴'의 특징이기 때문이다.

베이트슨(Gregory Bateson)과 미드(Margaret Mead)가 '사이버네틱스'에 대해 그토록 비상한 관심을 가졌던 것은 '피드백'이 생명의 일반적인 패턴이라는 사실을 발견했기 때문이다.

현대과학으로 재해석한 오행론(五行論)

오행론은 음양론보다 뒤늦게 성립된 이론으로 모든 동양문화에 스며들어 막대한 영향을 끼쳐 왔다. 그러나 그동안 오행론의 출처에 대해서는 학문적으로 심도 있게 논증된 것이 별로 없고 심지어 동양철학이나 한의학을 전공하고 있는 일부 학자들까지도 음양론과 더불어서 오행론을 고루한 학설로 취급했다. 그러나 오행론은 절대로 탁상공론에 의해서 이루어진 학문이 아니고 자연이나 천문관측에서 힌트를 얻어서 실생활에 적용한 결과치를 가지고 이론을 정립해 나갔다고 볼 수 있다. 고대인들에게 하늘이란 거의 절대적이었다. 그러기 때문에 음양론은 태양과 달에서, 오행론은 망원경 없이 목측만으로 관측이 가능했던 행성의 운행을 관측한 결과와 무관하지 않았다. 동양은 17세기까지도 거의 모든 분야에서 서구문명에 뒤지지 않았다. 특히 천문관측과 일식·월식에 대한 예측이 서양보다 훨씬 앞서 있었다.

오행론은 지금부터 약 2,500여년 전 전국시대 말기에 형성된 것으로 추정하고 있는데, 중국에서는 춘추시대 중엽에 이미 19년에 7차례의 윤달을 설치하는 '19년 7윤법'으로 음력과 양력을 조절하였다. 그리고 전국시대에 이미 본격적인 역법이 등장하였으며 항성의 위치는 물론 오행성의 운행을 정확히 관측하고 있었다. 그리고 목성의 공전주기까지 알고 있었다. 고대의 중국인들은 붙박이별은 경성(經星)이라고 불렀으며 붙박이별 사이를 돌아다니는 행성들은 위성(緯星)이라 칭하였고 해와 달을 오행성과 합쳐서 칠정(七政) 또는 칠요(七曜)라고 했다. 바로 여기서 오늘날의 일주일 개념이 형성되었다. 중국의 고대 기록들을 보면 오행성에 대한 명칭들이 나오는데 다음과 같다.

水星(수성)은 辰　星(진　성)
金星(금성)은 太白星(태백성)
火星(화성)은 熒惑星(형혹성)
木星(목성)은 歲年星(세년성
土星(토성)은 塡　星(전　성)

위의 명칭들은 오행론이 정립되면서 오늘날의 명칭으로 바뀌게 된다. 목성을 세년성(歲年星)으로 잡은 이유는 목성의 공전주기가 12년에 가깝기 때문이다. 그리고 행성이란 명칭이 붙은 것은 다섯 행성들이 항성들의 사이를 복잡하게 돌아다니는 것으로 관측되었기 때문이다.

오행론은 문헌 상으로는 상서(尙書) 홍범편(洪範篇)에 처음으로 등장한다. 그리고 좌전(左傳)과 노자(老子)에 이르러 오행의 배당(配

當)인 오색(五色)·오미(五味)·오음(五音) 등이 단편적으로 기록되어 있다. 그러다 전국시대의 제(齊)나라 사람인 추연(鄒衍)이 오덕종시편(五德終始篇)에서 오행에 대한 상극설(相剋說)을 처음으로 논하고 있다. 하(夏)·은(殷)·주(周)왕조들은 각각 목·금·화를 덕(德)으로 삼았다. 그러기 때문에 "주를 이어 새로운 왕조를 세울 자는 주의 덕인 화를 상극(相剋)시킬 수 있는 수덕(水德)을 받은 자일 것이다."라고 주장했다. 사기(史記) 주본기(周本記)에도 이와 유사한 것이 기록되어 있다.

주(周)의 무왕(武王)은 군사를 일으켜 은(殷)을 정벌하러 맹진(猛進)으로 진군한다. 그런데 맹진으로 가기 위해서는 황하(黃河)를 건너야 한다. 그래서 군사들과 배를 타고 황하를 건너는데 중류 쯤에 이르렀을 때 갑자기 흰 물고기가 무왕의 배로 튀어 올라 왔다. 무왕은 맹진에 도착하여 자발적으로 모인 제후(諸侯) 800여명 앞에서 "그대들은 아직 천명을 모르니, 정벌할 수 없소!"라고 선언하며 후일을 기약하고 병사들을 이끌고 되돌아간다. 이와 같은 이상한 회군(回軍)은 많은 역사책을 뒤적여 보아도 그리 흔한 사건이 아니다. 그런데 무왕의 이런 돌발적인 행동은 다 이유가 있었기 때문이었다. 은나라는 흰색(金)을 숭상하는 나라였는데 흰 물고기가 무왕(武王)의 배로 튀어 올라 왔다는 것은 은나라의 국운이 아직도 남아 있다는 해석 때문이었다. 이와 같이 고대 중국에서는 각 왕조들마다 상징하는 오행별 색깔이 있었으며 은나라가 흰색을 숭상한 것은 동이족들과 고조선이 흰색을 숭상했던 것과 일맥상통하는 것이다.

아무튼 추연(鄒衍)의 '상극설'은 진·한대(秦·漢代)의 정치 및 도덕사상에 커다란 영향을 미쳤다. 그러나 춘추전국시대에 만개했던 동양사상들은 통일왕조인 진·한대에 접어들면서 커다란 변화를 맞게 된다. 통일왕조에 필요한 사상들은 더욱 더 발전하게 되고 그 외의 사상들은 탄압을 받게 된 것이다. 사실 춘추전국시대에 행해졌던 음양가(陰陽家)와 오행가(五行家)는 별개의 학파로 유가(儒家)와는 아무런 관계도 없었다. 그러다 한대(漢代)에 이르러 유학과 음양오행론은 접점을 찾게 되고 그 후로는 오히려 유학자들에 의해서 발전하게 된다. 유가의 거두였던 동중서(董仲舒)는 음양오행으로 인간사를 설명하고 사람을 소우주라고 주장했다. 그의 이러한 주장은 후세의 유학에 큰 영향을 미치게 된다.

동중서는 특히 오행의 '상생설(相生說)'을 강조하였는데 "봄은 낳아 주고, 여름은 자라나게 하고, 늦여름은 길러 주고, 가을은 거두며, 겨울은 저장한다."고 주장했다. 이렇게 음양론과 오행론은 한대에 이르러 하나로 통합이 되고 그 틀을 잡았으며 그 후 동양문명의 근간이 되었다.

다음의 글은 오행론에 대한 가장 오래된 출전인 서경(書經)의 주서(周書) 홍범편(洪範篇) 중의 오행에 대한 해설이다.

> 一五行 一曰水 二曰火 三曰木 四曰金 五曰土
> 일오행 일왈수 이왈화 삼왈목 사왈금 오왈토
>
> 水曰潤下 火曰炎上 木曰曲直 金曰從革 土爰稼穡
> 수왈윤하 화왈염상 목왈곡직 금왈종혁 토원가색
>
> 潤下作鹹 炎上作苦 曲直作酸 從革作辛 稼穡作甘
> 윤하작함 염상작고 곡직작산 종혁작신 가색작감
>
> —서경(書經) 홍범편(洪範篇)—
>
> 첫째, 오행은 첫째가 물이요, 둘째가 불이요, 셋째가 나무요, 넷째가 금이요, 다섯째가 흙이다.
>
> 물은 흘러서 아래로 내려가고, 불은 타면서 위로 올라가고, 나무는 굽기도 하고 곧게 자란다. 금은 모양을 바꿀 수 있고, 흙에는 심고 가꿀 수 있다.
>
> 물은 흘러내려서 짠 것을 만들고, 불은 위로 타올라 쓴 것을 만들고, 굽고 곧은 나무는 신 것을 만들고, 모양을 바꿀 수 있는 금은 매운 것을 만들고, 심고 가꾸는 흙은 단 것을 만든다.

이 글은 주나라 무왕이 상(商)나라를 정벌한 후 상나라의 유신(遺臣)인 기자(箕子)에게 인륜에 대하여 물어본 데에 대한 답변으로 홍범구주(洪範九疇) 중에 나오는 오행 부분이다. 그러나 흔히 상서(尙書)라고 불리는 서경(書經)의 제작 년대에 대하여서는 이론(異論)이 많다. 아무튼 홍범구주에는 아홉 가지 내용이 실려 있는데 다음과 같다.

一 五行(오행)
二 五事(오사)
三 八定(팔정)
四 五紀(오기)
五 皇極(황극)
六 三德(삼덕)
七 稽疑(계의)
八 庶徵(서징)
九 五福六極(오복육극)

다른 부분은 차치하고 여기서는 오행부분만 설명하기로 하겠다. 오행에 대해 처음 나오는 문헌치고는 내용이 너무나 출중하여 후세에 가필이 되었든지 아니면 서경 자체의 성립 시기가 문제가 있든지 둘 중의 하나라고 논란이 되는 부분이다. 아무튼 오행에 대한 물리적인 성격을 너무 정확하게 묘사하고 있다. 오행의 순서만 살펴보아도 현대 과학에 비교하여 손색이 없을 정도이며 마치 동양판 창세기를 보는 듯하다. 성서(聖書) 창세기 1장을 보면 창조의 순서가 나오는데 요약해 보면 다음과 같다.

첫째날 : 어둠이 깊은 물 위에 뒤덮여 있었는데(水)
빛을 창조하셨다(火).

둘째날 : 하늘과 바다를 갈라 놓으셨다.

셋째날 : 움과 풀, 씨 있는 온갖 과일나무(木).
넷째날 : 태양과 달, 절기와 별(金).
다섯째날 : 바다고기와 새
여섯째날 : 각종 동물들과 인간(土).

이상과 같이 홍범구주에 나오는 오행의 순서와 거의 일치한다. 성서의 창세기와 홍범구주의 오행을 현대 과학과 비교해서 설명해 보면 조금 비약은 심하지만 다음과 같이 설명 할 수가 있다.

(1) 水 : 물은 「생명의 근원」이라고 할 수 있으며 물(H_2O)은 생각보다 결속력이 강하다. 그러므로 모든 것을 수용·흡인하는 성질이 있어서 블랙홀(Black Hole)와 비슷한 물리현상으로 볼 수 있다.
(2) 火 : 빛은 「생명의 확산」이다. 블랙홀에서 가장 먼저 탈출할 수 있으며 빅뱅(Big Bang) 현상과 비슷하다고 볼 수 있다.
(3) 木 : 목은 「생명의 시작」으로 38억년 전 지구의 바다 속에서 처음으로 시작된 광합성(光合成) 현상이라고 할 수 있다.
(4) 金 : 금은 「생명의 진화」로 단순한 생명들이 온갖 동물과 식물로 완성되어가는 현상이다.
(5) 土 : 토는 「생명의 절정」으로 바다에서만 살던 생명이 육지로 상륙하였으며 만물의 영장인 인간을 상징한다.

인간은 진화의 역사에서 가장 뒤늦게 등장했으며 동물의 육지 상륙도 식물의 뒤를 이은 것이었다. 이런 관점에서 보면 오행의 순서도 가볍게 보아 넘길 것만은 아니다. 이렇게 형성된 오행론은 음양론과 더불어서 동양사상은 물론이고 동양문화의 전 분야에 걸쳐서 신비로운 끌개 역할을 수행해 왔다고 할 수 있다.

천적(natural enemy)이 있어야 순환이 된다!

오행론 중에서도 뒤늦게 성립된 추연의 '상극설'과 동중서의 '상생설'은 오행론의 핵심이라고 할 수 있다. 그런데 이 상극설과 상생설은 생태계에서 적나라하게 나타난다.

생태계(eco system)에는 '먹이사슬'(eco chain)과 '천적'(natural enemy)이 병존하듯이 서로 순환적인 고리를 이루고 있다. 자연계에는 절대강자가 존재할 수 없다. 어디까지나 상대적인 순환이 있을 뿐이다. 생태계에는 하등동물과 고등동물이 피라미드 형태를 이루고 있는데 하등동물일수록 번식력이 강해서 숫자가 많은 반면, 고등동물은 번식력이 약해서 먹이사슬이 균형을 이루고 있다. 흔히 사람들은 '천적'을 나쁘게만 해석하는 경향이 있다. 그러나 생태계에서 천적은 오히려 먹이사슬을 유지하는 데 기여하고 있다. 만일 어느 한 종(種)만 유별나게 강해지면 먹이사슬의 순환시스템에 문제가 생길 수 있다. 그러나 천적이 있게 되면 어느 한 종만 강해질 수 없게 되어 순환시스템이 유지될 수 있는 것이다. 특히 유기농법에서 이 '천적'을 적절히 이용하면 살충제를 쓰지 않고도 해충들을 물리쳐 농사를 잘 지을 수가 있다. 그러므로 문제는 상생·상극에 있는 것이 아니라 순환에 있다. 그런 점에서 우리 인간은 너무나 유별나게 강해진 종은 아닌지 심각하게 생각해 볼 필요가 있다.

지구 38억년의 생명 진화의 역사를 돌이켜 보면 다섯 차례의 커다란 생명멸절의 대변혁기가 있었다. 그때마다 그 당시에 절대강자로 군림했던 종들은 알 수 없는 이유로 멸절해버렸다. 그러다가 4억년 전에 식물이 나타나면서 지구상에는 식물과 동물이 서로 공생할 수 있는 순환 사이클이 정립되면서 비교적 생명들이 안정기에 접어들게 된다. 특히 꽃을 피우는 속씨식물의 등장은 지구 전체 생태계에 근본적인 변화를 가져왔다고 한다.

약 4억년 전 바닷가에 식물이 나타나기 전에는 육지에는 동물이 하나도 없었다. 식물은 땅에 뿌리를 내린 지 5천만년 만에 육지에 거대한 숲을 형성하여 동물의 상륙을 위한 무대를 마련해 놓았다. 식물의 초창기는 겉씨식물로 바람에 꽃가루를 날려 보내 수분(受粉)하는 방법으로 번식을 할 수 있었다. 그러나 2억 3천만년 전 삼척기에 지구의 지각운동이 일어나기 시작하며 초대륙판이 분열하기 시작하면서 지구 생태계에 변화가 일어난다. 심한 화산활동의 결과 대기 중의 이산화탄소 농도가 2~4배로 올라갔다. 그리고 이산화탄소로 광합성을 하는 식물에게는 이상적인 환경이 되었다. 이러한 환경의 변화는 가뭄에 강한 겉씨식물과 함께 숲이 물가에서 퍼져나가 지구 전체를 덮는 것을 가능하게 했다. 그리고 먹이가 풍부한 숲에 다양한 초식성 동물들이 나타나게 된다. 그러나 공룡시대가 되면서 이 거대한 숲은 공룡의 먹이로 황폐화되어 갔다.

식물은 먹이의 원천으로 모든 동물들의 공격을 받았다. 숲은 자신은 아무것도 얻는 것이 없으면서 쥬라기(Jurassic period) 전체 생태계를 지탱해 주었다. 그러나 식물은 항상 동물보다 한발 앞서 진화해 나갔다. 식물계의 혁명은 바로 '꽃이 피는 식물'의 탄생이었다. 식물의 새로운 생존전략인 속씨식물이 등장하게 된 것이다. 곤충을 이용하는 것은 꽃가루를 바람에 날려 보내는 것보다 훨씬 믿을 수 있는 방법이었다. 식물은 곤충들을 끌어들이기 위해서 수술 밑에 '화려한 색'을 넣기 시작했다. 속씨식물, 즉 꽃을 피우는 현화식물(顯花植

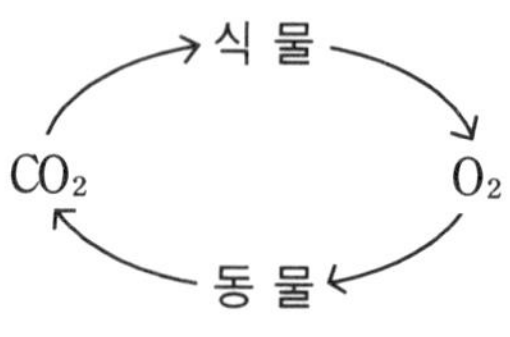

[그림] 식물과 동물의 되먹임고리

物)은 이렇게 탄생되었다.

동물을 위해 언제나 일방적으로 먹이를 주던 식물은 꽃을 피움으로써 곤충들과 협력관계를 맺기 시작했다. 속씨식물의 또 다른 장점은 겉모습이 멋질 뿐 아니라 성장속도가 빠르기 때문에 성체가 되는 시간이 짧고 그만큼 번식속도도 빠르다는 것이다. 꽃을 피우는 식물의 탄생으로 인해서 곤충들의 숫자도 폭발적으로 늘어났다. 그리고 현화식물(Phanero gamae)의 숫자가 늘어남에 따라서 큰 나무 숲의 숫자도 줄어 들었다. 그리고 이때부터 공룡들의 먹이였던 겉씨식물도 줄어들게 되었다. 이러한 식물계의 변화는 공룡의 멸종에 큰 역할을 하게 된다. 백악기가 되면서 현화식물이 번성하자 거대한 쥬라기의 공룡의 전성기는 끝이 났다. 거기다 속씨식물은 곤충 이외에 새로운 다른 협력자를 찾고 있었다.

백악기(Cretaceous period)의 어느 날 우리의 조상인 포유류가 야간행동을 시작한다. 최초의 포유류는 크기가 쥐만 했다. 속씨식물이 선택한 동반자는 이 작은 포유류였다. 포유류는 여러 방법으로 속씨식물의 열매를 널리 퍼트릴 수 있었다. 곤충과 협력관계를 형성해 씨앗을 생산하는 방법을 생각했던 속씨식물은 한 걸음 더 나아가 열매를 생산했다. 열매는 씨를 퍼트리기 위한 식물의 새로운 미끼였다. 이 미끼에 넘어간 것이 '포유류'였다. 열매를 먹고 난 다음 뱉거나 배설을 통해 나온 씨는 아주 먼 곳까지 퍼질 수 있었다. 식물은 직접 움직이지는 못하지만 이런 식으로 영역을 넓혀 갔다. 만일 공룡도 식물과 공생관계를 형성하여 식물의 씨앗을 전파하고 번식에 도움을 주었다면 식물은 공룡을 위해 더 큰 열매를 만들어 냈을지도 모른다. 그러나 공룡과 현화식물은 공생관계를 형성하지 못했다.

반면에 포유류는 자신과 식물 양쪽에 모두 이익을 보는 공생관계를 형성했다. 식물은 햇빛을 이용한 광합성으로 산소와 동물이 먹을 수 있는 음식을 만들어 주고 동물은 식물의 씨앗을 퍼트려 줄 뿐 아니라 식물에게 필요한 이산화탄소를 배출하여 서로 공생관계를 형성해 왔다. 그러나 인간은 산업사회로 발전하면서 지구 전체의 생태계를 파괴시키고 있다. 지구의 숲이 1년에 여의도 면적의 100배씩 없어진다고 한다. 공룡이 쥬라기의 숲을 황폐화 시켰던 것과 별로 다르지 않은 것이다. 미생물 이외에는 천적이 사라진 인류는 이제 지구 전체의 생태계의 운명을 쥐고 있는 것이다. 그러기 때문에 지구 생태계의 되먹임고리가 인간 때문에 깨어지는 일이 일어나서는 안 될 것이다. 인간은 지구의 암적 존재가 되어서는 결코 안 된다.

비선형 되먹임고리와 되먹임고리 메커니즘으로서의 조직

(1) 비선형성

고등학교 기하학 시간을 상기해 보면, 직선은 단순한 1차 방정식에 의해 만들어진다. 기울기 a와 절편 b만 알면 모든 학생이 직선을 그릴 수 있고, x의 특정한 값을 알면 y의 값을 예측할 수 있다. 선형성을 가정하는 뉴턴의 기계론적 관점에 의해 과거 300년 간 대부분의 현상이 설명돼 왔다.

뉴턴의 기계론적 세계관은 존재의 과학, 즉 실체에 초점을 맞추고, 혼돈이론은 생성의 과학, 즉 실체보다는 과정에 초점을 맞추고 있다. 조직 관리적 측면에서 보면, 의사결정이나 근로자의 업무수행성과보다는 의사결정 과정이나 근로자 관리방식에 초점을 맞춰야 한다는 것을 의미한다.

진자는 불과 다른 방식으로 운동한다. 우선 진자의 운동은 예측가능하나 불의 운동은 예측 불가능하다. 진자의 초기치를 알면 그 기계론적 체제의 운동 방향을 정확히 예측할 수 있으며, 초기치를 모른다 하더라도 진자의 운동 궤적을 관찰하면 미래의 방향을 예측할 수 있다.

우리가 흔히 볼 수 있는 조직은 진자처럼 운동하는 조직이다. 조직은 한 방향으로 움직이다가 체제의 항상성 유지 능력 혹은 환류 작용에 의해 그 반대 방향으로 선회한다. 예를 들어, 재고가 많이 쌓이면 생산량을 감소시켜 체제의 평형을 유지한다. 그러나 재고가 감소하면 다시 생산량을 증가시켜 일정 수준의 재고량을 유지한다. 즉, 조직은 이상적인 상태 혹은 평형상태를 지속적으로 유지한다.

조직의 변화에는 1차적 변화와 2차적 변화가 있다. 1차적 변화는 바람직한 체제의 상태, 즉 평형상태로 복귀하기 위해 하던 일을 좀 더 많이 하거나 덜 하는 경우에 나타나는 변화다. 소비자의 대기 시간을 줄이기 위해 조직 내의 정보 관리 체제에 더 많은 돈을 투자한다. 시장에서 경쟁력을 회복하기 위해 특정상품의 가격을 인하한다. 근로자의 생산성을 향상시키기 위해 더 많은 임금을 지불한다. 이러한 1차적 변화는 가역적인 반면에 2차적 변화는 비가역적이다. 2차적 변화는 우리가 해오던 것을 증가시키거나 감소시키는 대신에 이전에 해오던 것과 다른 것을 할 경우에 발생한다. 예를 들어, 임금수준을 단지 향상시키기보다는 사내 주식, 부가급여(fringe benefit), 포상제도 등 새로운 형태의 보상 제도를 시도할 수 있다.

1차적 변화와는 달리 2차적 변화에는 조직이 새로운 방향으로 이동하는 선택점이 있다. 혼돈이론에서는 이것을 분기점이라고 하는데, 분기점에 다다를 경우 비가역성으로 인해 원래의 상태로 돌아갈 수 없다. 일단 근로자들에 대한 보상 체제를 변경하고 나면 노조의 반발로 인하여 원 상태로 돌아가기란 쉽지 않은 것이다.

조직 관리자는 조직 구성원의 예측할 수 없는 행태에 속수무책이었다. 그러나 일정한 패턴을 유지해 주는 끌개를 찾아 내면 혼돈에서 질서, 즉 종잡을 수 없는 행태에서 규칙적인 행태를 규명해 낼 수 있다. 조직 속의 개인이 하는 행동, 개인이 모인 집단의 군집 행동, 조직 행동 등은 돌연한 불연속적 변화를 보이기도 하는데, 이러한 변화를 설명하는 데 유용하다.

기업의 미래 예측을 위한 전통적인 방법은 시계열 자료 분석, 회귀 분석 등에 의존하나 혼돈이론의 위상 공간을 이용하면 전통적인 분석으로는 알 수 없는 것을 예측할 수도 있다. 나비효과가 작용할 경우 시장 점유율이 단 1%만 변해도 큰 영향을 미칠 수가 있다. 동일한 방정식이 어떻게 두 가지 상반된 결과를 나타낼 수 있는가? 이러한 위상 공간에 의한 분석은 비단 시장 점유율뿐 아니라 주가 변동, 재고량 변동 등 다양한 조직 관리 분야에 적용될 수 있다.

실제 사회 현상은 단순히 하나의 되먹임고리로 이루어진 것은 아니다. 수많은 편차증폭 되먹임고리와 편차상쇄 되먹임고리가 얽혀 있다. 예를 들어 인구 증가 모형을 보자.

사회 현상의 인과관계는 선형적인 것이 아니라 순환적인 것이기 때문이다. 따라서 변화를 되먹임고리적으로 생각해야 한다. 따라서 A가 B의 원인이라는 기계적인 인과성의 사고를 A가 B의 원인이 되고, 다시 B가 A의 원인이 될 수도 있다는 상호 인과성의 논리로 대체해야 한다는 것이다. 즉, 하나의 시스템 동역학을 이해하기 위해서는 편차증폭 혹은 긍정적 되먹임고리와 편차상쇄 혹은 부정적 되먹임고리에 초점을 맞춰야 한다. 로지스틱 방정식에서 이러한 되먹임고리성을 잘 반영하고 있다.

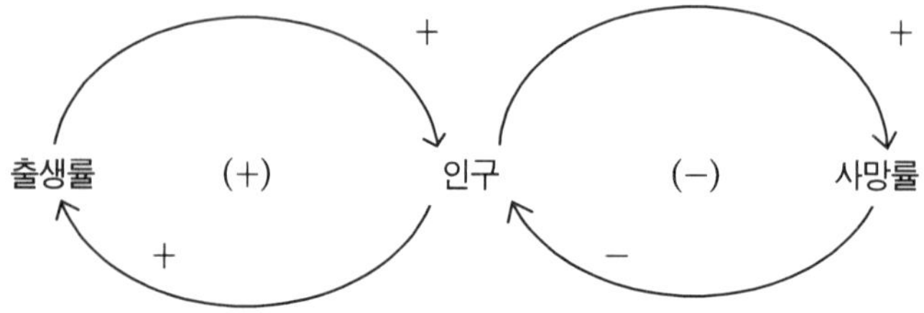

[그림] 인구증가의 되먹임고리 모형

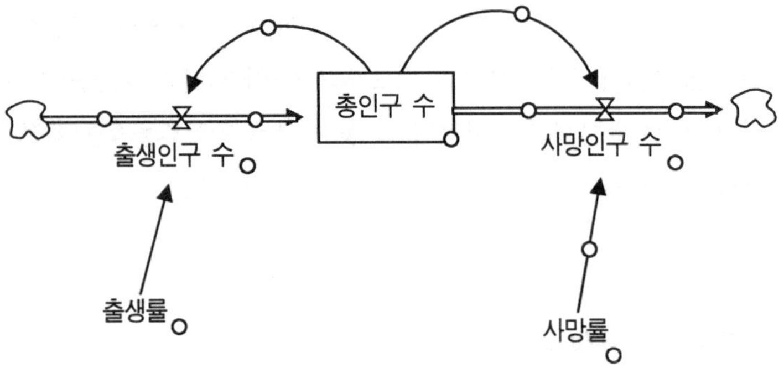

[그림] 로지스틱 방정식의 되먹임고리

위 그림에서처럼 현재의 출생인구는 총인구를 결정하는 데 영향을 주지만, 현재의 총인구는 다음 시기의 출생 인구를 결정하는 데 영향을 줌으로써 되먹임고리 구조를 갖는 것이다.

(2) 되먹임고리 메커니즘으로서 조직

복잡한 체계 내에서는 원인을 초래하는 원인들이 존재한다. 체계의 관계들을 도식화하고 그 경향들을 구체화함으로써 인위적인 '원인'과 '결과' 조작을 시도하기보다는, 체제를 규정하는 관계 양상에 영향을 미칠 적절한 간섭 행위를 규정지을 수 있다(Morgan, 1986).

> 경제학자들은 문제 해결에 답이 하나 이상이면 이를 비과학적인 것으로 간주하고 싫어 한다. 하나밖에 없고 예측 가능한 그들의 세계를 파괴하기 때문이다. 그들은 수확체감의 원리(principle of decreasing returns)에 자신을 옭아매고 있다. – 브라이언 아서 –

수확체감의 원리는 경제학의 근본 가정이었다. 그러나 아서는 수확체증(principle of increasing retruns)의 원리를 도입했다. 많은 경제현상 중에는 수확체감의 원리보다는 수확체증의 원리, 즉 편차증폭 되먹임고리가 적용되기도 한다는 것이다. 예를 들어 기술적으로 우월한 베타 방식의 비디오테이프보다 VHS가 널리 보급된 것이나, 쿼티(qwerty) 방식이 보편화된 것 등은 모두 한계효용체증의 법칙이 작용한 것이다.

오행론의 상생·상극과 되먹임고리

음양론이 어떤 조직이나 생명의 자기조직화와 관련이 있다면 오행론은 그 조직과 생명이 급변하는 환경의 변화에 따라서 능동적으로 대처할 수 있는 시스템, 즉 일종의 사후관리 체계와 연관이 있다.

오행론의 핵심은 순환적 인과성에 있다. 그러나 그동안 사회이론의 가설검증은 거의 모두 독립변수와 종속변수 간의 단선적 인과성(oneway causality)의 검증에 초점을 맞추고 있었다. 물론 선형구조관계를 이용하면 부분적으로 상호인과관계(reciprocal causality)를 검증해 볼 수 있으나, 되먹임고리모형(feedback loops model)을 검증할 수는 없다. 그러나 혼돈 이론에서는 되먹임고리 과정을 중요시한다. 대부분의 연구자들은 순환적인 사고를 하지 못하기 때문에 곤란에 처한다. 사회적인 문제가 계속 나타나는 이유는 일방향적 인과관계, 독립변수와 종속변수, 시발지와 종착점과 같은 것이 있다고 연구자들은 믿고 있기 때문이다. 그러나 사회현상의 대부분의 인과관계는 선형적인 것이 아니라 순환적인 것이다. 변화를 단선적으로보다는 연결고리적으로 생각해야 하며, A가 B의 원인이라는 기계적인 인과성(mechanical causality)의 사고를 A가 B의 원인이 되고 다시 B가 A의 원인이 될 수도 있다는 상호인과성의 논리로 대체해야 한다는 것이다.

그런데 순환에는 악순환과 선순환이 있다. 오행론에서는 이것을

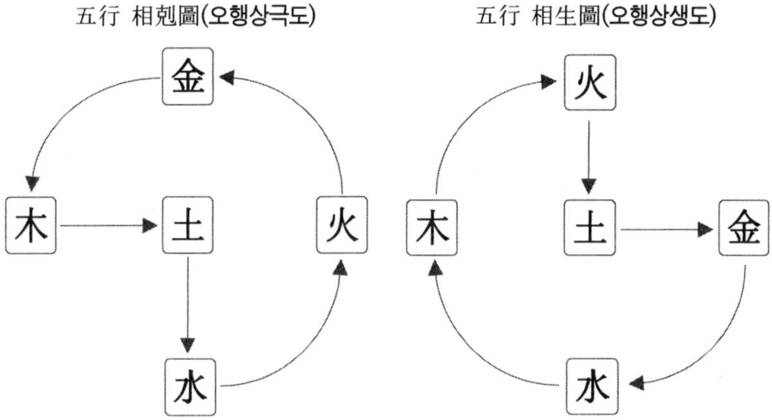

〈오행(五行)의 상극(相剋)·상생(相生) 순환도〉

상극과 상생이라 하고, 피드백이론에서는 부정적 되먹임고리(negative feedback)와 긍정적 되먹임고리(positive feedback)로 분리하고 있다.

한 변수에 있어서의 변화가 그 반대방향의 변화를 유발시키는 부정적 되먹임고리의 과정은 체제의 안정성을 설명하는 데 극히 중요하다. 반면에 긍정적 되먹임고리는 큰 변화가 더 큰 변화를 유발시키고 작은 변화는 더 작은 변화를 촉발시킴을 보여줌으로써 체제의 변동을 설명하는 데 유효한 것이다. 이 두 가지 되먹임고리 메커니즘은 왜 체제가 주어진 한 형태를 획득, 보존하려 하며 이 형태는 시간의 흐름에 따라 어떤 식으로 정교화되고 또 변환되어질 수 있는지를 설명해 줄 수가 있다. 그런데 체제동학 분석가들이 수년 간 주장해 온 바에 의하면 조직 내의 인과관계는 너무나 복잡하여 탐지하기 매우 어렵다는 것이다. 체제분석가는 복잡한 조직이 종종 초래하는 의도하지 않은 반직관적인 결과에 주목해 왔다.

그러나 피드백이론은 독립변수가 없는 음양론적인 단순한 순환적 시스템에 불과하기 때문에 조직 내의 복잡한 인과관계를 포착할 수 없는 것이다. 그런데 오행론에서는 그림에서와 마찬가지로 다섯 개의 독립변수와 그 독립변수 사이의 종속관계 —오행론의 상생과 상극시스템은 다섯 개의 독립변수를 복잡한 네트워크로 연결한다— 에 따른 복잡한 순환적 인과관계를 다루고 있기 때문에 조직 내의 복잡한 인과관계를 파헤칠 수 있는 힘이 있는 것이다.

:: 6

시스템이론과 격국론

system theory

- 무질서에서 질서를 창조하는 생명
- 전체는 부분의 합 이상이다 !
- 상은 하루아침에 이루어진 것이 아니다 !
- 인체를 살아있는 시스템으로 해석한 격국론

무질서에서 질서를 창조하는 생명

현대과학에서 영원한 진리로 받아들여지고 있는 '열역학 법칙'에는 다음과 같은 두 가지 법칙이 있다.

> 열역학 제1법칙(에너지 보존의 법칙):
> 우주의 물질과 에너지의 총량은 일정하다.
>
> 열역학 제2법칙(엔트로피의 법칙):
> 우주의 모든 엔트로피는 끊임없이 증대한다.

열역학 제1법칙은 1840년대 초에 로버트 마이어(Robert Mayer) 등에 의하여 '에너지 보존법칙'으로 확립된 이론으로, 우주의 모든 에너지는 결코 새롭게 생성되거나 소멸되는 일이 없고 오직 그 형태만이 바뀔 뿐이라는 것이다. 또한 열역학 제2법칙에서 말하고 있는 '엔트로피'(entropy)에 대한 정의는 독일의 물리학자 클라지우스(Rodolf Clausius)가 15년 간이나 연구한 끝에 창안한 개념이다. '엔트로피'란 단적으로 어느 계의 무질서한 정도를 나타내는 물리적 개념이다. 그러므로 '엔트로피'의 증대란 사용할 수 없는 에너지의 증가로 무질서 도를 나타내며, 물질과 에너지는 한 방향으로만 변화한다는 것이다. 다시 말하면 비가역적(非可逆的)으로만 바뀔 수 있다는 것이다. 즉, 사용할 수 있는 것으로부터 사용할 수 없는 것으로, 질서화 된 것으로부터 무질서화 된 것으로 변화한다는 것이다. 우주의 모든 것이 질서있는 상태로부터 시작하여 끊임없이 무질서를 향하여 치닫다가 열적 평형을 이루면 어느 곳에서도 열에너지를 얻을 수 없게 되어 드디어 열적 사망(heat death) 상태에 이르러 이 우주가 종말을 고한다는 것이다. 그런데 이 '엔트로피 법칙'에는 우주가 닫힌계라는 단서가 붙어 있다. 그러나 우리 우주는 과연 닫힌계일까? 그렇다면 빅뱅은 어떻게 일어났던 것일까? 그 수수께끼를 풀어 줄 단서는 어쩌면 '생명현상'에 있는지도 모른다.

우주에는 반 엔트로피를 만들어 내는 존재들이 있기 때문이다. 즉, 엔트로피 증가법칙에 대항하는 네겐트로피(negentropy)에는 지구, 생물계, 인간 등이 있다는 것이다. 그 중에서도 특히 생물은 그동안 38억년이나 엔트로피에 대항하여 무질서 속에서 질서를 추구해 왔으며 인간 또한 엄청나게 강력한 반 엔트로피의 창조자가 되었다. 자연 상태로 존재하는 각종 자원들을 가공해서 인공적인 형태로 문명을 형성해 나가고 있기 때문이다. 살아있는 모든 생물들은 하나같이 조직적인 질서를 나타내고 있다. 식물이든 동물이든 그것을 구성하고 있는 수십억 개의 분자들 모두 훌륭하게 조직되어 있다. 어떻게 보면 생명이라는 존재는 무질서라는 엔트로피의 강을 거슬러 올라가는 유일한 존재인 것이다. 인간만 하더라도 무려 100조(10^{14})개의 세포로 구성된 세포의 대 연방공화국이며, 이 중에서 세포 1개만 해도 대장균이 가지는 정보의 수천만 배가 넘는다. 이 모든 생명의 정보들이 어떠한 컴퓨터보다 더 질서정연하게 기능을 수행하고 있는 것이다.

최근의 유전자 연구에 의하면 대장균 1마리 속의 유전 정보가 책으로 기술된다면 브리테니카 백과사전보다 많으며 그 정보량은 1조(10^{12}) 비트에 해당된다는 사실이 밝혀졌다. 그런데 더 놀라운 것은 대장균의 DNA 합성속도는 30분 동안에 최고 450만 염기쌍이며 오차가 생길 확률은 십억분의 일($1/10^{9}$)에 불과하다고 한다. 그러나 최첨단 전자공학으로 만들어진 DNA합성기의 DNA 합성속도는 30분 동안에 5염기쌍에 불과하며 오차가 생길 확률은 백분의 일($1/10^{2}$)이나 된다고 한다. 즉, 대장균은 첨단 DNA 합성기보다 100만 배나 더 빠르고 1억 배나 더 정확한 것이다. 여기서 우리는 기적이란 단어를 따로 쓸 수 없을 것이다. 생명현상 자체가 기적의 연속이기 때문이다. 이와 같이 살아있는 모든 것은 위대한 조직과 질서를 나타내고 있다. 한 사람의 생명이 유지되기 위해서는 인체의 각 기관들이 유기적으로 질서있게 움직여야 생명이 존속될 수 있듯이 모든 생명체는 전체적인 조직과 질서가 중요하다.

전체는 부분의 합 이상이다.

20세기에 들어와서 일어나기 시작한 기계론적 패러다임에서 생태학적인 패러다임으로의 대전환 중에서 가장 핵심적인 사항은 부분과 전체에 대한 해석상의 역전현상이었다. 기계론적, 원자론적, 환원주의적 관점은 부분을 강조한 것이고 전일론적, 유기체론적, 생태학적 관점은 전체를 강조한 것이다.

20세기 과학의 가장 큰 충격은 시스템이 분석에 의해 이해될 수 없다는 것이다. 여러 부분의 특성들은 본질적인 특성이 아니라 보다 큰 전체의 맥락 속에서 이해될 수 있다는 것이다. 따라서 부분과 전체 사이의 관계가 역전된 셈이 되었다. 하이젠 베르크는 이러한 부분에서 전체로의 전환을 개념적 혁명의 가장 중심적인 측면이라고 보았다. 형태주의 혹은 게슈탈트(Gestalt) 심리학에서는 "전체는 부분의 합이 아니다."라고 단언한다. '게슈탈트'라는 말을 처음 사용한 철학자 에렌펠스는 전체가 그 부분의 합을 넘어서는 무엇이라는 주장으로 '게슈탈트'를 특징지웠다. 이 주장은 후일 시스템사상가들의 핵심적인 신조가 되었다.

베르트하이머(Mas Wertheimer)와 쾰러(Wolfgang Kohler)를 필두로 한 '게슈탈트'심리학자들은 환원 불가능한 전체의 존재를 인식의 핵심적인 특성으로 보았다. 그들은 생물이 사물의 고립된 요소로서가 아니라 통합된 인식패턴, 즉 의미있는 조직된 전체로서 받아들이며 조직된 전체는 그 부분들에서는 존재하지 않는 특성들을 드러낸다고 주장했다. 게슈탈트 심리학의 이런 기본적인 가정 때문에 베르트하이머는 정신적인 경험을 그것의 각각의 부분으로 분석해 내려는 구성주의 심리학자들의 시도를 벽돌과 시멘트의 심리학이라고 비웃었다.

마음을 구성 요소들로 분석해 내려는 구성주의 심리학자들의 시도와, 인간을 환경적 반응에 대한 수동적 반응자로 보려 했던 행동주의 심리학자들의 견해는 게슈탈트 심리학자들에 의해서 비판을 받게 되었다. 베르트하이머에 따르면 정신은 부분적인 자극에 대하여 수동적으로 반응하는 것이 아니라 자극들을 응집된 전체로서 조직화한다고 하였다. 그리하여 인지(認知)는 개별적인 감각 이상이 된다는 것이다. 예를 들면 음악에서 하나의 곡은 음표의 집합이 아니라 뉘앙스(앙상블)이다. 그러기 때문에 악기의 종류에 상관없이 인지될 수 있는 것이다. 멜로디는 특정한 원천(휘파람, 오케스트라, 허밍, 노래 등 어떠한 수단으로 연주되든지)에 의하여 발생되는 특정한 감각 연속의 결과가 아니다. 멜로디는 정신의 다양한 원천에 의하여 발생될 수 있는 감각들의 활동적 과정에 의지한 것이다.

우리는 세분화된 작은 업무에 너무 매달리다 보면 나무만 보고 숲은 보지 못하는 그런 일을 자신도 모르게 저지르며 살아갈 수도 있다. 등산을 하다 보면 등산객이 많을수록 앞에 가는 사람의 뒷모습만 보고 쫓아가다 중간에서 내려오는 사람이 있는가 하면, 필히 정상까지 올라가서 산 아래 펼쳐진 온 천지를 한순간이라도 관조하고 내려오는 사람들이 있다. 전자에 해당하는 사람들은 숲은 보지 못하고 나무만 보고 내려오는 것이나 다름없다. 우리가 굳이 힘이 들어도 정상에 오르려고 하는 것은 바로 산속의 나무만 보지 않고 산 전체의 경관을 보려고 하기 때문이다.

상(象)은 하루아침에 이루어진 것이 아니다!

원자의 차원에서 볼 때는 나고, 죽고, 썩는 모든 것이 단지 원자들의 배열만 바뀌는 것일 뿐이다. 모든 광물들은 각각의 독특하고 다양한 결정(結晶), 즉 상(象)을 가지고 있다. 결정은 광물을 이루는 원자나 이온의 규칙적인 배열로 인하여 규칙적인 면으로 둘러싸여 있는 물체를 말한다. 따라서 이러한 광물들의 결정모양은 광물을 구별할 수 있는 중요한 단서가 된다. 광물들은 종류에 따라서 쪼개짐과 깨짐이 나타난다. 쪼개짐은 광물에 타격을 가했을 때 일정한 방향으로 평탄하게 쪼개지는 성질을 말하고, 깨짐은 방향성없이 깨지는 성질을 말한다. 이렇게 쪼개짐과 깨짐의 성질이 나타나는 것도 원자의 배열 상태 때문이다. 광물들은 대부분 일정한 내부 원자배열에 따라서 외부적으로도 규칙적인 다면체의 결정을 나타낸다. 고체물질의 원자배열 구조는 크게 결정체와 유리질로 분리할 수 있다. 여기서 결정체란 원자가 주기적 배열을 하고 있는 상태이며 유리질은 내부의 원자가 규칙성 없이 무질서하게 배열되어 있는 물질을 말한다.

광물에서 원자배열의 차이가 얼마나 크게 작용하는지는 다이아몬드와 탄소의 예를 보면 극명하게 드러난다. 탄소가 없는 지구는 상상조차 할 수 없다고 한다. 탄소는 모든 유기물의 기본구조를 이루어 생명현상을 유지시키고 자연계를 순환하며 생태계를 안정시키기 때문이다. 탄소는 또한 그 모습을 바꿔가며 다양한 특성을 보이는데 흑연, 다이아몬드, 풀러렌, 탄소 나노튜브 등으로 일상생활에서부터 미래과학의 첨단소재로까지 널리 이용되고 있다. 탄소는 자신과 같은 탄소끼리 어떻게 손을 잡느냐에 따라서 구조가 달라져 다양한 모습으로 변모한다. 또 탄소는 다른 원자들과 결합하면서 온갖 모양을 순식간에 만들어 지구가 생명의 행성으로 존재할 수 있는 원료를 제공한다. 탄소는 지구상에서 13번째로 많은 원소로 원자번호는 6이고 질량수가 10, 11, 12, 13, 14인 5종류가 있다. 모두 전자 6개, 양성자 6개로 되어 있지만 질량수에 따라 중성자 개수가 다르다. 탄소는 6개의 전자 중에서 2개의 전자는 원자핵에 매여 있고 나머지 4개의 전자가 외각전자로 되어 있다. 그런데 이들 4개의 외각전자가 어떤 배치를 하느냐에 따라서 흑연이 될 수도 있고 다이아몬드가 될 수도 있다. 다이아몬드는 탄소의 4개의 전자가 공유결합을 위한 팔을 뻗어 정사면체의 꼭지점에서 다른 탄소와 결합을 하기 때문에 전기 전도성이 없는 다이아몬드가 된다. 물론 결합력 또한 강해서 경도도 높아지게 된다.

다이아몬드는 고강도성, 고열전도성, 고전압 안정성과 같은 특이한 물리적 특성을 가지고 있어서 물질과학 연구에 있어서 아주 특별한 위치를 차지하고 있다. 1797년에 다이아몬드가 탄소원자로 구성된 준안정 결정체라는 것이 알려진 이래로 다이아몬드 제작을 위한 많은 연구가 이루어지고 있다. 반면에 흑연은 탄소의 4개의 전자 중 3개는 평면에서 120°로 결합할 수 있는 팔을 만들고 나머지 한 개의 전자는 평면에 수직으로 팔을 뻗어서 다른 탄소와 결합한다. 동일평면상에서 결합되어 있는 힘은 강하나 아래위에 겹쳐져 있는 면들 간의 결합은 약하다. 그러기 때문에 흑연층 간의 결합은 파괴되기 쉽

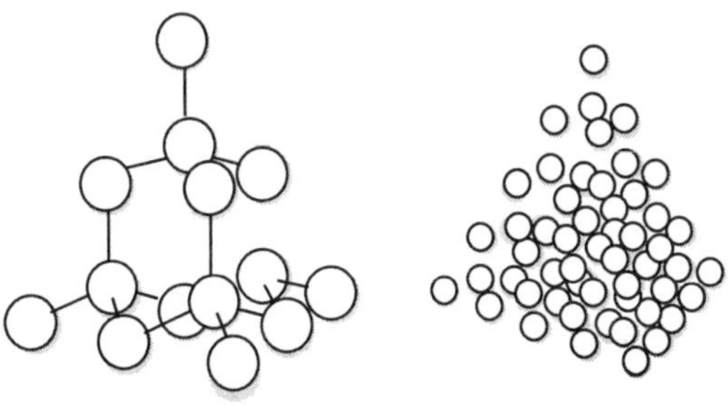

[그림] 다이아몬드의 원자배열 사진

고 윤활성이 좋다. 이러한 성질을 이용한 것이 연필심과 같은 것이다. 흑연의 평면에 수직된 방향으로 결합을 이루고 있는 전자는 평면을 따라 쉽게 움직일 수 있어서 흑연은 전기를 잘 통하는 물질이다. 이런 전자들은 가시광선 영역의 빛을 모두 흡수하기 때문에 흑연을 비롯한 탄소재료의 대부분이 검은색을 띄게 된다. 반면에 다이아몬드는 탄소의 외각전자들이 모두 탄소와 탄소사이에 묶여 있어서 가시광선을 흡수하지 못하기 때문에 투명하게 빛나는 것이다.

그러므로 탄소는 결합하는 방법에 따라서 다이아몬드와 흑연으로 그 운명을 달리하게 된다.

인체를 살아있는 시스템으로 해석한 격국론(格局論)

생명의 본질을 가장 잘 이해할 수 있는 '시스템적 사고'는 20세기에 들어와서 수십년 동안에 걸쳐서 연구되어 왔다. 1944년에 오스트리아의 물리학자 어빈 슈뢰딩거(Erwin Schrodinger)는 「생명이란 무엇인가?」 라는 책을 통해서 유전자의 분자구조에 대한 매우 분명하고 설득력 있는 가설을 제기했다. 이 책은 생물학자들이 이전까지와는 전혀 다른 새로운 방식으로 유전학을 생각할 수 있는 계기를 마련해 주었으며, 생물학자들은 그런 과정에서 '분자생물학' 이라는 과학의 새로운 지평을 열게 되었다. 분자생물학자들은 생명을 구성하는 가장 기본적인 구성요소를 찾아 내는 데 성공하므로써 이 새로운 과학 분야는 일련의 성공적인 발견을 이루었고, 이러한 행진은 유전암호를 밝혀 내면서 그 절정에 이르렀다.

그러나 복잡한 생명의 조직과 현상은 유전자 분석만으로는 생명체의 행동을 올바르게 이해하는 데 부족했다. 예를 들어서 '우울증'

의 문제는 한 개의 유전자 문제가 아니라 여러 개의 유전자들의 연결 문제이다. 그러므로 각각의 질병들은 하나의 유전자와 관련된 문제로 볼 것이 아니라 생명의 총체성이라는 측면에서 접근해야 하는 것이다. 통합된 전체로서의 살아있는 유기체, 즉 생명의 움직임은 부분에 대한 연구만으로는 올바로 이해될 수 없다. 시스템이론가들이 주장하듯이 전체는 부분의 합 이상의 무엇이기 때문이다.

그런데 동양의 사주학자들도 이미 13세기에 부분이 전체의 합이 아니라는 사실을 간파하고 있었다. 당나라 때까지만 해도 사주학자들은 출생한 년·월·일·시를 따로따로 해석하여 인간의 앞날을 예측하려고 시도했다. 그러다가 송나라 때에 와서 일간(日干) 중심의 자평명리학(子平命理學)[13]이 등장하면서 사주라는 것이 사주팔자의 부분들인 간지(干支)[14] 한 자 한 자를 따로따로 분리하여 해석하는 것은 별 의미가 없다는 것을 깨닫게 되었다. 그리하여 나온 것이 격국론(格局論)인데, 이 격국론이야말로 사주 전체에 기후학적으로 가장 큰 영향을 주는 월지(月支)를 중심으로 한 사주팔자를 단순한 부분의 합이 아닌 하나의 살아있는 시스템으로 보고 사주 전체를 해석하였던 것이다.

복잡하고 고도로 통합적인 살아있는 시스템인 생명을 이해하기 위하여 일리야 프리고진, 움베르토 바투라나, 프란시스코 바렐라, 린 마굴리스, 브누아 만델브로, 스튜어트 카우프만 등 전 세계의 저명한 연구자들이 도전해 왔다. 그들은 동역학 시스템이론, 복잡계이론, 비선형 동역학, 연결망 동역학, 카오스적 끌개, 프랙탈, 흩어지는 구조, 자기조직화 등등…… 각자 생소한 언어로 다양한 분야에서

---

13) 자평명리학(子平命理學): 송나라의 서승(徐升)이 당나라 때 형성된 사주학과 이허중(李虛中)의 년주(年柱) 위주의 사주학을 완전히 탈피하여 일간(日干) 중심의 새로운 방법을 개척하여 세운 근대 사주학.

14) 간지(干支): 사주학의 기초단어인 십간(十干)과 십이지(十二支).

동시 다발적으로 전문적인 논문과 저서들을 내놓았다. 그런데 이들이 발표한 이론들은 지금까지는 상상도 못했던 것들로서 현대 과학계에 거의 혁명에 가까운 충격을 주었다. 이들이 주장하는 생명에 대한 새로운 이해는 기계론적 세계관에서 생태학적 세계관으로의 패러다임 전환을 의미하는 것이었다.

생명에 대한 시스템적 관점(The Systems View of Life)과 20세기 전반부터 수십년 동안 발전해 온 살아있는 시스템에 대한 이론과 모형들의 종합은 정신, 물질 그리고 생명에 대한 하나의 통일된 견해를 제공하는 새롭게 등장하는 이론들이다. 살아있는 시스템들의 모든 수준에서 —유기체, 사회 시스템, 그리고 생태계 측면에서— 이루어지고 있는 생명에 대한 새로운 과학적 이해는 과학과 철학뿐 아니라 경제, 정치, 건강, 교육, 그리고 일상생활에 이르기까지 폭넓은 함축을 갖는 실재에 대한 새로운 인식을 그 기반으로 삼고 있다. '시스템사고'를 선구적으로 제기한 사람들은 생물을 통합된 전체로 보는 견해를 강조하는 생물학자들이었다. 이러한 시스템적 사고는 게슈탈트 심리학과 새로운 생태학에 의해 좀 더 풍부해졌고 양자물리학을 통해서 가장 극적인 영향을 받았다.

생화학자인 헨더슨(Lawrence Henderson)은 생물체와 사회적 시스템 모두를 나타내는 데 '시스템'이라는 개념을 처음 사용하면서 상당한 영향력을 발휘했다. 그 이후 '시스템'이라는 말은 그 부분들 사이의 관계에서 본질적인 특성이 발생하는 통합된 전체를 뜻하게 되었으며 '시스템적 사고'는 어떤 현상을 보다 큰 전체라는 맥락 속에서 이해하는 것을 가리키게 되었다.

어떤 현상을 '시스템적'으로 이해한다는 것은 문자 그대로 그것을 그 맥락 속에 넣는 것 즉, 그 연관성의 본질을 확인하는 일을 뜻하기 때문이다. 생물학자 우드거(Joseph Woodger)를 비롯해서 유기체 생물학자들은 살아있는 유기체, 즉 생물의 조직 특성 중 하나가 그 계층적 본성에 있음을 강조했다. 실제로 모든 생물의 두드러진 특성은 그 시스템 속에 다층구조를 생성하는 경향이 있다는 점이다.

이러한 각각의 구조들은 그 부분들의 관점에서는 전체를 형성하지만, 동시에 그보다 큰 전체에 대해서는 부분이 된다. 가령 세포들이 모여서 조직을 이루고, 조직이 모여서 기관을 형성하며, 여러 기관들이 하나의 유기체를 구성하는 것이다. 이러한 다층구조는 사회시스템이나 생태계 내에서도 존재한다.

20세기의 전반부 동안 유기체설 생물학자들에 의해서 개진되었던 개념들은 연결성, 연관성, 맥락 등의 측면에서 새로운 사고방식인 '시스템적 사고'를 낳았다. 이러한 시스템적 관점에서 볼 때 유기체, 즉 생물시스템의 가장 본질적인 특성들은 그 부분들은 가지고 있지 않은 전체의 특성들이다. 이 특성들은 부분들 사이의 상호작용과 연관성에서 발생한다. 이 시스템이 물리적으로나 이론적으로 분리되어 고립된 요소들로 나누어질 때 이러한 특성들은 사라진다. 우리는 모든 시스템에서 그 개별 부분들을 식별할 수 있지만, 이 부분들은 고립되어 있는 것이 아니다. 그리고 전체의 성질은 항상 그 부분들의 단순 합과는 다르다. 시스템적 접근 방식에서 부분의 특성들은 전체의 조직이라는 측면에서만 이해될 수 있다. 따라서 '시스템적 사고'는 기본적인 구성 재료에 초점을 맞추는 것이 아니라 기본적인 조직원리에 강조점을 둔다. 시스템적 사고는 분석적 사고에 반대된다는 점에서 맥락적(contextual)이다. 분석이란 어떤 대상을 이해하기 위해서 잘게 나눈다는 것을 뜻한다. 그에 비해서 시스템적 사고는 그 대상을 보다 큰 전체라는 맥락 속으로 통합시킨다.

'시스템적 사고'의 가장 일반적인 핵심은 부분에서 전체로의 전환이다. 살아있는 시스템들은 그 특성이 보다 작은 부분들의 특성으로 환원될 수 없는 전체 속으로 통합되어 있다. 그 본질적인 또는 '시스템적'인 특성들은 전체에서 창발되는 특성이며 그 전체를 구성하고 있는 부분들은 그런 특성을 갖지 않는다. 시스템의 특성들은 그 시스템이 고립된 요소들로 분해될 때 파괴된다. 그러니까 살아있는 시스템들은 분석이라는 방법을 통해서 이해될 수 없다. 부분들의 특성은 본질적인 특성이 아니며 보다 큰 전체라는 맥락 속에서만 이해될 수 있다. 따라서 시스템적 사고는 맥락적 사고이다. 궁극적으로 －양자물리학이 극적으로 입증해 주었듯이－ 부분이란 결코 존재하지 않는다. 우리가 부분이라고 부르는 것은 단지 분리할 수 없는 관계의 그물 속에 나타난 하나의 패턴일 뿐이다. 따라서 부분에서 전체로의 전환은 대상에서 관계로의 전환이라고 볼 수 있다.

모든 생물들이 궁극적으로 원자와 분자로 구성된다는 것은 사실이지만, 생물이 원자나 분자들에 불과한 것은 결코 아니다. 생물에는 그 밖의 다른 비물질적이고 환원 불가능한 무엇이 있다. 그것은 바로 조직패턴이다. 시스템이라는 관점에서 볼 때, 생명에 대한 이해는 패턴의 이해에서 시작되는 것이다. 이와 같이 살아있는 생명은 조직패턴이 가장 중요하다.

인간의 유전자를 해독한 결과 얻은 결론은 유전자에는 좋은 유전자, 나쁜 유전자가 존재하는 것이 아니라 여러 단계의 네트워크가 존재한다는 것이다. 가장 중요한 문제는 세포 속에 존재하는 복잡한 조직들을 네트워크의 관점에서 규명하는 것이다. 사주에서도 좋은 간지, 나쁜 간지가 따로 있는 것이 아니라 다만 간지들의 조합인 격국(格局)에 따라서 희비가 교차될 뿐이다.

:: 7

혼돈과 자기조직화체제

chaos & self-organizing system

- 혼돈과 자기조직화체제
- 자기조직화체제의 특성
- 자기조직화 패러다임의 학제적 논의
- 복잡계과학을 앞서가는 사주학의 창발시기 예측

혼돈이론(chaos theory)과 자기조직화체제(self-organizing system)

과학적으로 혼돈이론은 체제가 하나의 형태에서 다른 형태로 변화할 때 겪게 되는 격변 즉 혼돈적 상태에 대하여 설명하고 있는 이론이며, 자기조직화이론은 체제가 그러한 혼돈적 상태로부터 혁신과 새로운 질서를 창조해 나가는 역동적 과정에 대한 보다 구체적인 설명을 위한 이론이다(Stacey, 1993). 따라서 자기조직화이론은 그 내용 자체로서 체제(systems)의 역동적 변화에 대한 새로운 관점인 혼돈이론을 바탕으로 하고 있는 것으로, 사회체제를 분석하는 조직이론 등의 사회과학에서도 혼돈이론에 입각하여 자기조직화이론을 전개하고 있다(Jantsch, 1980).

조직이 역동적 요동을 통한 새로운 질서(new order through dynamic fluctuations)인 자기조직화하는 체제로 환골탈태하려면 요동의 발생이 필요하다. 이 요동은 조직 내의 구조 및 과정으로부터 창조될 수 있다. 관료제적 조직은 혼돈이 완전히 제거된 조직을 대변한다. 그러나 조직이 끊임없이 진화하려면 조직 내의 구성요소들 간의 자유가 허용될 필요가 있고 구성요소간의 창조적인 갈등을 만들 필요가 있다. 예를 들어 자율적 근무 집단, 타스크 포오스(task force), 프로젝트 팀(project team) 등은 이런 진화에 필요한 조직구조의 예이다. 조직 내의 계층적 지위와는 무관하게 구성원간의 자유로운 토론을 허용하는 문화가 장기적인 요동의 창조를 확보해 줄 수 있다. 우리 사회와 같이 다분히 권위주의적인 문화를 지닌 조직의 경우 이러한 점은 시사하는 바가 크다.

역동적 요동을 통한 새로운 질서로서의 자기조직화체제는 어떻게 결정되는가? 이러한 체제의 형태는 우연적인 요동이나 초기조건의 사소한 차이에 좌우되기 때문에 장기적인 예측은 불가능하나, 우연에 의한 질서가 형성될 확률은 아주 낮기 때문에 이러한 질서의 형성은 자기조직화체제에 적용되지 않는다. 사회체제에 있어서는 환경의 변화에 대해 의도적 혹은 선택적으로 요동에 반응하기 때문에 질서를 유지해 나갈 수가 있다. 따라서 조직과 같은 사회체제는 우연적 요동에 동요되지 않는 것이다. 그 대신 조직 내의 특정 요동 현상이나 정보의 흐름을 선택적으로 증폭시킴으로써 자기조직화하는 새로운 질서를 즉, 분산구조를 형성해 나가는 것이다.

자기조직화체제는 조직 관리상 관료제를 이념형으로 하는 계층형 조직과 정반대의 관점을 취한다. 관료제형의 조직은 그 공식적 구조에서 비롯되는 형식합리성(形式合理性)으로써 업무처리 효율성의 극대화를 도모하여 일탈적(逸脫的) 행동, 즉 동요(動搖), 혼돈(混沌)을 모두 통제의 대상으로 간주하고, 負(−)의 되먹임고리, 즉 편차상쇄 되먹임고리(deviation−counteracting feedback loop) 기능을 도모하는 점에 특징이 있다. 이에 대해 자기조직화하는 조직은 종래의 관료제형 조직의 관점에서 보면 극히 불안정하여, 형식합리성을 수행하기 어려운 형태를 취한다. 또한 일탈적 행동을 오히려 창조와 혁신의 원천으로 간주하고 이를 적극적으로 환기, 조장하는 正(+)의 되먹임고리, 즉 편차증폭되먹임고리(deviation−amplifying feedback loop) 기능을 도모하는 점에 그 특징이 있다(Choi, 1995; 최창현, 1993).

자기조직화하는 조직은 기존의 질서에 안주하기보다는 환경의 변화에 신속히 대응하고, 나아가 환경의 변화에 앞서서 끊임없이 자기혁신을 도모함으로써 환경변화에 창조적으로 대처하게 된다. 전통적인 접근법으로서의 평형모델의 목표는 조직과 환경간의 균형 상태를 유지함에 있다. 평형모델은 개방체제의 관점에서 비롯하고 있으며 그 전제는 환경조건에 대한 적응에 있다. 그러나 이 모델은 조직과 환경간의 상호의존성을 처음으로 설명하고 있기는 하지만, 이는 단지 어떤 일정한 파라메타 내에서 운영되고 있는 시스템들에 대해서만 적용이 가능하다(Gemmill & Smith, 1985). 따라서 이 모델은 통제 불가능한 환경의 격변의 결과 발생하는 조직 내의 정치적, 문화적 질서에 대한 근본적 변화 즉, 조직의 변형적, 비연속적 변화(transformational, discontinuous change)와 같은 현상은 설명하지 못하고 있다(Tichy & Ulrich, 1984).

조직이 환경에 수동적으로 적응할 수 있거나 아니면 적극적으로 환경을 조작하거나, 혹은 환경과 상호작용할 수 있다는 기존 조직이론의 대전제는 질서정연함 속의 질서(order in the orderliness), 즉 분석 가능한 환경을 상정하는 균형모형의 경우에만 타당한 것이지, 혼돈으로부터의 질서(order out of chaos), 즉 분석 불가능성을 상정하는 비균형모형의 경우에는 변화나 갈등을 당연한 것으로 간주하는 것이 유용할 수도 있다. 환경에 대한 분석 가능성을 가정하는 경우에만 계획적 변화는 가능하다. 환경이 급변하는 경우 제한적 인지능력을 극복하거나 체제의 안정성을 유지하기 위해 문제해결책을 정형화하려는 경향이 있으나 이러한 정형화는 하나의 흐름에 불과하다. 일반적으로 균형모형은 체제의 균형을 파괴할 우려가 있는 변화를 위기로 인식하나, 비균형모형에서는 자기혁신의 호기로 인식될 수 있다. 문자 그대로 위기는 위험과 기회를 동시에 함축하고 있는 것이다. Leifer(1989)는 환경으로부터의 위기가 증가함에 따라 환경의 분석 가능성이 떨어질 뿐만 아니라 항상성의 유지 자체가 곤란해지는 분기점(bifurcation point)에까지 이른 경우 균형모형은 이를 체제가 직면한 위험으로 보나, 자기조직화 관점에서 보면 이러한 위기상황은 조직으로 하여금 요동을 통한 새로운 동태적 질서(new dynamic order through fluctuations)를 추구할 수 있는 기회를 제공해 준다는 것이다(혼돈이론에 입각한 자기조직화 관점에 대한 상세한 논의는 최창현(1993) 참조).

조직의 활동에 있어서 "요동"에는 어떠한 것이 있는가? "요동"의 종류는 상당히 많다고 할 수 있다. 지방자치단체의 경우 가장 알기 쉬운 것은 지방재정의 요동이며, 조직의 변화, 혼돈과 혼란, 긴장 등 모든 것을 "요동"으로 취급해도 좋다.

분산구조는 분기점을 막 지난 시점에서 환경적 동요를 억제하기 보다는 조직변형을 창출해 나가기 위하여 조직 내부적으로 동요의 창조를 강조하게 된다(Jantsch, 1980).

분산구조 모델은 조직의 위기적 상황이나 조직이 부적응적으로 기능하는 상황이라 할지라도 조직의 새로운 질서의 형성을 위해서는 환경적 동요에 대한 개방성과 그러한 개방성의 지속성이 중요함을 강조한다. 이러한 행동은 뉴턴적 관점에서는 반직관적인 것으로 보여질 수도 있으나, 분산구조 모델의 관점에서는 그것이 바로 적응의 핵심인 것이다(아래 그림 참조).

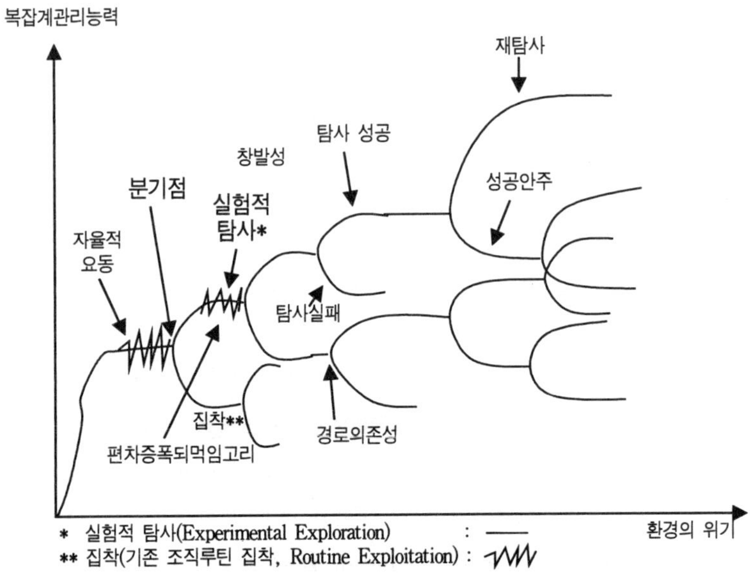

[그림] 자기조직화체제의 조건

* Leifer, R.(1989), Understanding Organizational Transformation Using a Dissipative Structure Model, *Human Relations* vol. 42.를 필자가 수정, 보완한 것임.

그러나 환경변화의 폭과 깊이가 전통적인 대응 메커니즘이 더 이상 작용하지 않거나, 비효율적으로 작용하는 상황 하에서는 혁신적인 접근방법이 가장 합리적인 선택대안이라고 할 수 있다. 즉, 분산구조 모델은 안정보다는 변화에 대한 반응을, 조직적 평형보다는 조직적 변형을, 환경의 풍부함보다는 환경적 엔트로피(즉 환경적 결핍)를, 환경적 질서보다는 환경적 혼돈을 강조함으로써, 조직변화에 대한 전통적인 접근법을 대신하는 하나의 새로운 접근대안이라고 할 수 있다.

이처럼 '평형으로부터 멀리 떨어진 행동(behavior away from equilibrium)'과 '동요를 통한 질서(order through fluctuations)'를 강조하는 비평형 모델 혹은 패러다임(non-equilibrium model or paradigm)으로서의 자기조직화 모델은 조직변화를 연구하기 위한 보다 적절한 모델을 형성해 주고 있다(Pondy &Mitroff, 1979, p33).

자기조직화체제의 특성

환경변화에 대응하는 조직들의 반응행태에 관한 접근법들을 살펴보면, 탄력적(more flexible)인 구조를 가지고 있는 조직은 경직적(more rigid)인 조직에 비해 환경변화에 대응하여 신속한 대응을 해나갈 수가 있다(Kiel, 1993). 변화에 대한 조직의 대응능력에 따라서 기존구조의 재구조화 즉, 자기조직화의 과정은 촉진되어진다. 조직은 외부적 환경요인의 역동적 변화로 인하여 쇠퇴하거나 새로운 차원으로 성장, 발전해 나갈 수가 있다.

조직이 환경변화에 대응하여 진화해 나갈 수 있도록 해주는 것은 기본적으로 시스템 내에 축적되어 있는 내부적 자기조직화의 요인들 즉, 시스템이 지닌 자기조직화의 특성들이다. 시스템이 증가된 환경복잡성과 일치하지 못함으로써 발생하게 되는 과도한 엔트로피에 의해 압도되거나 소멸되지 않도록 막아 주는 것은 바로 시스템이 지닌 자기조직화의 능력이다(Kiel, 1993).

Nonaka(1988)는 외부 환경요인의 변화에 대응하여 조직이 쇠퇴하지 않고 성장, 진화해 나갈 수 있는 조직이 되기 위해서는, 다음과 같은 6가지의 기본적인 자기조직화 특성들이 조직에 내재되어져 있어야 함을 강조하고 있다.

(1) 동요의 창조(creation of fluctuations)

시스템이 자기조직화를 통한 새로운 질서의 창출과정은 '동요를 통한 질서'의 형성과정이다. 즉, 시스템이 새로운 차원으로 진화해 나가기 위한 자기조직화의 계기는 시스템의 구조요인을 질적으로 변화시키는 변수인 '동요'의 발생에 의해 비롯된다(Jantsch, 1980; Nicolis & Prigogine, 1980).

동요란 자유도, 우연성(randomness), 애매성, 불안정성 등을 포함하는 광의의 개념으로서, 기존 질서에 대한 의문과 기존 사물의 의미나 견해에 대한 혁신적 시각 등을 제기하는 것을 말한다. 이러한 동요는 환경이 만들어 내는 경우와 조직이 주체적으로 만들어 내는 경우가 있다. 현실적으로 양자간에는 상호작용이 있지만 새로운 질서의 형성을 위해서는 조직 내에서 의도적, 제도적으로 환경의 변화와 연동하여 창조적으로 요동을 발생시키는 편이 유효하다. 자기조직화 조직에서 창조적으로 발생시키는 동요는 이른바 '진화형 동요(進化型 動搖)'로서, 구성원들의 다양한 창조적 사고나 혁신적 발상, 미래 지향적 행동 등의 유발을 의미한다. 이러한 동요들은 조직이 엔트로피에 의해 압도되거나 소멸되지 않도록 막아 줌으로써, 조직이 새로운 구조를 창조해 나가는 동인(動因)이 된다.

구체적으로는, 공무원 개개인의 독창적, 혁신적 아이디어의 적극적 발굴, 타지방자치단체에 비해 더 나은 행정서비스의 개발 및 도입, 전략적으로 중요한 시점에는 현행직무와는 관계없이 과감한 인사이동을 통한 이종혼합의 실시, 수시로 다양한 전문 신인이나 중견간부의 외부로부터의 채용, 새로운 조직과 제도를 끊임없이 형성하는 것 등이 새로운 질서의 창조를 위한 계기로서의 동요를 조직 내에서 주체적으로 발생시키는 예라고 할 수 있다.

(2) 자율성(autonomy)

관료제와 같이 경직된 조직은 동요의 발생을 철저하게 배제한다. 그러나 개인의 자율성 혹은 주체성이 배려되어져 있는 조직(Morgan, 1986), 조직단위가 자율성을 유지하면서 느슨하게 연결되어 있는 루－스 커플링(loose－coupling)형 조직, 혹은 유연구조 조직에서 제시하는 바와 같이, 자기조직화 조직에서는 개체의 높은 자율성을 강조한다. 구성원들에 대한 고도의 자율성 부여는 그들의 자유로운 발상능력을 촉진하고, 나아가 구성원 상호간의 다양한 아이디어 개발을 위한 경쟁상황의 조성을 촉진함으로써, 다양한 동요의 발생 가능성을 증대시키게 된다. 즉, 자율성이 있는 조직에서는 다양한 개체의 시점(視點)이 서로 부딪쳐서 보다 고차원의 정보를 창출해 내는 문화의 공존이 가능한 것이다. 요컨대, 자율성은 구성요소가 명령센터로부터 명령을 일일이 받지 않고도 자기가 수행해 나가야 할 기능을 스스로 창조하고, 형성하며, 변화시켜 나갈 수 있는 자기설계(自己設計, self－design)능력을 부여한다. 행정기관에서 준자율적 근무집단 및 연동근무제 등도 도입해 볼 수 있다. 조직 내에서 자율성을 존중함으로써 조직의 활력(vitality)을 고취해 나가는 것은 구성원들의 다양한 시점(視點)의 개발과 그들간의 자유로운 경쟁을 통한 창조적 동요의 발생을 촉진하게 된다.

(3) 자기초월(自己超越: self-transcendence)

자기조직화하는 시스템 내에서 발생하는 이러한 다양한 동요들은 어떤 일정한 기간 동안은 기대되었던 예측 가능한 행태를 보이게 된다. 그러나 어떤 기간에는 시스템의 내부 혹은 외부에서 발생한 어느 하나의 우연한 동요가 구성요소들의 비선형적 상호작용(nonlinear interactions)을 증폭시키게 된다(Kiel, 1989). 혼돈이론의 특질인 이러한 비선형적 되먹임고리작용이 시스템의 움직임을 지배하게 되는 상황에 이르게 되면, 체제는 초기조건에의 민감성에 의해 사소한 변화에도 안정상태의 경계를 넘어서서 불안정 상태로 접어들기 시작한다. 이러한 불안정 상태 하에서의 비선형적 되먹임고리작용의 가속화는 체제를 불안정의 임계점(critical point)에까지 밀어 붙이게 된다. 이러한 결정적 순간 즉, 분기점에 이르게 되면 기존지식이나 행동양식은 거부되고 시스템의 균형은 파괴(symmetry breaking)되어진다(Jantsch, 1980; Nicolis & Prigogine, 1980). 이와 같이 자기조직화체제에서는 체제 내부의 상호작용이 비선형적으로 증폭되어지면, 기존의 지식과 정보에 의해 유지되고 있던 안정상태의 질서를 창조적으로 파괴함으로써, 안정상태의 경계를 넘어서고자 하는 자기초월(自己超越, self-transcendence)의 메카니즘을 내재시키고 있다.

구체적으로, 조직에서 이와 같은 기존 균형의 창조적 파괴라고 하는 자기초월적 메카니즘을 실현해 나가기 위해서는, 개인이나 집단에 대하여 기존의 지식이나 정보로서는 대응이 거의 불가능한 극한적인 도전적 목표를 제시해 나가는 것이 필요하다(Nonaka, 1988). 구성원들에 대한 도전적인 과제의 부여는 기존의 지식이나 사고방식이 더 이상 기능하지 않는 정보의 부재(不在, zero) 상황을 조성함으로써, 동요의 증폭을 비선형적으로 가속화시키는 요인으로 작용하기 때문이다. 즉, 이러한 상황 하에서 구성원들은 도전적 과제의 달성에 필요한 새로운 지식이나 행동양식을 극한적으로 추구해 나가지 않으면 안 되고, 이는 결과적으로 자신이 지니고 있던 지식이나 사고방식으로부터의 완전한 탈피라고 하는 행동으로 나타나게 되는 것이다. 자신의 현재상황에 대한 창조적 파괴(creative destruction)라고 하는 자기초월적 메카니즘의 작용이 없이는 현 상황의 경계를 넘어서지 못하는 것이다. 이처럼 조직 진화를 위한 자기초월의 본질은 현재의 균형 상태에 대한 자기부정과 창조적 파괴에 있다.

(4) 동적협력성(動的協力性, micro－macro cooperation)

체제가 기존구조의 균형파괴를 통해 안정성의 경계를 넘어서서 비평형상태에 놓이게 되면, 과정은 과거와는 전혀 다른 새로운 구조를 확립하기 위한 역동적 과정을 거치게 된다. 즉, 새로이 확립될 구조의 탐색을 위한 과정구조(process structure) (Jantsch, 1980)로서 일련의 분산구조(dissipative structures)가 출현하게 된다(Jantsch, 1980; Nicolis & Prigogine, 1980). 분산구조란 평형으로부터 멀리 떨어진 상태에서 체제가 보이는 복잡성이다. 그 다양한 하위구성 요소들은 비선형적인 상호작용을 통해 새로운 구조의 창출에 필요한 고도의 에너지--자원과 기술－를 환경으로부터 유입하고, 동시에 그 과정에서 생성된 고도의 엔트로피를 환경으로 분산해 나간다(Prigogine & Stengers, 1984).

이러한 분산구조들을 통한 새로운 구조의 생성은 구성요소들간의 고도의 협력(Kiel, 1989) 즉, 동적협력성의 결과이다. 체제가 설사 외부적 요인에 의해 균형파괴의 상황에까지 이르렀다 하더라도, 체제 내부적으로 이러한 분산구조의 출현이라고 하는 구성요소들간의 고도의 협력이 없이는 체제는 원래의 평형상태로 되돌아가게 되고 새로운 구조의 재조직화(reorganization)는 불가능하게 된다. 동적협력성을 통해 체제는 개(個)의 다양한 창조적 동요를 전체(全體)라고 하는 맥락 속으로 통합해 나감으로써, 새로운 구조의 형성에 필요한 상당량의 에너지를 체제 내부로 효과적으로 유입할 수가 있게 되고, 동시에 엔트로피를 환경으로 분산해 나갈 수가 있는 것이다.

동적협력성이란 이처럼 개체의 우연을 전체의 필연으로 연계・통합시켜 나가는, 미시(微視)와 거시(巨視)가 공진(共振)하는 관계성의 고차원화 현상으로서 이른바 동기화(同期化, syncronization)현상(Jantsch, 1980)을 의미한다. 조직에서 동적협력성을 구체적으로 실현해 나가기 위해서는 우연적 정보를 필연적인 것으로 연계시킬 다양한 체제와 행동양식의 공존이 필요하다(野中 外, 1984). 각 행정부처를 초월한 협력, 즉 구조적 통합과 의사소통의 활성화 등과 같은 절차적 통합은 동적협력성의 근간이 된다. 즉, 혁신적인 아이디어의 개발을 위해 부문을 초월한 협력을 중요시 하거나, 계층이나 지위에 관계없이 누구와도 건설적이고 창조적인 대화를 할 수 있는 풍토의 조성, 행정환경의 변화에 관한 부서들간의 정보교류의 제도화 등을 들 수 있다.

(5) 정보의 공유

동적협력과정을 통해 형성된 체제의 새로운 질서는 조직의 구성원들에게 공유되고, 조직 전체의 지식으로 축적되어야만 한다. 즉, 이 새로운 구조는 이른바 '신기성(新奇性)의 확립(the confirmation of novelty)'(Jantsch, 1980)을 통해서, 조직내 구성원들간에 새로운 지식, 행동양식으로서 공유되어져야만 한다.

자기조직화 조직은 정보의 창조를 활성화할 뿐만 아니라, 새로이 창조된 정보를 학습하는 조직이어야 한다. 즉, 신기성(新奇性)의 발생과 그것의 확립간에 적절한 정도의 긴장관계를 유지함으로써, 새로운 정보의 발생과 그것의 확립, 축적간의 균형을 원활하게 도모해 나가지 않으면 안 된다. 학습은 성장·진보하는 조직의 기본이기 때문이다. 즉, 기존의 의사결정 전제 하에서의 학습뿐만 아니라, 그 의사결정 전제의 가정에 의문을 제기하고 새로운 전제를 수립하여 가는 학습 즉, 더블 루-프학습(double loop learning)(Argyris, 1982; Argyris & Shone, 1978), 혹은 이중학습(deutero-learning) (Bateson, 1979)의 능력이 있어야만 한다.

이와 같은 학습을 통한 정보의 공유로써 개인과 조직간의 정보의 격차는 적어지게 되며, 각 구성원들은 거시적 시점을 가지게 되는 것이다. 구체적으로 조직의 새로운 질서를 구성원들에게 공유시키고 조직 전체의 지식으로 확립해 나가기 위해서는, 조직 내의 성공사례를 신속히 구성원들에게 주지시키고 새로운 행동양식의 모델로서 정립시킨다든가, 과거의 성공과 실패의 원인 및 결과를 분석하여 체계적으로 정리·축적해 두는 것 등을 들 수 있다.

(6) 목적지향성(teleonomy)

무엇을 위한 변화인가, 어디를 지향하고 있는 변화인가 등과 같이 조직이 지향하는 변화의 방향이나 목적이 제시되어질 때, 구성원들의 창조적 에너지 또한 그러한 방향으로 보다 효과적으로 결집되어질 수가 있는 것이다. 자기조직화하는 비선형체계는 겉으로 보기에는 혼돈적 행태를 보이지만 실질적으로는 어떤 특정한 끌개(attractor) 근처를 초기 상태로 삼고 그 끌개의 유인력에 의해 독특한 형태를 그리면서 일정한 범위-끌개의 흡인영역 또는 베이슨

(basin)-내에서 역동적인 움직임을 펼쳐 나간다(박배식 · 성하운 역, 1993).

행정조직에 있어서도 구성원들의 창조적인 움직임을 일정한 방향과 범위 내에서 흡인해 나가는 것이 필요하다. 그러기 위해서는 궁극적으로 조직이 그려내고자 하는 목표가 설정되지 않으면 안 된다. 목표지향성이란 조직이 나아가야 할 방향으로서의 핵심적 가치 파라메타의 설정(Eigen, 1971)과, 그것에 대한 조직 전체의 추구의지를 의미한다. 구체적으로 조직의 비전은 현재 상태로부터 비약하여 장차 어떠한 조직이 되고자 하는가, 그렇게 되기 위해서는 어떠한 정보나 사고, 행동양식, 공통의 가치 등이 필요한가를 제시하는 것이다. 이를 통해 조직은 구성원들의 조직에 대한 일체감이나 조직몰입(organizational commitment)을 유발(최창현 · 유승동, 1994)함으로써, 혁신을 위한 조직의 상승적 통합(synergistic integration)을 도모해 나갈 수 있게 된다(Leifer, 1989). 이와 같은 조직비전의 체계적인 제시를 위해서는 조직이 지향하는 목표의 명료성(simplicity), 타당성(relevance), 핵심적 가치에 대한 계속적인 강화작업 등이 요구되어진다(Bartlett & Ghoshal, 1990).

자기조직화 패러다임의 학제적 논의

글랜스도르프와 프리고진에 의한 '일반열역학'은 화학반응계에 있어서 이와 같은 종류의 구조가 자발적으로 형성되어지기 위한 조건들을 상세하게 규정하고 있다. 그 조건들로서 그들은 주위의 환경과의 에너지 및 물질교환에 관한 '개방성', '평형에서 멀리 떨어진 상태', 반응연쇄에 있어서 '자기촉매적 혹은 상호촉매적 단계의 존재' 등을 들고 있다. 그리하여 이들의 연구는 단순한 화학 및 물리체계수준에서 발견되는 자기조직화의 기본원리들을 보다 높은 진화수준에 적용하려는 논의들 즉, 생태학적, 사회생물학적, 사회문화적 체계의 역학에 관해 상당한 성과를 거둔 논문들을 산출하는 계기가 되었다. 특히 이러한 제 시도들은 생물전단계의 진화, 생물유기체의 진화와 기능, 신경생리학, 생태학(개체군 역학)과 사회생물학 등과 같은 분야에서 놀라운 성과를 거두고 있음을 보여주고 있다. 극히 최근에 이르러서는 도시의 성장과 진화 등 인간생활체계 내부의 현상모델 설정에 있어서도 이러한 접근방법이 시도되고 있다. 또한 과학적 패러다임, 가치체계, 세계관과 종교 등과 같은 정신적 구조진화의 질적 표현에 있어서도 자기조직화의 원리들이 그 가치를 발휘하고 있다.

이와 같이 자기조직화의 이론은 처음 물리학 분야에서 엄밀하게 정식화되어 온 것이지만, 그것의 폭 넓은 응용과 적용은 생물학적, 사회문화적 현상들을 단지 물리학적 해석으로 귀착시키기 위해 행해지고 있는 것은 아니다. 오히려 수 많은 차원에서 발견되는 자기조직화 현상들이 기본적으로 상동성(相同性)[참된 연관성(聯關性)]을 지니고 있음을 명확히 밝히는 데 그 연구들의 목적이 있는 것이다. 이러한 상동성이 인식되어짐으로써, 자기조직화 현상은 수많은 차원에서 발견되는 진화현상들에 대한 설명원리가 되며, 그러한 진화현상들이 동적으로 서로 연관되어 있음을 보여주는 전체론적(全體論, holistic) 현상으로 인식할 수 있게 되는 것이다.

복잡계과학을 앞서가는 사주학(四柱學)의 창발시기 예측

복잡계(複雜系)란 자연계를 구성하고 있는 수많은 구성요소들이 다양한 상호작용과 유기적인 협동으로 자기조직화(自己組織化)를 통해서 새로운 질서인 창발현상(創發現象)을 일으킬 수 있는 메커니즘을 말한다. 그런데 문제는 복잡계의 가장 중요한 핵심인 이 창발현상이 언제, 어떻게 발생하느냐는 것이다.

20세기 말에 봉착한 복잡계과학자들의 이러한 고민을 13세기의 사주학자들은 여러 가지 방법으로 과감하게 풀어 나갔다.

첫째, 초기조건의 민감성을 인식하고 있었던 800년 전의 송대(宋代)의 사주학자들은 이미 3천여년 전에 상(商)나라의 학자들이 불규칙의 연속인 날짜에 부여한 간지(干支)를 그대로 이어 받아 요동학(搖動學)에 해당하는 기후학(氣候學)을 토대로 재구성하였다. 그러니까 사주학이 학문으로 성공할 수 있었던 원인은 사주의 초기조건을 정확하게 잡을 수 있는 기준을 마련했다는 점이다.

둘째, 사주를 결정론체계로 풀지 않고 복잡계체계로 풀었다. 사주의 초기조건을 뉴턴물리학의 방정식 개념으로 본 것이 아니라 복잡계에서와 같이 창발현상을 일으킬 수 있는 시스템이 형성되어 있는지를 기후생물학이란 요동학으로 전환시켜서 해석한 것이다.

셋째, 사주의 창발현상을 규명하기 위하여 사주에 기상학을 대입시켜서 사주를 기상현상으로 모델링했다.

넷째, 사주의 창발시기를 풀어 가는 데 비가역적이고 비선형인 방법을 채택하였다.

다섯째, 사주학은 수 천 년에 걸쳐서 수정되어 왔으며 그런 과정에서 수많은 임상 실험을 거쳤고 자연스럽게 통계학으로 걸러졌다는 것이다.

사주학은 다양한 이론들이 모여서 이루어진 복잡한 학문이라서 전 과정을 소상히 다 소개할 수는 없으므로, 여기서는 주로 창발현상과 관계되는 메커니즘만 소개하기로 한다. 그리고 사주의 해석방법을 쉽게 설명하기 위해서 간단한 기초사항과 함께, 중국의 국가운명을 좌지우지했던 장개석과 모택동의 사주를 예로 들기로 한다.

1.
장개석(蔣介石) 1887. 10. 31. 출생 ~ 1975. 4. 5. 사망
절강성(浙江省) 봉화(奉化)출신
이름은 중정(中正) 자는 개석(介石)

연주(年柱)	월주(月柱)	일주(日柱)	시주(時柱)	
정(丁)	경(庚)	기(己)	경(庚)	→ 천간(天干)
해(亥)	술(戌)	사(巳)	오(午)	→ 지지(地支)

기(己)	무(戊)	정(丁)	병(丙)	을(乙)	갑(甲)	계(癸)	임(壬)	신(辛)	→ 대(大)
유(酉)	신(申)	미(未)	오(午)	사(巳)	진(辰)	묘(卯)	인(寅)	축(丑)	→ 운(運)
7	17	27	37	47	57	67	77	87	

사주를 해석할 때 우선 감정하려는 사주를 출생순간에 의해서 위와 같이 초기조건을 결정하고 10년 단위로 대운(大運)을 배치한다. 초기조건 결정법은 복잡하므로 더 이상의 설명은 생략하기로 한다. 출생순간의 년 · 월 · 일 · 시를 년주(年柱) · 월주(月柱) · 일주(日柱) · 시주(時柱)의 4개의 기둥으로 표시하기 때문에 사주라고 하며, 이 4개의 기둥을 천간(天干)과 지지(地支)로 분리하므로 팔자(八字)라고 불리운다. 그런데 이 팔자 중에서 일간(日干)이 자기 자신을 상징한다.

〈표〉 사주팔자의 부위별 상징표

조상·부모·직장상사	형제·자매·친구	본인	자녀·부하직원
년간(年干)	월간(月干)	일간(日干)	시간(時干)
정(丁)	경(庚)	기(己)	경(庚)
해(亥)	술(戌)	사(巳)	오(午)
년지(年支)	월지(月支)	일지(日支)	시지(時支)
조상·부모·직장상사	형제·자매·친구	배우자	자녀·부하직원

사주 아래에 자리잡고 있는 것이 대운(大運)이며 대운 아래의 숫자는 해당 대운이 시작되는 본인의 나이를 말한다. 대운은 계절을 상징하는 월주를 기점으로 하여 사주라는 시스템이 거쳐 가야 할 비가역성과 비선형성을 내포하고 있는 환경으로 복잡계의 섭동현상(攝動現象)에 해당한다.

사주의 초기조건을 표시하는 사주학의 알파벳이라고 할 수 있는 십간(十干)·십이지(十二支)는 기후의 변화에 따라서 식물이 어떻게 성장해 가는가에 대한 과정을 기호화한 것이다. 고대의 동양학자들은 식물이 동물보다 기후에 더 민감하고 기후의 변화에 따라서 식물의 성장과정이 뚜렷이 달라지기 때문에 그 과정을 기호화한 간지를 사주의 기초 단어로 채택한 것이다. 그러기 때문에 사주학은 기후생물학으로 시작되었으며 이 십간·십이지에 음양론과 오행론을 대입시켜 구체화한 것이 바로 사주학의 시초였다고 할 수 있다.

아래의 도표를 간략하게 설명하면, 갑(甲)과 인(寅)은 양목(陽木)이요 을(乙)과 묘(卯)는 음목(陰木)이며, 계절로는 봄을 상징하고 방위는 동쪽이며, 기후로는 따뜻한 봄날과 같은 온(溫)이요, 색깔로는

〈표〉 십간(十干)·십이지(十二支)와 음양(陰陽)·오행도표(五行圖表)

십간(十干)	십이지(十二支)	음양(陰陽)	오행(五行)	계절(季節)	방위(方位)	기후(氣候)	색(色)	미각(味覺)
갑(甲)	인(寅)	+	목(木)	춘(春)	동(東)	온(溫)	청(靑)	산(酸)
을(乙)	묘(卯)	−						
병(丙)	사(巳)	+	화(火)	하(夏)	남(南)	서(暑)	적(赤)	고(苦)
정(丁)	오(午)	−						
무(戊)	진·술(辰·戌)	+	토(土)	사계(四季)	중앙(中央)	습(濕)	황(黃)	감(甘)
기(己)	축미(丑·未)	−						
경(庚)	신(申)	+	금(金)	추(秋)	서(西)	조(燥)	백(白)	신(辛)
신(辛)	유(酉)	−						
임(壬)	해(亥)	+	수(水)	동(冬)	북(北)	한(寒)	흑(黑)	함(鹹)
계(癸)	자(子)	−						

청색이며 미각으로는 신맛이다. 다른 간지도 이상과 같이 대조해 보면 쉽게 이해할 수 있을 것이다.

그러면 기초사항은 이쯤하고 지금부터 장개석의 사주를 예로 들어서 사주의 해석방법을 소개하기로 한다.

(1) 신왕(身旺)·신약(身弱)의 판별

살아있는 시스템인 인간의 사주가 복잡계의 비평형상태에 해당하는 신왕(身旺)·신약(身弱) －비평형상태가 많은 에너지를 가지고 있듯이, 사주의 신왕·신약도 기(氣)가 한쪽으로 편중된 것으로 에너지의 대칭성이 깨진 것이고 풍부한 에너지를 함유하고 있는 것이다－ 구조가 형성되어 있는지 아닌지를 파악한다. 사주의 신왕·신약을 가리는 방법은 상당히 복잡하지만 중요한 사항만 압축하여 소개하기로 한다.

· 신왕·신약 판별법

(1) 지지(地支)에 뿌리를 내리고 있는 천간(天干)은 강하다.

(2) 지지에 뿌리를 내렸어도 지장간(支藏干)[15] 중 정기(正氣)[16]에

---

15) 지장간(支藏干): 지지 속에 십간을 2~3개씩 암장(暗藏)하고 있는 것으로 고대의 사주학자들은 하늘인 대기(大氣)의 기상상태를 나타내는 천간(天干)과 땅인 대지(大地)의 기상상태를 나타내는 지지(地支)의 특성이 기상학적으로 너무나 다르다는 것을 포착하고 만들어 낸 법칙으로 현대기상학과 비교해도 손색이 없을 고도의 기상 해석체계를 가지고 있다. 간단히 설명하면 태양의 일조량 변화에 따라서 대지의 기상이 변화해 나가는 것을 체계화한 것이다.

기(氣)	인(寅)	묘(卯)	진(辰)	사(巳)	오(午)	미(未)	신(申)	유(酉)	술(戌)	해(亥)	자(子)	축(丑)
정기(正氣)	갑(甲)	을(乙)	무(戊)	병(丙)	정(丁)	기(己)	경(庚)	신(辛)	무(戊)	임(壬)	계(癸)	기(己)
중기(中氣)	병(丙)	-	계(癸)	경(庚)	기(己)	을(乙)	임(壬)	-	정(丁)	갑(甲)	-	신(辛)
여기(餘氣)	무(戊)	갑(甲)	을(乙)	무(戊)	병(丙)	정(丁)	기(己)	경(庚)	신(辛)	무(戊)	임(壬)	계(癸)

〈지장간표(支藏干表)〉

16) 여기(餘氣)·중기(中氣)·정기(正氣): 고대의 사주학자들은 1개월 단위의 기상 상태를 사주학에 도입했으나 그 기간이 너무 길어서 현실생활을 파악하는 데 적중률이 떨어지자 1개월간의 기상현상을 처음 7일간은 지난달의 여기(餘氣)가 좌우하고, 다음 7일간은 지난달과 이달의 기상현상이 혼재되어 나타나기 때문에 중기(中氣)로

뿌리를 내린 천간이 가장 강하고 그 다음은 여기(餘氣), 중기(中氣)의 순서로 강하다.

(3) 월지(月支)에 뿌리를 내린 천간이 가장 강하고, 그 다음은 시지(時支), 일지(日支), 년지(年支)의 순이다.

(4) 천간의 비견(比肩)보다 지지의 비견(比肩)이 훨씬 강하다.

(5) 충(沖)이나 합(合)이 된 간지(干支)는 힘이 없다

· 신왕 · 신약 판별법 해설

(1) 천간이 지지에 뿌리를 내렸다는 것은 지지의 지장간에 천간과 똑같은 십간(十干)이 있다는 뜻이다.

(2) 천간이 지지에 뿌리를 내렸어도 정기(正氣), 여기(餘氣), 중기(中 氣)의 순서로 강하다는 말은, 그 달의 기를 대표하는 기는 정기(正氣)이기 때문이며 처음 7일 정도는 지난달의 기가 끝나가고 있기 때문에 여기가 두 번째로 강하다. 그러나 중기는 지난달의 여기가 끝나고 이 달의 정기가 시작되기 전의 어정쩡한 상태의 기(氣)이기 때문에 뚜렷한 특성이 부족한 기(氣)이다.

(3) 천간이 년 · 월 · 일 · 시 중에서 어느 지지(地支)에 뿌리가 내렸을 때 더 힘이 있느냐는 것이다. 이 문제도 기후학과 관련이 있는데 출생 순간의 기상은 월 · 시 · 일 · 년의 순서로 영향을 주기 때문에 월지(月支), 시지(時支), 일지(日支), 년지(年支)의 순서로 강하다고 할 수 있다.

(4) 천간은 나무줄기에 해당되고, 지지는 나무의 뿌리를 상징하는데 사주학에서는 줄기보다는 뿌리를 더 중요하게 인식하고 있다.

(5) 충(沖)은 서로 부딪쳐 깨져버리고, 합(合)은 서로 다른 기

보았으며, 14일이 지난 후에야 순수한 이달의 정기(正氣)가 나타난다고 해석한 것으로 정밀한 기상체계를 사주학에 도입한 것이다.

(氣)가 합쳐지면서 본래의 속성을 잃어버리기 때문에 충(沖)이든 합(合)이든 기(氣)가 약화된다.

이상과 같은 방법으로 일간을 중심으로 사주 내의 간지들을 살펴보면 사주의 신왕·신약을 충분히 가려낼 수 있을 것이다.

장개석의 사주를 보면 일간에 해당하는 기토(己土)가 장개석 자신을 상징하는데, 한로가 22일 지난 양력 10월 31일에 출생한 기토(己土)는 가을 추수가 완전히 끝난 황량한 전답(田畓)을 상징하므로 아무리 한낮에 출생하였어도 쓸쓸하기 그지없다. 또한 월지(月支)인 술(戌) 중에 암장(暗藏)[17]되어 있던 정화(丁火)가 년간(年干)에 투출(透出)[18]하여 일간인 기토(己土)를 도우려 하나 월간(月干)인 경금(庚金)에 가로막혀 있는데다가, 정화(丁火)는 년지(年支)인 해수(亥水) 위에 고립되어 있어서 화(火)의 세력도 무력해졌다. 그러나 상대적으로 2개의 경금(庚金)은 월간(月干)과 시간(時干)에 투출(透出)하여 일간(日干)을 좌우에서 압박하면서 일지(日支)인 사(巳)와 월지(月支)인 술(戌)에 착근(着根)하여 일간(日干)인 기토(己土)를 설기(泄氣)하고 있기 때문에 신약(身弱)한 구조가 형성된 사주다.

(2) 음양오행(陰陽五行)과 육친(六親) 구조의 파악

일간을 중심으로 천간과 지지, 그리고 지지 속에 암장되어 있는 지장간을 음양오행과 육친관계를 살펴서 사주라는 시스템 내부의 다층구조를 파악한다. 이때 음양오행과 육친에 내재되어 있는 순환적 인과성, 즉 되먹임고리가 전체 시스템을 해석하는 데 중요한 역할을

---

17) 암장(暗藏): 지지(地支) 속에 십간(十干)이 2~3개씩 함축되어 있는 것을 말한다.
18) 투출(透出): 지지(地支) 속에 암장(暗藏)되어 있던 십간(十干)이 천간(天干)에 나타나 있는 것을 말한다.

하게 된다.

장개석의 사주를 분석해 보면 갑목(甲木)은 년지 속에 암장되어 있고 을목(乙木)은 없다. 병화(丙火)는 일지인 사(巳)에 있고 정화(丁火)는 년간에 투출되어 있는 데다 시지인 오(午)에 뿌리를 내리고 있으며 월지인 술(戌)에 암장되어 있다. 무토(戊土)는 월지인 술(戌)에 자리잡고 있으면서 일지인 사(巳)와 년지인 해(亥) 속에 암장되어 있다. 장개석 자신을 상징하는 일간인 기토(己土)는 시간인 오(午) 속에 암장만 되어 있기 때문에 뿌리가 약하나 무토(戊土)가 보좌하고 있기 때문에 많이 보완이 되어 있다. 경금(庚金)은 월간과 시간에 투출(透出)되어 있을 뿐 아니라 일지인 사(巳)에 뿌리를 내리고 있기 때문에 장개석의 사주 중에서 가장 막강한 세력을 형성하고 있다. 신금(辛金)은 월지인 술(戌) 속에 암장되어 있다. 임수(壬水)는 년지에 자리하고 있으며 계수(癸水)는 없다.

이상과 같이 장개석의 사주는 음양오행이 비교적 균형있게 세력을 이루고 있는 것 같으나 육친론[19]으로 재해석해 보면 상당히 문제점이 노출된다. 그 문제점이란 월간과 시간에 투출해 있는 경금이 일지인 사(巳)에 뿌리를 내리고 일간을 설기하고 있기 때문이다. 여기서 경금은 육친으로는 상관(傷官)에 해당되는데 상관이란 내가 생(生)하는 존재로 나의 기(氣)를 빼앗아 가기 때문에 -아생자손(我生者孫): 내가 생한 자는 식신(食神)과 상관(傷官)으로 자손(子孫)를 지칭하며, 나의 기를 빼앗아 가는 존재다 - 나의 기를 약화시키고 나를 고립시키게 된다. 그러므로 장개석의 사주처럼 상관이 자기를 상징하는 일간을 좌우와 아래에서 포위하고 있으면 상관이 너무 강하기 때문에 유아독존에 빠지기 쉽고 주변에 목숨 걸고 나를 보좌해 줄

19) 육친론(六親論): 자연과학적 용어인 음양오행(陰陽五行)을 사회과학적 용어인 육친(六親)으로 재해석하여 인간사회에서 발생하는 사건들을 쉽게 이해할 수 있도록 한 이론이다.

〈표〉 가정 · 사회 · 국가의 육친 분류표

육친(六親)	가 정	사 회	국 가
비견·겁재(比肩·劫財)	형제·자매	친구·동료	단 체(동창회·각종모임)
식신·상관(食神·傷官)	자녀	부하직원	예술·언론·대정부견제기관(의회·사법부)
정재·편재(正財·偏財)	부인	여자친구	은행·금융회사·증권회사
정관·편관(正官·偏官)	남편	상급자	행정부·군대·경찰
인수·편인(印授·偏印)	부모	선생	교육기관·의료기관·사회봉사단체

〈표〉 육친 산출표

해 설	일간 육친	甲	乙	丙	丁	戊	己	庚	辛	壬	癸
비아자비겁 (比我者比劫)	비견 (比肩)	갑 (甲)	을 (乙)	병 (丙)	정 (丁)	무 (戊)	기 (己)	경 (庚)	신 (辛)	임 (壬)	계 (癸)
	겁재 (劫財)	을 (乙)	갑 (甲)	정 (丁)	병 (丙)	기 (己)	무 (戊)	신 (辛)	경 (庚)	계 (癸)	임 (壬)
아생자손 (我生者孫)	식신 (食神)	병 (丙)	정 (丁)	무 (戊)	기 (己)	경 (庚)	신 (辛)	임 (壬)	계 (癸)	갑 (甲)	을 (乙)
	상관 (傷官)	정 (丁)	병 (丙)	기 (己)	무 (戊)	신 (辛)	경 (庚)	계 (癸)	임 (壬)	을 (乙)	갑 (甲)
아극자처재 (我剋者妻財)	편재 (偏財)	무 (戊)	기 (己)	경 (庚)	신 (辛)	임 (壬)	계 (癸)	갑 (甲)	을 (乙)	병 (丙)	정 (丁)
	정재 (正財)	기 (己)	무 (戊)	신 (辛)	경 (庚)	계 (癸)	임 (壬)	을 (乙)	갑 (甲)	정 (丁)	병 (丙)
극아자관괴 (剋我者官魁)	편관 (偏官)	경 (庚)	신 (辛)	임 (壬)	계 (癸)	갑 (甲)	을 (乙)	병 (丙)	정 (丁)	무 (戊)	기 (己)
	정관 (正官)	신 (辛)	경 (庚)	계 (癸)	임 (壬)	을 (乙)	갑 (甲	정 (丁)	병 (丙)	기 (己)	무 (戊)
생아자부모 (生我者父母)	편인 (偏印)	임 (壬)	계 (癸)	갑 (甲)	을 (乙)	병 (丙)	정 (丁)	무 (戊)	기 (己)	경 (庚)	신 (辛)
	인수 (印授)	계 (癸)	임 (壬)	을 (乙)	갑 (甲)	정 (丁)	병 (丙)	기 (己)	무 (戊)	신 (辛)	경 (庚)

비아자비겁(比我者比劫) : 나와 비슷한 자는 비견(比肩), 겁재(劫財)로 형제나 친구를 상징한다.

아생자손(我生者孫) : 내가 생한 자는 식신(食神), 상관(傷官)으로 자손(子孫)를 지칭한다.

아극자처재(我剋者妻財) : 내가 극하는 자는 정재(正財), 편재(偏財)로 남자에게는 처(妻)에 해당되며 재물과 사업을 상징한다.

극아자관괴(剋我者官魁) : 나를 극하는 자는 정관(正官), 편관(偏官)으로 여자에게는 남편에 해당되며 국가의 조직이나 직장을 상징한다.

생아자부모(生我者父母) : 나를 생해 주는 자는 인수(印綬), 편인(偏印)으로 부모를 상징한다.

참모진이 약하다는 의미가 된다.

육친론은 바로 나 자신을 중심으로 해서 인간 사회의 최소단위인 가정과 중간단위인 사회, 그리고 최대단위인 국가와의 관계를 하나의 이론으로 정립한 것이다.

(3) 격국(格局)의 확인

감정하고 있는 사주가 어떤 격국을 형성하고 있는지를 판단해야 하는데, 이 격국론은 사주를 사주팔자의 부분들인 간지들이 합쳐진 단순한 부분의 합으로 보지 않고, 사주 전체를 하나의 살아있는 개성(個性)이 있는 시스템으로 해석하려는 것이었다.

그러나 컴퓨터가 없었던 당시로는 백 만 개가 넘는 사주 유형을 따로따로 해석하기에는 너무나 방대했기 때문에 특징을 살려서 모델링을 할 필요가 있었다.

그리하여 기후학(氣候學)적으로 가장 큰 영향을 주는 월지를 중심으로 기상학(氣象學)적으로 볼 때 어떤 모델에 해당되는지 격국을 결정한 것이다. 그런데 이 격국론의 해설은 너무나 복잡하기 때문에 생략하기로 한다. 다만 장개석의 사주는 상관격(傷官格)이며 이 상관격의 소유자 —상관(傷官)은 생사여탈권을 상징하며, 국가행정부를 견제하는 작용을 한다— 들은 군인이나 사법관 또는 언론인, 혁명가들이 많다.

(4) 용신(用神) 결정

프리고진에 의하면 비평형구조에서 자기조직하는 새 질서로 도약하려면 가장 먼저 대칭성이 파괴되어야 하며, 비평형상태의 구조는 불안정하기 때문에 끊임없이 요동(搖動)하고, 그 요동이 격렬해져서 분기점에 이르면 종래의 구조는 무너지고 새로운 구조가 나타난다고 주장했다.

그러니까 어떤 조직이 새로운 조직으로 진화하려면 대칭성 파괴와 요동현상이 필수적이라는 것이다. 이때 요동을 물리학 차원으로 보면 상전이를 일으킬 수 있는 에너지라고도 할 수 있다. 그러므로 기존질서를 새로운 질서로 바꾸려면 많은 에너지가 필요하기 때문에 요동의 증폭이 필요한 것이다.

그런데 사주학에서도 사주 전체를 장악하고 있는 에너지[기(氣)]를 흔들어 줄 수 있는 복잡계의 요동에 해당하는 에너지를 용신이라고 한다. 그리고 이 용신이 발동할 수 있는 조건이 갖추어지면 그 순간부터 사주 전체는 용신이라는 새로운 질서에 의해서 재편된다. 그러므로 사주학에서 가장 중요한 핵심은 어떤 사주를 감정할 때 과연 그 사주가 용신 시스템을 갖추고 있느냐가 관건이 된다.

그러면 장개석의 사주는 이러한 용신 시스템이 어떻게 형성되어 있는지 살펴보기로 한다. 장개석의 사주를 전체적으로 살펴보면 장개석 자신을 상징하는 기토(己土) 일간(日干)이 가을 추수가 완전히 끝난 후에 출생했기 때문에 황량한 데다 경금(庚金)이 삼면에서 포위한 채 기토(己土)의 기(氣)를 설기(泄氣)시키고 있기 때문에 신약(身弱)한 구조가 형성된 사주다.

이렇게 사주가 신약한 구조를 형성하고 있을 때 용신을 결정하는 방법 -요동을 발생시키는 방법- 에는 두 가지가 있다.

첫 번째 방법은 장개석의 사주가 신약한 구조를 형성하고 있기 때문에, 장개석 자신을 상징하고 있는 기토(己土) 일간을 생(生)해 줄 수 있는 에너지인 화(火)로 요동을 발생시키는 방법으로 사주학의 육친론으로 보면 인수(印綬)와 편인(偏印) -나를 생하는 자는 부모로, 인수(印綬)와 편인(偏印)이다(生我者父母)- 에 해당된다. 장개석의 사주에서는 편인에 해당되는 정화(丁火)가 년간에 투출되어 있으면서 월지인 술(戌), 일지인 사(巳), 시지인 오(午)에 뿌리를 내리고 있기 때문에 용신으로 채택할 수 있다.

두 번째 방법은 신약한 구조를 형성하고 있을 때는 자기를 상징하는 일간과 똑같은 에너지인 토(土)로 요동을 발생시키는 방법으로 육친론으로 보면 비겁(比劫) －나와 비슷한 자는 비견(比肩), 겁재(劫財)로 형제나 친구를 상징한다(比我者比劫)－ 에 해당된다. 장개석의 사주를 보면 비겁(比劫)에 해당되는 토(土)가 년지인 해(亥), 월지인 술(戌), 일지인 사(巳), 시지인 오(午)에 모두 뿌리를 내리고 있으나 천간에 투출되지 않아서 용신으로 채택하기에는 미약하다. 그러므로 장개석 사주의 용신은 정화(丁火)가 된다. 그러나 용신으로 채택되지 않은 토(土)도 잠재되어 있는 용신이기 때문에 외부요동인 섭동(攝動)이 증폭시켜 주면 창발현상이 일어난다.

(5) 창발현상(創發現象) 확인

복잡계이론에서 창발현상이 일어나는 메커니즘은 밝혀 놓고도 창발현상이 언제, 어떻게 발생하는가를 확실하게 수학적으로 계산할 수 없는 이유는 복잡계가 초기조건에 민감하고 구성요소들이 복잡하게 얽혀 있으며 구성요소들간의 상호작용이 비가역적이고 비선형적인 특성을 가지고 있기 때문이다. 그러면 사주학에서는 복잡계의 이와 같은 난제들을 어떻게 해결하고 창발현상의 시기를 포착할 수 있었을까?

> 이 문제에 대한 해답은 사실은 프리고진의 다음과 같은 주장 속에 있다고 할 수 있다. 프리고진은 새로운 질서인 분산구조가 외부로부터 에너지를 받지만 불안정성과 새로운 조직형태의 도약을 양(陽)의 되먹임고리에 의해 증폭된 요동의 결과라고 했다. 그러니까 새로운 질서인 창발현상이 일어나려면 요동이 증폭되어야 한다는 것이다.

사주학에서도 역시 마찬가지로 복잡계의 요동에 해당하는 용신이 그 자체만으로 사주라는 시스템을 새로운 질서로 몰고 갈 수 있는 것이 아니라, 내부요동인 용신이 외부요동인 대운(大運) —복잡계에서는 섭동(攝動)이라고 하고 사주학에서는 대운(大運)이라고 한다— 과 양(陽)의 되먹임고리의 관계가 형성되어서 용신이 증폭되어야 하는 것이다.

요동(搖動): 시스템의 내부에서 구성요소들에 의해서 발생하는 변동으로 사주학에서는 용신이라고 한다.

섭동(攝動): 시스템의 외부에서 가해지는 변동으로 사주학에서는 대운이라고 한다.

그러면 장개석의 사주에서는 언제, 어떻게 창발현상이 일어나고 있는지 살펴보기로 하자. 장개석의 사주는 일간 기토(己土)가 약한 신약구조이기 때문에 이 신약한 구조를 형성하고 있는 에너지인 금(金)과 수(水)에 반대세력이 되면서 일간인 기토(己土)를 생(生)해 줄 수 있는 화(火)와 토(土)의 에너지가 요동을 발생시킬 수 있다. 그러니까 프리고진의 외부요동인 섭동현상이 내부요동과 양의 피드백을 이루고 있으면 창발현상이 일어나게 된다는 주장과 일맥상통하는 것이다.

이것을 사주학 용어로 전환하면 내부요동이 용신이므로 노출되어 있는 용신은 화(火)이며 잠재되어 있는 용신은 토(土)이다. 그러므로 외부요동인 대운에서 용신과 같은 화(火)와 토(土)에 해당하는 대운이 오면 용신과 대운이 양의 피드백 관계가 형성되므로 창발현상이 일어날 것이다. 그러나 용신이 아닌 목(木)과 금(金), 수(水)에 해당하는 대운이 오면 창발현상이 일어나지 않기 때문에 이루어지는 일이 없게 된다.

장개석의 사주에서 대운을 살펴보면 7~26세까지의 20년간은 기유(己酉), 무신(戊申) 대운으로 길(吉)과 흉(凶)이 반반으로 존재하므로 평범한 시절이었다. 그러나 27세부터 시작되는 정미(丁未), 병오(丙午), 을사(乙巳)의 30년간 화대운(火大運)은 용신과 같은 대운이었기 때문에 창발현상이 일어나서 출세가도를 질주하게 된다.

장개석은 일찍이 보정육군속성학당(保定陸軍速成學堂)을 수료하고 일본에 유학하여 정규 군관학교인 진무학교(振武學校)에서 본격적으로 군사학을 공부하였으며, 손문(孫文) 휘하에 들어가서 군사전문가로 인정을 받아 요직에 앉게 된다. 또한 장개석은 40세의 유부남이었음에도 불구하고 중국 최고의 명문가의 딸이었던 손문의 처제 송미령과 결혼한다. 그리고 손문의 급서로 그 자리를 승계받아 40대 초에 이미 중국 제일의 실권자로 부상하여 당 · 정 · 군을 장악하게 된다.

일찍이 손문은 무력기반이 없는 혁명의 허구성이 한계를 느끼자 혁명직할군의 필요성을 통감한다. 그리하여 손문은 군대를 양성할 사관학교 설립을 위해서 이 업무를 장개석에게 맡겨 소련의 군사제도를 시찰하도록 한다. 그리고 1924년에 황포군관학교를 설립하고 장개석을 교장에 기용한다. 37세에 중국 최초의 사관학교인 황포군관학교 교장에 취임한 장개석은 42세에는 육 · 해 · 공군 총사령관이 되어 당권과 군권을 모두 장악하며 그 당시에 실질적인 중국 제1인자가 되었으며, 북벌(北伐)을 단행하여 북경까지 함락시키고 만다.

주은래(周恩來)는 1924년에 황포군관학교 정치부 부장으로 발탁되면서 장개석의 보좌관이 되어 장개석과 인연을 맺게 되었으나 1927년에 상해(上海) 반공 쿠테타를 일으킨 장개석은 주은래의 목에 8만 달러의 현상금까지 걸면서 추격한다. 그러나 천신만고 끝에 목숨을 건진 주은래는 무한(武漢)으로 도피하게 된다. 그 후 장개석은 1930년부터 5회에 걸쳐서 중국 공산당 토벌작전을 지방군벌들과 연합으로 펼쳐서 공산군을 서북쪽으로 몰아서 고립시켰다.

그러나 장개석은 1936년 12월 12일에 모택동(毛澤東)의 홍군(紅軍)을 뿌리뽑기 위하여 동북군과 서북군을 독려하기 위해서 서안(西安)에 갔다가 만주군벌 장학량(張學良)에게 감금을 당하게 된다. '서안사변'(西安事變)으로 불리게 된 이 사건은 장개석 개인은 물론이고 중국의 운명과 세계사의 물줄기를 바꾸게 된다. 장개석이 신임하고 있었던 지방군벌 장학량에게 납치되자 송미령은 신변의 위험을 무릅쓰고 직접 서안으로 들어가서 공산당 대표로 파견된 주은래와 담판을 짓고 제2차 국공합작(國共合作)을 성립시키게 된다. 장개석을 납치했던 장학량은 그 당시에 장개석의 국민당이 몰락하여 대만으로 쫓겨 가리라고는 상상도 못했다고 훗날 회고(回顧)하고 있다. 장학량의 동북군(東北軍)은 중국에서 가장 강한 지방군벌(地方軍伐)이었으나 일본의 관동군에 의해서 고향인 동북지역에서 쫓겨난 처지였기 때문에, 그 밑바닥에는 반일감정이 짙게 깔려 있었다. 그러기 때문에 민족통일전선을 외쳤던 공산당의 주장에 공감할 수밖에 없었던 것이다. 아무튼 장개석은 1936년 12월 24일에 주은래와 장학량의 설득으로 내전중지와 항일전쟁을 수락하고 다음날 석방되었다. 그리고 약속대로 공산당과의 내전을 일단 중지하고 전면적인 항일전을 개시하게 된다. 장개석은 1936년부터 1945년까지 대일항전 중 국민정부 주석, 국민당 총재, 육·해·공군 대원수 등 모든 요직을 겸직하며 최고 권력자로 군림했다.

그러나 장개석의 욱일승천하던 기세는 여기서 끝나게 된다. 1946년에 제2차 세계대전이 종식되자 중국 공산당과 결별을 선언한 장개석은 공산당과의 내전을 재개한다. 1946년의 내전 초기에는 국민당 정부군은 430만명, 공산당 병력은 128만명이었던 데 비해, 1947년에 공산당의 역공으로 국민당군은 100만명이나 패퇴당하고 공산당군은 오히려 200만명으로 증가되었다. 1948년에는 공산당이 중국 동북지역을 장악하고 1949년 12월에 장개석은 결국 대만으로 쫓겨나고 만다.

북벌전쟁에서 연전연승하던 국민당군은 무참하게 패퇴하게 되었는데, 이때 장개석 사주의 대운을 보면 57세부터 들어오는 갑진(甲辰) 대운으로 기토(己土) 일간이 갑목(甲木)의 공격을 받자 몰락의 길을 걷게 된 것이다. 사주학이 얼마나 무섭게 적중되는지를 여실히 보여주는 대목이다.

2.

모택동(毛澤東) 1894. 2. 1. 출생 ~ 1976. 9. 9. 사망
호남성(湖南省) 상담(湘潭) 소산충(韶山沖)의 한 농가에서 출생
자는 윤지(潤之) 필명은 자임(子任)

연주(年柱)		월주(月柱)		일주(日柱)		시주(時柱)			
계(癸)		을(乙)		갑(甲)		병(丙)		→	천간(天干)
사(巳)		축(丑)		술(戌)		인(寅)		→	지지(地支)
갑(甲)	계(癸)	임(壬)	신(辛)	경(庚)	기(己)	무(戊)	정(丁)	→	대(大)
자(子)	해(亥)	술(戌)	유(酉)	신(申)	미(未)	오(午)	사(巳)	→	운(運)
9	19	29	39	49	59	69	79		

(1) 신왕(身旺)·신약(身弱)의 판별

모택동의 사주를 보면 일간에 해당하는 갑목(甲木)이 모택동 자신을 상징하는데, 갑목(甲木)이 입춘(立春) 3일 전에 출생하여 모질고 추운 기나긴 겨울에 갖은 풍상을 묵묵히 견뎌 온 낙락장송에 비유할 수 있다. 그런데 이 갑목(甲木)은 월지(月支) 속에 암장된 계수(癸水)와 시지(時支) 인목(寅木)에 뿌리를 내리고 있으며, 축중(丑中) 계수(癸水)가 년간(年干)에 투출되어 있고 월간(月干) 을목(乙木)이 바로

옆에서 일간(日干)인 갑목(甲木)을 생조(生助)해 주고 있기 때문에 신왕한 구조가 형성된 사주다.

(2) 음양오행(陰陽五行)과 육친(六親) 구조의 파악

모택동의 사주를 분석해 보면 음양오행이 다양하게 섞여 있기 때문에 시스템 내부의 다층구조가 잘 형성되어 있는 사주라고 할 수 있다. 일간인 갑목(甲木)은 양목(陽木)으로 시지인 인목(寅木)에 뿌리를 내리고 있으며 음목(陰木)인 을목(乙木)은 월간에서 갑목(甲木)을 보좌하고 있다. 시간에 있는 병화(丙火)는 양화(陽火)인데 년지인 사화(巳火)에 통근(通根)하고 있으며, 음화(陰火)인 정화(丁火)는 일지인 술토(戌土)에 암장되어 있다. 양토(陽土)인 무토(戊土)는 일지인 술토(戌土)에 자리잡고 있으며 년지인 사(巳)와 시지인 인(寅) 속에 암장되어 있고, 음토(陰土)인 기토(己土)는 월지인 축토(丑土)에 포진하고 있다. 또한 양금(陽金)인 경금(庚金)은 년지인 사(巳) 속에 암장되어 있고, 음금(陰金)인 신금(辛金)은 월지인 축(丑) 속에 암장되어 있다.

그런데 모택동의 사주 전체를 개관해 보면 오행(五行) 중에서 금(金)의 세력이 제일 미약한데, 다행스럽게도 년지인 사(巳)와 월지인 축(丑)이 합하여 금국(金局)을 이루고 있기 때문에 그 마저도 보완이 되어 있다. 그리고 양수(陽水)인 임수(壬水)는 없으나 모택동이 태어난 계절이 입춘 3일 전으로 동절기에 출생했기 때문에 수기(水氣)가 강한 때이며, 음수(陰水)에 해당하는 계수(癸水)가 년간에 투출되어 있고 월지인 축(丑) 속에 뿌리를 내리고 있기 때문에 가장 막강한 세력이 되어 있다.

또 한 가지 모택동의 사주에서 필히 짚고 넘어 가야 할 부분이 월지와 일지에 무리지어 있는 축(丑)·술(戌) 토국(土局)에 있는데, 만일 이 토기(土氣)가 천간으로 투출되었다면 그의 일생은 평범한 장사꾼에 불과했을 것이다. 그 이유는 막강한 토기(土氣)가 투출되면 사주 전체가 중화(中和)되어 버리기 때문에 신왕구조를 이룰 수 없고, 여기서 토국(土局)은 육친론(六親論)으로 해석하면 재(財)를 상징하고 있기 때문에 그의 가치관이 사상이나 혁명에서 사업으로 바뀌기 때문이다.

모택동은 내부적으로는 재를 추구했을지 몰라도 겉으로 표방한 이념은 철저한 청렴결백을 공산당의 제일 중요한 강령으로 내세워, 농민들을 함부로 살상하거나 약탈하지 않았으며 공산당 간부들의 부정부패를 허용하지 않았다. 그랬기 때문에 농민협회나 빈농단체 등 그 당시 중국 인민의 90퍼센트 이상을 차지했던 수억 명의 농민층과 빈곤층의 지지를 받게 되어 공산혁명을 성공적으로 이끌었던 것이다.

이와 같이 음양오행이 다양하게 포진되어 있으면 시스템 내부가 다양한 채널로 네트워크가 형성되기 때문에 외부의 환경이 급변해도 쉽게 꺾이지 않는 끈끈한 생명력을 타고났다고 할 수 있으며, 전략적이고 술수가 높으며 암수에 능통하다. 모택동의 이러한 기질 때문에 그는 홍군(紅軍)의 대장정(大長征)을 주도하고 대일항전과 국민당과의 수십 년에 걸친 내전에도 불구하고 중국대륙을 장악할 수 있었던 것이다.

(3) 격국(格局)의 확인

모택동의 사주는 인수격(印綬格)이며 이 인수격에 해당되는 사람들은 학자, 교육자, 의사, 사상가들이 많다. 그러나 모택동의 사주는 시간(時干)에 있는 병화(丙火)가 용신(用神)이 되어 있기 때문에 사상가보다는 혁명가 기질이 더 강한 사주다.

(4) 용신(用神) 결정

모택동의 사주를 전체적으로 살펴보면 모택동 자신을 상징하는 갑목일간(甲木日干)이 시지에 해당하는 인목(寅木)에 뿌리를 내리고 월간인 을목(乙木)의 보좌를 받고 있으며, 월지에 있는 축(丑)에 암장되어 있는 계수(癸水)가 투출되어 일간인 갑목(甲木)을 생(生)해 주고 있기 때문에 신왕한 구조를 형성하고 있다.

이렇게 사주가 신왕한 구조를 형성하고 있을 때 용신을 결정하는 방법 -요동(搖動)을 발생시키는 방법- 에는 세 가지가 있다.

첫 번째 방법은 신왕한 구조를 형성하고 있는 에너지에 정반대되는 에너지로써 요동을 발생시키는 방법으로 사주학의 육친론으로 보면 관(官) -관(官)은 나를 극(剋)하기 때문이다(剋我者官魁).- 에 해당된다. 그러므로 모택동의 사주에서는 금(金)이 곧 용신(用神)인 관(官)에 해당되는데, 금(金)이 년지인 사(巳)와 월지인 축(丑)에 암장되어 있기 때문에 용신으로 채택하기에는 너무나 미약하다.

두 번째 방법은 신왕한 구조를 형성하고 있는 에너지를 설기(泄氣)시키는 에너지로써 요동을 발생시키는 방법인데 육친론으로 보면 식상(食傷) -식신(食神), 상관(傷官)은 내가 생(生)해 주는 존재로 나의 기(氣)를 설기(泄氣)해 주기 때문이다(我生者孫)- 에 해당된다. 이 경우에는 화(火)가 용신인 식상에 해당되므로 시간인 병화(丙火)가 년지인 사(巳)와 시지인 인(寅)에 뿌리를 내리고 있으며 일지인 술(戌)의 지장간(支藏干)에도 정화(丁火)가 있으므로 용신으로 채택할 수가 있는 것이다.

세 번째 방법은 신왕한 구조를 형성하고 있는 에너지가 극(剋)하는 에너지로써 요동을 발생시키는 방법으로 육친론에서는 재(財) -재(財)는 내가 극(剋)하는 존재이므로 이 경우에도 나의 기(氣)가 소모되기 때문이다(我剋者妻財)- 에 해당된다. 이 경우에 모택동의 사주에서는 토(土)가 용신인 재(財)에 해당된다. 그런데 이 토(土)가 월지인 축토(丑土)와 일지인 술토(戌土)가 만나서 서로 연합하고 있기는 하지만 천간으로 투출되지 못하고 있는

데다가 월간의 을목(乙木)이 찍어 누르고 있기 때문에 이 역시 용신으로 채택하기에는 미약하다.

그러므로 모택동 사주의 용신은 병화가 된다. 그러나 용신으로 채택되지 못한 금(金)이나 토(土)도 잠재되어 있는 용신이기 때문에 외부요동(外部搖動)인 섭동(攝動)이 증폭시켜 주면 창발현상이 일어난다.

(5) 창발현상(創發現象) 확인

모택동의 사주에서는 언제, 어떻게 창발현상이 일어나고 있는지 살펴보기로 하자. 모택동의 사주는 일간 갑목(甲木)이 강한 신왕구조이기 때문에 이 신왕한 에너지에 반대가 되는 금(金)과, 설기(泄氣)해 줄 수 있는 화(火), 토(土)의 에너지가 요동을 발생시킬 수 있다.

내부요동이 용신이므로 노출되어 있는 용신은 화(火)이며 잠재되어 있는 용신은 토(土)와 금(金)이다. 그러므로 외부요동인 대운에서 용신과 같은 화(火),토(土),금(金)에 해당하는 대운이 오면 용신과 대운이 양(陽)의 피드백 관계가 형성되므로 창발현상이 일어날 것이다. 그러나 용신이 아닌 목(木)과 수(水)에 해당하는 대운이 오면 이루어지는 일이 없게 된다.

모택동의 사주 대운을 보면 9세~28세까지는 용신이 아닌 목(木), 수(水) 대운(大運) -갑자(甲子), 계해(癸亥)- 이었기 때문에 답답한 청·소년기를 보내야 할 시기였다. 실제로 모택동은 넉넉지 못한 소작농의 아들로 태어나서 16세까지 부친의 반대로 학교도 다니지 못하고 농사일을 돕다가 뒤늦게 학교에 들어갔다. 대학 진학이나 해외 유학 등은 꿈도 꾸지 못할 처지였던 그는 1913년에 호남제일사범학교에 입학하였으며, 1918년에 북경대학 도서관 사서(司書)로 재직하다 1919년 5.4운동에 가담했다.

그러다 29세의 임술(壬戌) —임수(壬水),술토(戌土)— 대운이 시작되던 해인 1923년에 중국공산당 제3차 대표회의에 참석하여 중앙집행위원으로 당선되었으며 이후부터 공산당에 적극적으로 참여하게 된다. 그리고 1927년 호남폭동에서 실패한 모택동은 1,000여 명의 패잔병을 이끌고 호남성(湖南省)과 강서성(江西省)의 접경지역에 있는 정강산(井岡山)으로 퇴각하여 '정강산 투쟁'을 전개하면서 모택동의 농촌혁명 전략이 구체화되기 시작한다. 1931년에는 당시 정치국 상임위원이었던 주은래(周恩來)와 강서(江西)에서 처음 만나게 된다. 그러니까 모택동은 29세부터 실질적으로 중국공산당에 입문을 한 것인데, 29세~38세까지의 임술(壬戌) 대운은 임수(壬水)는 좋지 않으나, 술토(戌土) —술(戌)은 모택동 사주의 용신에 해당하는 토·화·금(土·火·金)을 모두 지장간(支藏干)에 함축하고 있다— 의 영향 때문에 힘은 들지만 기초를 다질 만한 대운이었다.

1931년까지만 해도 나이는 어려도 주은래가 공산당 내에서 더 확고한 지위에 있었다. 주은래는 정통 레닌주의에 따라 도시에서 노동자들의 무장봉기를 지지했으며, 모택동은 농촌에서 농민 무장봉기를 주장했기 때문에 서로 대립관계에 있었으나 주은래는 대장정 도중에 모택동을 지지하게 된다. 중국 공산당은 이때까지도 소련파들에게 예속되어 있었는데 모스크바는 일본의 극동지역 침공과 히틀러의 성장에 위협을 느끼고 중국을 재평가하게 된다. 그리하여 농민들의 지지를 받고 있던 모택동의 명성과 세력을 이용하여 홍군(紅軍)과 중국공산당을 강화시킬 목적으로 1934년 1월의 6기 당중앙위원회 제5차 전체회의에서 모택동을 완전히 복권시켰다.

이때가 모택동의 사주 대운에서 39세~58세까지 20년 간 잠재된 용신에 해당되는 금(金) 대운(大運) —신유(辛酉),경신(庚申)—이 시작되고 있을 때이다. 그런데 여기서 금운(金運)은 육친론으로 보면 관운(官運)에 해당되기 때문에 요직에 발탁되는 것을 상징한다.

그러나 이 당시만 해도 명분상 복권만 시켰을 뿐 중국 공산당 군사정책은 오토 브라운(이덕), 박고, 주은래의 삼두체제(三頭體制)에 의해서 결정되고 있었다. 그러나 1934년 4월에 홍군은 장개석의 국민당군에 의하여 최대로 타격을 받으면서 중국 공산당 지도부는 내부 암투로 크게 흔들리게 된다. 홍군의 대참패에 다급해진 중국 공산당은 장개석군의 포위망을 뚫고 대장정을 시도하게 된다. 그러나 모택동은 이 작전에서 철저히 제외되었으며 처음에는 잔류후보자 명단에 있었으나 모스크바의 압력으로 마지막 순간에 통보만 받게 된다. 1934년 10월 16일에 시작된 대장정은 모택동의 나이로 40세 때였는데 그 당시 모택동은 몇 개월째 말라리아를 앓고 있었다고 한다. 그러나 이 대장정이 모택동과 중국 공산당의 운명을 바꾸어 놓았다. 뒤늦게 포위망을 뚫고 후퇴하려는 홍군의 작전을 알게 된 장개석은 홍군을 무찌르기 위해서 약 100개 연대 3~40만 병력을 소집하였다. 그리하여 1934년 11월 25일에 상강전투에서 장개석군은 홍군 전 병력의 절반을 살상하였다. 중국 공산당은 이 상강전투의 작전명령을 내린 소련파의 책임을 물어 이덕, 박고 등을 퇴출시키고 주은래에게 작전권을 이양한다. 그러나 주은래는 1935년 1월 15일에 긴급회의를 소집하여 주덕과 함께 모택동을 지지한다. 그리하여 비로소 모택동은 중국 공산당의 실권을 장악하게 된다. 그리고 사실상 소련으로부터 중국 공산당을 독립시키고 주은래와 정치적 동맹을 결성하게 된다. 이후부터 1935년 10월 19일에 대장정이 끝날 때까지의 전투는 모택동의 작전에 의해서 결정되었다.

대장정은 1934년 10월 16일에 시작되어 1935년 10월 19일에 섬서성에 도착하며 끝나게 되었는데 모택동이 소속된 제1방면군의 주력부대에서는 약 8만 6천명이 참가했으나 불과 4천여 명만 살아남았으며, 18개의 산맥과 1천개 이상의 산을 넘었으며, 24개의 강을 건너고 12개의 성을 가로지르는 장장 1만 2천㎞에 달하는 고난의 행군이었다고 한다. 대장정은 장개석의 국민당군과 지방군벌들에게 쫓고 쫓기는 패배와 전멸의 위험이 숨돌릴 틈도 없이 거듭된 대혈투였으며, 굶주림과 추위에 떨면서 돌파한 대자연에 대한 인간의 승리였다고 후세 사가들은 평하고 있다. 그리고 패잔병에 불과했던 홍군을 산악행군을 수행할 수 있는 세계최고의 정예부대로 만들었을 뿐만 아니라 이동 중에 무려 2억이 넘는 사람들을 만나 공산주의 이념을 전파하며 중국대륙을 붉게 물들여 나갔던 것이다.

모택동은 자신의 사주가 암시하는 것처럼 끈질긴 참을성과 생명력으로 대장정 기간에 병들었던 자신의 몸을 추슬렀으며, 자기의 반대세력을 제거하고 설득하면서 공산당을 장악하고 중국 공산당을 소련으로부터 독립시켰다.

그리고 공산당과 홍군을 재정비하며 섬서성에서 호시탐탐 재기의 기회를 엿보고 있었다. 준비하고 기다리면 때가 오듯이, 1936년 서안에 독전(督戰)차 시찰을 나왔던 장개석이 뜻밖에도 동북지방 군벌이었던 장학량에게 납치되는 이변이 일어났다. 모택동과 공산당에게는 천재일우의 기회가 온 것이다. 모택동은 주은래를 급파하여 장개석을 설득한 끝에 국공합작을 성사시켜 공산당에게 겨누었던 총부리를 일본군 쪽으로 돌리게 했던 것이다. 그 후 1936년부터 1945년까지 대일항전에서 모택동군은 실전의 경험을 충분히 쌓게 되었다. 모택동은 농민협회나 빈농단체 등 중국의 하층기구인 수억 명의 농민층의 지지를 받았기 때문에 장개석군에게 연전연패 당하면서도 농민들의 지지를 받아서 잡초처럼 다시 살아났던 것이다. 모택동은 혁명가에 불과했으나 전술·전략에서도 뛰어났다. 그는 1946년부터 다시 시작된 내전에서도 초창기의 절대적인 열세에도 불구하고 반전에 반전을 거듭하여 역경을 극복하고 승리를 쟁취했던 것이다. 모택동은 이상을 성취하기 위해서는 어떤 희생도 감수하고 인내했으며 승리하기 위해서는 수단과 방법을 가리지 않고 밀어 붙였다고 한다.

그러나 모택동은 20년 간 지속된 금(金) 대운이 끝나고 59세부터 시작된 30년 간의 화(火)·토(土) ―기미(己未), 무오(戊午), 정사(丁巳)― 대운, 그러니까 육친론으로 보면 식상(食傷)·재(財) 대운이 들어오자 권력을 전횡하기 시작한다. 신왕한 사주는 관운에는 발달하지만, 모택동의 사주처럼 관(官)은 지지(地支)에 암장(暗藏)되어 있고 식신(食神)·상관(傷官)이 강할 ―식상(食傷)이라는 것은 내가 생(生)한 자식과 같은 존재로, 식상(食傷)이 강한 사주는 정부(政府)에 해당하는 관을 손상시키기 때문에 무정부주의자나 혁명가가 많고 폭력적이며 사기성이 강하다― 때는 특히 식상운(食傷運)에 권력을 남용하기 쉽다.

모택동은 대약진운동과 문화혁명으로 수천만명의 중국인민들을 희생시키고, 중국 역사상 진시황 이래 무소불위의 권력을 휘두르고 사망한다. 그래도 1958년에 시작한 대약진운동은 경제부흥을 위한 운동이었지만, 1965년에 발발한 문화혁명은 반대세력 압살과 절대권력 확보를 위한 혁명으로 최소한 1억 명 이상이 고초를 겪었다고 한다. 절대 권력을 휘두른 본인에게는 영광이었을지 몰라도 그 엄청난 에너지를 생산적인 곳에 썼든지, 아니면 혁명가는 혁명가로 끝내고 능력 있는 후배들에게 권력을 넘겼어야 했을 일이었다.

아무튼 장개석과 모택동의 사주(四柱)를 통해서 창발현상(創發現象)이 일어났던 시기를 추적해 본 결과를 요약하면, 복잡계에서는 창발현상은 요동(搖動)이 양(陽)의 되먹임고리에 의해서 증폭될 때 일어난다고 이분법적인 단순한 메커니즘으로 설명하고 있는 데 반하여 사주학에서는 음(陰)과 양(陽)의 되먹임고리를 육친론을 이용하여 더욱더 구체적으로 세분하여 이용하고 있다.

지금까지 설명한 복잡계와 사주학의 창발현상에 대한 메커니즘을 간략하게 도표화하면 다음과 같다.

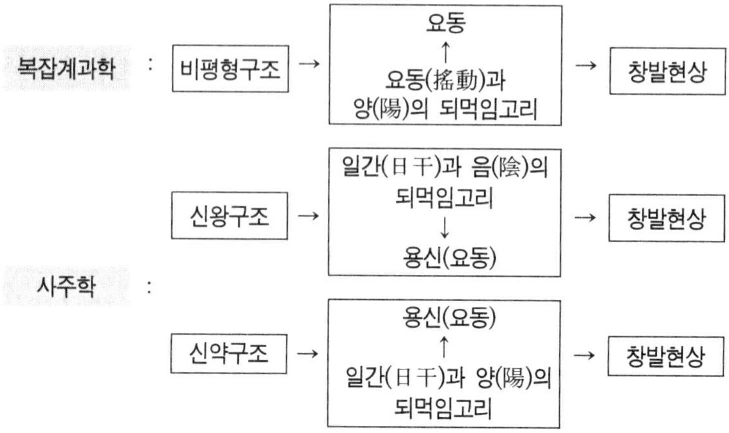

〈그림〉 복잡계과학과 사주학의 창발현상 발생 메커니즘

앞의 도표에서 사주학의 경우 신왕구조일 때는 일간과 양(陽)의 되먹임고리에 해당하는 에너지가 신왕구조를 형성하고 있기 때문에 요동(搖動)은 이 에너지에 반대가 되는 에너지에 해당된다. 그러므로 창발현상이 일어나려면 일간과 음(陰)의 되먹임고리 관계에 있는 에너지가 요동을 증폭시켜 주어야 한다는 것이다. 그런데 여기서 주의해야 할 점은 일간과 음의 되먹임고리 관계에 있는 에너지란 곧, 요동과는 양의 되먹임고리 관계에 있는 에너지가 된다는 것이다.

또한 신약구조의 경우에는 일간과 음의 되먹임고리에 해당하는 에너지가 신약구조를 형성하고 있기 때문에 요동은 이 에너지에 반대가 되는 에너지이므로 창발현상이 일어나려면 일간과 양의 되먹임고리 관계에 있는 에너지가 요동을 증폭시켜 주어야 한다. 그러므로 이 경우에도 일간과 양의 되먹임고리 관계에 있는 에너지란 요동과도 양의 되먹임고리 관계가 되므로, 신왕구조이든 신약구조이든 결국은 창발현상이 일어나려면 요동과 양의 되먹임고리 관계에 있는 대운(大運)이 요동을 증폭시켜 주어야 하므로 복잡계의 메커니즘과 일맥상통하는 것이다.

다만 사주학에서는 음과 양의 되먹임고리를 육친론으로 더 세분하여 활용하고 있다. 이와 같이 사주학으로 한 사람의 사주를 분석하려면 복잡계과학의 주요이론들을 모두 동원해야 할 정도로 사주학은 복잡계과학과 밀접한 관계가 있다. 그러므로 복잡계과학에서는 사주학의 초기조건 설정방법, 육친론에 의한 창발현상의 예측방법, 실생활에 적용하는 방법 등을 연구해서 적극적으로 응용할 필요가 있다.

:: 8

비평형구조와 신왕·신약론

non-equilibrium structure

- 비평형구조는 우주의 기본질서이다 !
- 평형과 비평형을 넘나드는 상전이 현상과 사단론
- 새로운 질서의 근원 비평형상태
- 비평형체제하의 자기조직화
- 주역의 불균형괘로 본 비평형구조

비평형구조는 우주의 기본 질서이다!

에리히 얀치(Erich Jantsch)에 의하면 우주는 신이 위에서 창조한 것이 아니라 우주 안에서의 정물질(matter)과 반물질(anti-matter)의 대칭성 파괴와 더불어 우주 창조의 대폭발(Big-Bang)이 일어난 것이며, 그 혼돈 상태로부터 150억년 동안 진화하면서 오늘의 별들과 은하계를 포함한 다양한 우주질서를 이루게 되었고 계속 더 고도한 질서를 향하여 진화하고 있다는 것이다. 만일 물질과 반물질의 형성과 소멸의 대칭성이 완벽하게 유지되었다면 우주는 오로지 방사(放射, radiation)만으로 구성되었을 것이다. 그 이유는 우리 주위에 물질과 반물질이 같은 양으로 존재한다면 반입자들이 우리 몸을 이루고 있는 입자들과 만나 쌍소멸을 일으켜 빛 등으로 변화하기 때문에 우리는 더 이상 존재할 수가 없게 되기 때문이다. 이와 같이 입자와 반입자의 불균형이야말로 우리가 사는 세계가 존재할 수 있는 근거를 이룬다. 그런데 우리 주변의 세계에서는 다행스럽게도 입자들과 반입자들간에 놀라운 비대칭성이 존재하고 있다.

어떻게 이것이 가능한 것인가? 이러한 상황을 설명하는 모형이 1966년에 당시 소련의 반체제 물리학자였던 안드레이 사하로프(Andrei Dimitrievich Sakharov)에 의하여 제안되었으며 오늘날 많은 연구가 이 방향으로 진행되고 있다(사하로프 박사는 1975년에 노벨평화상을 수상했다). 이 모형의 한 필수적인 요소는 물체의 생성시에 우주가 비평형상태의 조건들 하에 있어야만 한다는 것이다. 왜냐하면 평형상태에서는 질량작용의 법칙이 똑같은 양의 물체와 반물체를 필요로 하였을 것이기 때문이다. 우리가 여기서 강조하고자 하는 것은 '비평형상태'가 이제 새로운 우주적인 차원을 얻게 되었다는 것이다. '비평형상태'가 없이는 그리고 그것에 연결된 비가역과정들이 없이는 우주는 완전히 다른 구조를 가졌을 것이다.

우주뿐만 아니라 우리가 숨 쉬며 살고 있는 대기권 역시 고도의 화학적 '비평형상태'에 있다. 일부 기체들은 주어진 산소용량을 지닌 어느 평형계가 '허용할 수 있는'양의 최고 1,030배가 대기권에 있는 경우가 있다. 이와 같이 '비평형'은 흩어지는 구조들의 자기조직과 자기갱신 형태의 기본적인 조건 가운데 하나이다.

그것은 마치 생물세포가 신진대사를 함으로써 자기갱신을 하면서 스스로의 조직을 유지하는 것과 같다. 그리고 이러한 물리적인 또는 화학적인 구조가 '분산구조'라고 불리는 이유는 이 구조를 유지하는 데 그 이전의 단순한 구조보다 더 많은 에너지가 필요하기 때문이다. 그러니까 '평형구조'가 활력이 없는 정체된 구조라면 '비평형구조'는 에너지가 넘치는 구조이다.

그러니까 우리가 살고 있는 이 우주는 비대칭적이고, 비평형적인 역동적인 체계였던 것이다. 대기권 역시 비평형상태에 있기 때문에 날씨 또한 변덕스럽고 역동적이다. 장마와 함께 태풍이 몰아치기도 하고 몇 달씩 가뭄이 들어서 농사를 망치기도 한다. 그런데 이러한 기후의 영향을 받고 있는 모든 생물들이나 인간도 비평형체계에서 예외일 수는 없다. 그러기 때문에 자연의 기상현상은 인간 세상에서도 그대로 재현된다. 그러나 그동안 우리 인간은 이러한 자연의 실체를 몰랐기 때문에 혼란스럽고 거칠게만 느껴지는 비평형체계를 두렵게만 인식했던 것이다.

평형과 비평형을 넘나드는 상전이(phase transition) 현상과 사단론(四端論)

자연은 인간을 탄생시키고, 길러 주며, 가르쳐 주는 반면교사라고 할 수 있다. 뉴턴이 사과나무 아래서 사과가 떨어지는 것을 보고 만유인력법칙의 착상을 얻었다고 하는데 동양철학이야말로 자연관찰로부터 시작된 학문이다. 수렵·채집시대를 비롯하여 농경시대에도 기후가 인간생활에 끼친 영향은 막대하였겠지만 특히 벼농사를 위주로 하는 동양은 기후가 생존과 직결되는 문제였을 것이다. 그러기 때문에 태음(太陰)·태양력(太陽曆)을 혼합한, 세계 어느 지역에도 없는 24절기(節氣)란 아주 과학적인 역법체계를 만들어서 농사에 적극적으로 활용하였다. 인간과 기타동물의 가장 큰 차이는 직립에 의한 손의 활용에서부터 시작되었다고 한다. 그러나 또 한 가지 오늘날 인간을 동물과 구분지을 빼놓을 수 없는 요인은 바로 인간은 농사를 지을 줄 아는 동물이라는 것이다. 농사는 명실공히 인간의 삶을 풍요롭게 하여 오늘날의 인류로 급팽창시키는 견인차가 되었다. 그리고 농사를 잘 짓기 위해서는 그 무엇보다도 자연의 변화를 정확히 알아야 했을 것이다.

주역은 세계에서 자연과학의 요소들을 가장 많이 내포하고 있는 철학적인 문헌으로 동양고전 중에서 가장 먼저 성립된 것으로 추정되는 난해한 책이다. 그런데 이런 주역의 본경(本經)인 역경(易經)의 단사(彖辭) 처음이 중천건괘(重天乾卦)로 시작되는데 그 첫 구절이 다음과 같이 시작된다.

"乾(건)은 元亨利貞(원형이정)하니라."

위의 구절을 현대적으로 쉽게 의역하면 이렇다. "하늘은 봄·여름·가을·겨울을 있게 하느니라." 즉 하늘은 사계절의 특성을 함축하고 있다는 것이다. 물론 여기서 건(乾)이라는 글자는 단순히 하늘만을 상징하는 것이 아니라 태양과 인간과 식물의 관계를 글자 한 자에 함축하고 있다.

① 乾 ② ③ (① 𠦝은 태양이 돌고 있는 것. ② 人은 사람 ③ 乙은 식물의 싹이 뻗어나가는 모습)

건(乾)은 형성문자(形聲文字)이면서 회의문자(會意文字)로 乾=𠦝+乙의 합성글자이다. '倝'은 음이 '건'이므로 음을 나타내 보임과 동시에 태양이 도는 것을 인간이 지켜보고 있으며(고대인들은 지구의 자전현상을 몰랐기 때문에 태양이 지구를 돈다고 생각했을 것이다), '乙'은 초목이 태양 볕을 받아 서서히 싹이 자라는 모양이다. 결국 乾이라는 글자는 천지인(天地人) 삼재(三才)와 사계절을 있게 하는 상징적 의미가 종합적으로 함축되어 있는 글자이다. 그러면 주역에서 왜 건괘(乾卦)를 맨 처음 등장시켰으며 하필이면 사계절부터 논하기 시작했을까? 지금부터 3천년 전이라면 동양에도 수렵·채집시대가 끝나고 본격적으로 농경사회가 진행된 시기라고 볼 수 있다. 농사를 짓는 데는 뭐니 뭐니 해도 기후가 가장 중요하고 그 기후를 변화시키는 데는 하늘, 즉 태양의 영향이 가장 컸다는 것을 이미 고대인들도 잘 알고 있었기 때문에 주역의 첫 구절을 사계절부터 논한 것이라고 볼 수 있다. 만일 동북아 문화권이 열대나 한대 기후권이었다면 이런 철학적인 사유는 나오지 않았을 것이다.

주역의 첫 구절인 "乾 元亨利貞" 이야말로 동양철학을 네 글자로 압축할 수 있는 과학적이고 철학성이 뛰어난 구절로 모든 동양문화에 두고두고 엄청난 영향을 끼치게 된 명문이 되었다. 주역의 초기 경전인 단사(彖辭)의 이 원형이정(元亨利貞)을 전국시대에 성립된 것으로 추정되는 건괘(乾卦) 문언전(文言傳)에서는 사단(四端)인 인의예지(仁義禮智)로 규정짓게 되고 후세의 학자들에 의해서 사단론(四端論)으로 발전하게 된다. 맹자는 사단을 다음과 같이 명료하게 설명하고 있다.

측은지심(惻隱之心)은 인지단야(仁之端也)요
수오지심(羞惡之心)은 의지단야(義之端也)요
사양지심(辭讓之心)은 예지단야(禮之端也)요
시비지심(是非之心)은 지지단야(智之端也)니라.
—맹자 공손축상(孟子 公孫丑上)—

측은히 여기는 마음은 인(仁)이 시초가 되며,
부끄러워하고 미워하는 마음은 의(義)가 발단이 된다.
사양하는 마음은 예(禮)가 그 시초요,
옳고 그름을 가리는 마음은 지(智)로부터 발생된다.

이 사단론은 후일에 조선조 최대의 논쟁인 퇴계(退溪)와 고봉(高峰)의 사단칠정론(四端七情論)의 토대를 마련해 놓았던 것이다. 이와 같이 기후의 변화는 인간에게 철학적 사유를 하도록 하는 원인이 되었던 것이다. 그러나 우리가 여기서 확실히 짚고 넘어가야 할 것은 원형이정(元亨利貞)은 자연과학적 용어였으며 인의예지(仁義禮智)는 사회과학적 용어라는 것이다.

동양학문이 서양학문과 크게 다른 것은 동양학은 자연과학과 사회과학이 혼합되어 있다는 것이다. 근대서양의 모든 학문들은 자연과학과 도덕적 세계가 분리되어 발전해 왔다. 그러나 동양학문들은 항상 자연과 인간을 연계시켜서 해석했다.

그런데 사계절을 상징하는 원형이정이야말로 상전이(phase transition) 현상과 밀접한 관련이 있으며. 상전이 현상 때문에 평형상태가 비평형상태로 변화할 수 있는 것이다. 상전이(相轉移)란 물질이 온도나 압력 등과 같은 외부 제어변수의 변화에 의해서 그 상(相, phase)이 바뀌는 것으로, 그 대표적인 예를 들자면 얼음이 물이나 수증기로 변화하는 것이다.

우리는 흔히 일상생활에서 1년 365일을 봄, 여름, 가을, 겨울 등 사계절로 구분하여 쓰고 있다. 그러나 막상 계절과 계절 사이의 경계를 명확히 나누어 보려고 하면 그 기준점을 확실히 정할 수가 없을 것이다. 그런데 13세기에 동양의 사주학자들에 의해서 성립된 24절기(二十四節氣)에 의하면 봄은 입춘, 여름은 입하, 가을은 입추, 겨울은 입동을 기점으로 잡고 있다. 그러나 서구에서는 봄을 춘분, 여름은 하지, 가을은 추분, 겨울은 동지를 기점으로 잡고 있다. 이와 같은 동·서양의 사계절 구분방법을 살펴보면, 하루의 밤과 낮의 길이의 변화에 의한 서구의 구분방법이 합리적으로 보인다. 그러나 상전이 현상이라는 기준에 의하면 동양의 구분방법이 훨씬 과학적이라는 것을 알 수 있게 된다. 동양의 24절기에 의하면 봄의 시작을 알리는 입춘은 매년 양력으로 2월 4일 경이 되는데, 사실 이 무렵의 날씨는 혹한기를 지난 지 얼마 안 되는 때로 봄이라기보다는 겨울에 가깝다고 할 수 있다. 그러나 이즈음부터 얼음이 녹았다 얼었다 반복하기 때문에 상전이가 일어나기 시작한다. 마찬가지로 입하 무렵에는 물의 증발이 시작되며, 입추 무렵에는 이슬이 맺히기 시작하고, 입동때는 얼음이 얼기 시작한다.

그러면 동양철학자들은 왜 그렇게도 사계절을 중요시해서 사단론으로까지 발전시켜 자연과학을 사회과학으로 승화시켰을까? 그 이유는 지구상의 모든 생물들이 기후의 영향권을 떠날 수 없고 인간도 예외가 될 수 없기 때문이며, 모든 동물이나 식물들은 일단 해빙이 되어야 겨울잠에서 깨어나 기지개를 켤 수 있기 때문이다. 대다수의 식물들은 봄에 동토가 녹은 후 땅을 갈아서 씨를 뿌려주면 싹이 돋고 자라다가 여름이 되면 폭발적인 성장을 한다. 그러니까 봄에 얼음이 녹는다는 것은 평형에 가까운 상태를 말하는 것이고, 여름에 물이 수증기로 증발하는 현상은 평형상태에서 멀리 떨어진 비평형상태를 말하는 것이다. 여기서 우리는 대다수의 식물들이 비평형상태인 봄과 여름에만 성장한다는 사실에 주의를 기울여야한다. 그러면 비평형구조가 조직의 성장과 재조직에 왜 필요한가를 알 수 있게 될 것이다.

그러니까 20세기에 와서야 밝혀진 상전이 현상의 메커니즘을 동양에서는 이미 13세기에 사주학자들에 의해서 실생활에 적용하고 있었다.

새로운 질서의 근원 비평형상태

환경과 단절된 고립된 시스템에서는 엔트로피가 생산되어 그 구조 내부에 축적되는 것이지만, 환경과 더불어 에너지와 물질(정보까지도)을 교환하는 개방된 시스템에서는 환경으로부터 에너지를 받아들이고, 그 구조 내부에서 생산되는 엔트로피를 환경에 수출한다. 환경으로부터 에너지 수입량과 엔트로피 수출량이 거의 균형을 이룰 때는 그 구조가 평형상태에 있지만 수출·입량이 균형을 잃을 때는 비평형상태가 된다. '평형상태'의 구조는 안정된 것이지만 '비평형상태'의 구조는 불안정하여 끊임없이 요동하고, 그 요동이 격심하여 분기점에 이르면 종래의 구조는 무너지고 새로운 구조가 나타난다.

프리고진은 이 요동을 통한 새로운 질서의 출현을 '분산구조'라고 불렀다. 프리고진을 가장 매료시켰던 것은 생물이 '비평형'이라는 조건 하에서 생명과정들을 유지할 수 있다는 사실이다. 그는 열평형상태와는 거리가 먼 시스템들에 매혹되었다. 평형상태와 거리가 먼 안정성의 수수께끼를 풀기 위해서 프리고진은 살아있는 시스템들을 연구하지 않고 '베나르 불안정성'(Benard instability)이라고 알려져 있는 보다 단순한 열대류(熱對流) 현상에 관심을 돌렸다. 20세기 초에 프랑스의 물리학자 베나르(Henri Benard)는 액체의 얇은 층을 가열하면 기이한 질서를 갖는 구조가 탄생한다는 사실을 발견했다. 얇고 큰 냄비에 담긴 액체를 밑에서 균일하게 서서히 가열하면 처음에는 그 액체 층의 온도가 균일해서 그 시스템은 열역학적 평형상태에 있게 된다. 이 평형상태에서는 그 냄비의 밑으로부터의 열은 열전도(熱傳導)에 의해서만 퍼져나간다.

열전도란 분자들이 열진동 상태에 들어가서 제자리에서 움직이지 않은 채 이웃 분자들과의 접촉에 의하여 열에너지의 일부를 전달하는 메커니즘을 말한다. 그러나 냄비를 점점 뜨겁게 가열하면 온도의 기울기가 가파라지면서 열 비평형이 늘어난다. 그리고 어느 일정한 기울기에 이르면 열대류가 시작된다. 이때는 엄청난 숫자의 분자들이 이동함으로써 열이 전달된다.

초기의 작은 요동은 주변 환경에 의해서 억제되지만 열이 어떤 한계를 넘어서면 그 요동은 억제되는 것이 아니라 증폭되고 그 시스템 전체가 돌연히 전도로부터 대류로 바뀌는 것이다. 이와 같이 열의 침투가 많아질 때는 그 증가된 열에 대처하기 위하여 그 시스템은 수백만 개의 액체 분자들을 재조직하여 새로운 구조로 변하게 하는 것이며, 이때 다수의 분자들이 약속이나 한 듯이 매우 놀라운 질서 패턴을 갖는 육각형 셀(벌집)들이 나타난다. 이 패턴에서 뜨거운 액체는 셀들의 중심을 통해 상승하고, 상대적으로 온도가 낮은 액체는 셀의 벽을 따라 바닥으로 내려간다.

이러한 '베나르 셀'에 대한 프리고진의 상세한 분석은 이 체계가 평형상태에서 멀어질수록(즉, 액체 전체에 걸쳐 균일한 온도를 갖는 상태에서 멀어질수록) 불안정성의 임계점에 도달하며, 그 지점에서 질서있는 육각형 패턴이 창발된다는 것을 보여주었다. 이와 같이 비평형상태의 요동에서 구질서가 무너지고 새로운 질서가 나타나는 '분산구조'의 예는 실험실의 실험에서만 국한되지 않고 자연에서도 폭넓은 조건 하에서 발생한다.

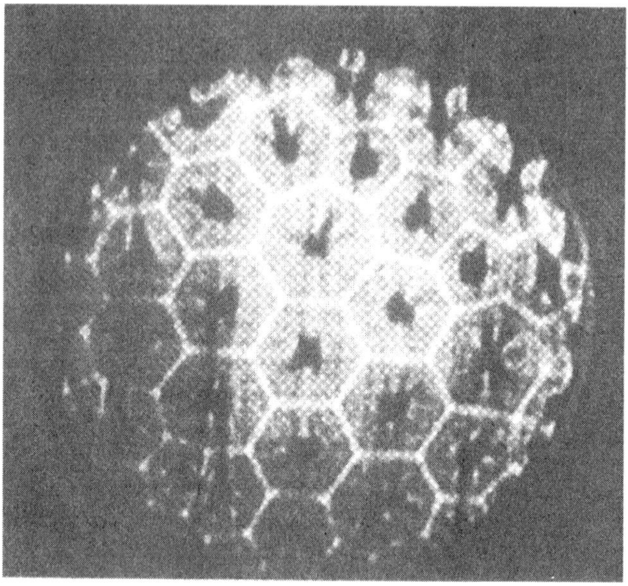

〈그림〉 베나르 셀 그림

원통형 용기 속에 들어있는 육각형 베나르 셀들: 위에서 본 모습이다.
용기의 직경은 약 10센티미터이며, 깊이는 약 0.5센티미터이다.
(Berge.1981)
출처: 「생명의 그물」 p.123 그림

일례로 뜨거운 공기가 지표면에서 바깥쪽 공간을 향해 이동하는 흐름은 사막의 사구(砂丘)나 북극지방의 설원에 그 흔적을 남기는 육각형 순환 소용돌이를 일으키고 있다.

과거에 물리학자들은 비평형상태에는 흥미있는 물리적 정보가 전혀 들어 있지 않다고 믿었다. 열역학적 비평형은 무엇인가 새로운 것의 근원이라기보다는 일시적인 평형의 교란 상태로 다루어졌다. 하지만 프리고진은 30년에 걸친 연구 끝에 바로 다음과 같은 확신에 도달했다. 그에 따르면 '비평형성'은 자연발생적 구조와 현상을 기술해 주는 비가역 과정들의 비선형적 열역학의 기초가 되는 질서, 또는 조직의 근원이 될 수 있다.

비평형체제(non-equilibrium system) 하의 자기조직화

혼돈체제는 잡음(noise)에 의한 무질서와는 구별되는 모든 체제에 내재된 결정론적 혼돈행태를 보이는 비평형상태와 안정상태를 보이는 평형상태를 포괄하는 체제로, 질서란 혼돈의 일부라는 점을 주목할 필요가 있다. 혼돈체제라는 개념을 이해하려면 우선 평형이론과 비평형이론의 차이점을 알 필요가 있고, 두 이론의 차이점을 파악하기 위해서 우선 '평형'상태의 체제, '평형 근처'의 상태에 있는 체제(near-to-equilibrium system), 그리고 '평형상태에서 먼' 체제(far-from-equilibrium system)들을 구별할 필요가 있다.

원시적인 한 족속을 생각해 보자. 만일 이 족속의 출생률과 사망률이 같다면 이 족속의 인구는 안정적으로 유지될 것이다. 적당량의 식량과 다른 자원이 있다고 할 때, 이 족속은 생태적인 평형상태에 있는 한 국지적인 체제의 한 부분을 이루고 있게 된다. 출생률을 증가시켜 보자. 상응되는 사망자의 수가 없는 약간의 추가적인 출산은 별로 영향을 주지 않을 것이다. 체제는 평형에 가까운 상태로 변해갈지 모르나 큰 변화는 일어나지 않는다. 평형상태나 이에 가까운 상태에 있는 체제들이 큰 변화를 일으키려면 커다란 충격이 필요하다.

그러나 만일 출생률이 급격히 상승하게 되면 체제는 평형상태에서 멀리 밀려나게 될 것이며, 이때에는 비선형관계가 주로 지배하게 될 것이다. 이러한 상태에서는 체제들이 이상한 일들을 하게 된다. 외부 영향에 극도로 예민해지거나 작은 입력에도 거대하고 깜짝 놀랄 만한 효과를 나타내게 된다. 즉 전 체제가 우리가 보기에는 괴상하다고 할 수 있는 방법으로 그 자신을 재조직하게 될지 모른다.

평형에서 멀리 떨어진 상태에서는 매우 작은 섭동 또는 요동들이 구조를 파괴하는 거대한 파동으로 증폭되어 간다는 것을 알 수 있다.

그리고 이것은 모든 종류의 '혁명적'인 변화과정들을 이해하는 데 도움을 준다. 평형에서 멀리 떨어진 상태와 비선형과정 그리고 복잡한 되먹임고리체제들을 연구하여 얻은 통찰력들을 종합하면 소위 본격적인 과학과 삶의 유사 과학들 또는 사회적 과정들까지도 연결지을 수 있는 전반적인 새로운 접근방식이 열리게 될 것이다.

분산구조의 개념이 내포하고 있는 변화에 관한 프리고진과 스텐저스의 이론에 의하면, 요동이 현존하는 체제를 평형에서 멀리 떨어진 상태로 보내면서 이 체제의 구조를 위협하게 되면 이 체제는 임계순간 또는 분기점에 도달하게 된다. 이 점에서는 이 체제의 다음 상태를 미리 결정한다는 것이 처음부터 불가능하다는 것이다. 이 때 우연히 이 상태의 체제를 건드려 새로운 경로를 밟게 한다. 그리고 일단 경로가 선택되면 다음 분기점에 도달할 때까지는 다시금 결정론이 지배하게 된다(최창현, 2000 참조). 간단히 말하자면, 여기서 우리는 우연과 필연이 화해될 수 없는 대립적인 것들이 아니고 운명 속에서 각각 동반자로서의 역할을 하고 있다는 것을 알게 된다. 사회체제와 환경 간의 관계에 관한 이론은 크게 임의주의(Child, 1972 ; Silverman, 1970)와 결정주의(Hannan & Freeman, 1990)로 양분되나 혼돈이론의 도입으로 이 두 관점의 조화가능성이 엿보인다.

밀러가 예로 든 기업의 성공에서 실패로 가는 경로는 증폭적 되먹임고리 과정에 의해 발생된 것이다. 처음에는 선되먹임고리가 결국 악되먹임고리로 가고 만다. 악되먹임고리는 조직을 두 가지 방향으로 몰고 가는데, 그 중 집중화 추락궤도와 유리화 추락궤도는 조직을 중앙통제적이고 질서정연한 안정된 평형상태로 몰고 가며 모험 및 발명 추락궤도는 조직을 분권화하고 부문화하는 불안정적 평형상태로 몰고 간다. 이 결론 역시 성공적인 조직은 안정적 평형상태를 지향하는 경향이 있다는 전통적인 아이디어에 대한 중대한 도전이다. 즉, 안정적 평형상태를 회피해야만 한다는 점을 시사하고 있다.

조직은 안정적 평형 혹은 불안정한 평형상태로 가려는 강한 힘을 지속적으로 거부하여 혼돈의 영역에 머물러야만 한다는 것이다. 그 이유는 다음 두 가지이다.

첫째, 조직과 환경간의 평형 관계를 유지하려는 것은 조직의 실패를 초래한다. 관리자들이 조직의 장점에 안주하여 안정감에 빠지게 될 경우 조직은 환경과 적응하는 안정적 평형상태로 끌려가고 조직은 고객이 원하는 것만을 하며 고객의 요구가 변할 때까지 계속 그러할 것이다. 이 경우 조직은 혁신성을 잃게 되어 혁신적인 경쟁사와의 경쟁에서 도태된다. 그 반면에 또 한편으로는 관리자들을 환경으로부터 격리시키는 즉, 고객이 무엇을 원하는지 경쟁 조직이 무엇을 하고 있는지 무관심하여 불안정한 평형상태에 빠지는 경우가 있다. 이 경우 조직은 혁신성을 잃게 되고 경쟁 조직에 의해 도태되고 만다. 앞에서 언급한 밀러의 연구와 마찬가지로 평형상태의 조직은 혁신할 수 없다는 결론에 도달하게 된다. 안정적 평형과 불안정한 평형간의 혼돈의 경계만이 성공적인 조직으로 가는 길이다.

조직성공과 혼돈을 동일시하는 두 번째 이유는 조직 통제의 특질에서 비롯된다. 이 경우에도 평형상태를 유지하려는 조직은 실패한다. 통제 체제는 편차상쇄 되먹임고리가 작용하는 상황 하에서만 작동하기 때문에 집권화를 통한 조직 통합을 강조하는 안정적 평형상태를 원하는 조직을 유인하는 강력한 힘이 존재한다. 만일 조직이 이러한 힘에 굴복하게 되면 조직은 경직화하여 급격한 변화에 대처할 수 없게 된다. 또 다른 한편으로 통제 체제는 편차증폭 되먹임고리 하에서 작동할 경우 분권화와 분화를 강조하는 불안정한 평형상태로 조직을 끌어당기는 힘이 존재한다. 조직은 경직화와 조직와해로 끌어당기는 이 두 가지 힘에 저항해야만 하며 그 대신 평형으로부터 멀리 떨어진 상태를 유지해야만 한다(Stacey, 1992).

주역의 불균형괘로 본 '비평형구조(non-equilibrium structure)'

그동안 물리학자들은 열역학적 비평형상태를 평형상태에 대한 일시적인 혼돈으로 보았으나 프리고진과 스탠저스 등은 비평형상태가 자율적인 질서창조의 원천이 될지도 모른다고 주장했다. 평형상태의 구조는 안정된 것이지만 비평형상태의 분산구조는 불안정하여 끊임없이 요동치고 그 요동이 격심하여 분기점에 도달하면 종래의 구조는 무너지고 새로운 구조가 나타날 수 있기 때문이다. 좀 더 엄밀히 말하면, 평형상태에서 멀리 떨어진 체제가 곧 프리고진이 주장하는 분산구조라고 할 수가 있다.

그런데 2,500여년 전에 성립된 주역의 역경을 분석해 보면 이미 평형과 비평형은 물론이고, 평형상태의 체제와 평형근처의 상태에 있는 체제, 그리고 평형상태에서 먼 체제에 대한 개념이 64괘의 명칭과 64괘를 해설한 괘사(卦辭)와 384효를 해설한 효사(爻辭)에 내재되어 있다. 그러면 지금부터 역경에서는 이 부분을 어떻게 해석하고 있었는지 밝혀보기로 하자. 그런데 여기서는 괘사와 효사부분은 다루지 않고 64괘의 명칭만을 가지고 논하기로 한다.

주역의 8괘는 균형이 잡힌 괘와 불균형 상태인 괘로 분류할 수 있다. 그리고 균형괘는 평형성, 불균형괘는 비평형성과 관련이 있다. 주역의 8괘는 건, 태, 리, 진, 손, 감, 간, 곤으로 되어 있다. 그런데 이 8괘를 균형괘와 불균형괘로 분류해 보면 다음과 같다.

건(乾) 리(離) 감(坎) 곤(坤)

〈균형괘〉

태(兌)　진(震)　손(巽)　간(艮)

〈불균형괘〉

앞의 도표에서 분류한 균형괘를 본래 주역에서는 도전괘(倒顚卦)라고 부른다. 그 이유는 글자 그대로 괘를 뒤집어도 모양이 변하지 않기 때문이다. 그리고 8괘 중에서 균형괘에 해당되는 건·리·감·곤은 하늘과 불, 물, 그리고 땅을 상징하는 것으로 불균형괘에 해당하는 태·진·손·간이 상징하는 연못, 우뢰, 바람, 산에 비해서 상대적으로 더 근원적이기 때문에 변화가 있어서는 안 되는 것들이다. 그런데 여기서 균형괘와 불균형괘는 표면적인 상(象)에 의해서 분류한 것이고, 그 내면을 살펴보면 8괘는 세 개의 효로만 구성되므로 음양의 균형이 원래부터 깨져있기 때문에 사실은 8괘의 전부가 불균형괘라고 할 수 있다. 그러니까 우주나 지구의 대기권이 비평형상태이듯이 주역 64괘의 기본인 8괘도 비평형적인 것이다.

8괘의 조합으로 이루어진 64괘를 균형괘와 불균형괘로 분류해 보면, 균형괘는 외형상으로는 건·감·곤·리·대과(大過)·중부(中孚)·이(頤)·소과(小過) 괘로 8개뿐이며, 내면적으로는 64개 중에서 20개만 음·양효가 3:3으로 균형을 이루고 있다. 그런데 절(節)·비(賁)·여(旅)·곤(困)·비(否)·태(泰)·항(恒)·기제(旣濟)·미제(未濟)·손(損)·익(益)·함(咸)·정(井)·풍(豊)·서합(噬嗑)·환(渙)·수(隨)·점(漸)·고(蠱)·귀매(歸妹) 등 20개의 균형괘 중에서 태·기제·익·함·풍 괘를 제외하고는 어렵고 힘든 괘로 명칭을 붙이고 있다. 그러나 불균형괘 중에서도 평형상태에서 먼 체제라고 할 수 있는, 극단적인 불균형괘인 여섯 개의 효에서 하나의 효만 음효나 양효로 구성되어 있는 괘들을 분석해 보면, 쾌(夬)·대유(大有)·소축(小畜)·리(履)·동인(同人)·구(姤)·복(復)·사(師)·겸(謙)·예(

豫)·비(比)·박(剝) 등 12괘가 있는데 이 중에서 박괘(剝卦)를 제외하고 다른 괘들은 무난하며, 대유와 동인괘는 64괘 중에서 가장 좋은 괘에 해당된다. 그러니까 역경의 저자들도 변화가 없는 정체된 평형적인 괘들보다 역동적인 비평형괘를 더 중요시했던 것이다. 여기서 불균형괘를 에너지가 풍부한 역동적인 비평형상태의 괘로 해석할 수 있는 이유는, 음효나 양효가 한쪽으로 치우쳐 있다는 것은 에너지가 한쪽으로 몰려 있다고 볼 수 있기 때문이다.

:: 9

요동과 공진화 그리고 용신론

fluctuation & coevolution

- 생명과 자연의 자기조절 시스템
- 요동을 통한 새로운 질서, 용신론
- 복잡성과 체제의 역동적 진화과정
- 사자와 얼룩말의 공진화

생명과 자연의 자기조절 시스템

생명의 자기조절 시스템

20세기에 들어서면서 현대과학계는 기계론에서 전일론으로, 물리학에서 생물학으로의 패러다임의 대 전환이 일어났다. 이 새로운 패러다임의 주요 테마 중의 하나는 생명에 대한 '시스템적 관점'이라고 할 수 있는데 이 '시스템적 사고'는 20세기 후반에 복잡성수학, 컴퓨터, 자기조직화(self-organization)라는 강력한 새로운 개념의 출현 때문에 괄목할 만한 진전을 보게 되었다.

실제로 '자기조직화이론'은 생명에 대한 '시스템적 관점'에서 중심적인 개념으로 등장했고 피드백이나 자동조절 같은 개념들과 마찬가지로 연결망과 밀접하게 연결되어 있다.

> 그런데 바로 이 생명의 '자기조직화이론'은 사주학(四柱學)의 '용신론(用神論)'에 대한 신비로운 수수께끼를 과학적으로 풀어줄 유일한 이론이다.

생명의 '자기조직화' 개념은 이미 19세기에 프랑스의 생리학자 클로드 베르나르(Claude Bernard)가 생물체의 자기조절에 있어서 피드백(feedback) 개념의 순환성을 간파하면서 시작되었다. 그 후 미국의 생리학자 월터 캐넌(Walter Cannon)이 '항상성'(homeostasis)이라는 용어를 쓰면서 생물체들이 내부 또는 외부 조건의 변화에 관계없이 자신의 생활에 적합한 형태를 유지하는 능력을 가지고 있다고 주장하면서 구체화되기에 이르렀다.

그리고 20세기 말에 벨기에의 일리야 프리고진은 '분산구조'로 물리학적으로 그 증거를 포착했으며, 영국의 대기화학자 제임스 러브록

(James Lovelock)과 미국의 미생물학자 린 마굴리스(Lynn Margulis)의 '가이아이론'(Gaia theory)으로까지 발전하기에 이르렀다.

우리가 살고 있는 지구는 아주 절묘한 공간에 적당한 크기로 자리잡고 있는, 생명이 충만한 행성이다. 지구는 태양에서 가깝지도 멀지도 않은 적당한 거리에 위치해 있기 때문에 태양계의 타 행성들에 비해서 아주 춥지도 덥지도 않은 알맞은 온도를 유지할 수 있고, 그러기 때문에 물의 순환이 이루어지고 있으며 또한 지구 자신이 너무 크지도 작지도 않기 때문에 적당한 중력과 대기권을 형성할 수 있어서 생물들에게는 너무나 살기 좋은 환경을 유지하고 있다.

'가이아이론'이 나오기 전까지는 지구의 이와 같은 물리적 조건들이 생명을 존재할 수 있도록 해주는 우연한 일로 생각되었다. 그러나 그런 우연한 조건도 생명체 없이는 지속될 수 없었을 것이라는 사실이 드러나고 있다. '가이아'의 작용이 아니었다면 지구의 물리적, 화학적 변화가 계속되어 지구는 오래지 않아 생명이 깃들 수 없는 조건으로 옮겨 갔을 것이라는 것이 러브록의 주장이다. 생명의 유지를 뒷받침해 주는 온도와 화학구조의 좁은 범위가 수십억년 간 지켜질 수 있었던 것은 생명체와 그 주변 환경이 긴밀하게 얽힌 하나의 체계로서 진화의 길을 밟아온 덕분이라는 것이다.

러브록과 마굴리스의 '가이아이론'의 핵심은 행성인 지구가 전체로서 살아있는 자기조직화 시스템이라는 것이다. 러브록은 모든 생명체는 에너지와 물질을 취하고 노폐물을 배출한다는 것이 그가 찾아낼 수 있는 가장 보편적인 생명의 특성이라는 사실을 발견했다. 러브록은 어떤 행성의 생명체가 원료 물질을 얻고 노폐물을 배출하는 유체매체

(流體媒體, fluid media)로 대기와 해양을 사용하고 있을 것이라고 추측했다. 따라서 그는 어떤 행성의 대기의 화학적 조성을 분석함으로써 생명체의 존재를 탐지할 수 있을지 모른다는 생각을 품게 되었다.

이러한 가설은 화성과 지구의 대기에 대한 분석 결과를 비교하면서 극적으로 확인되었다. 그는 두 행성의 대기의 화학적 조성이 놀라울 만큼 다르다는 사실을 발견했다. 화성의 대기가 특이한 구성을 갖는 이유가 그 행성에 생명체가 없기 때문이며 화성의 대기에 포함된 기체들 사이에서 일어날 수 있는 모든 반응들이 이미 오래 전에 끝났다는 사실을 깨달았다. 화성의 대기는 완전한 화학적 평형상태인 데 반하여 지구의 대기는 화학적 평형과는 거리가 먼 기체 혼합물을 낳았다. 러브록은 대기의 이러한 특수한 상태가 지구상에 생명체가 존재하기 때문일 것이라는 사실을 깨달았다. 지구상의 생물들은 대기를 만들 뿐만 아니라 그것을 조절하기도 하고 일정한 조성을 유지하고 생물체들이 살아가기에 적합한 수준을 유지한다고 생각했다. 그는 천체물리학을 통해서 지구에 생명이 시작된 후 태양열이 25퍼센트 가량 증가했음에도 불구하고 지구의 표면 온도가 지난 40억년 동안 항상 일정한 상태, 즉 생명체가 살아가기에 적당한 수준을 유지해 왔다는 사실을 알고 있었다.

생명체가 신체의 온도와 그 밖의 변수들을 항상 일정한 상태로 자동조절하듯이 지구도 자신의 온도뿐 아니라 그 밖의 조건들까지 즉, 대기의 조성, 바다의 염도 등을 조절할 수 있다고 생각했다. 그리하여 1969년에 프린스턴에서 있었던 과학회의에서 러브록은 처음으로 '자기조절 시스템'으로서의 지구에 대한 자신의 가설을 발표했다. 그리고 1972년에 '대기를 통해 본 가이아'(Gaia as seen through the Atmosphere) 라는 제목으로 자신의 생각을 충분히 개진한 폭 넓은 논문을 최초로 출간했다. 러브록은 당시까지 '자기조절 과정'이 생물권 속의 유기체들을 포함해야 한다는 사실을 알았으나 지구가 어떻게 대기의 온도와 조성을 조절할 수 있는지에 대해서는 전혀 알지 못했다.

그러나 같은 시기에 미국의 미생물학자 마굴리스가 러브록이 이해해야 하는 바로 그 과정 −지구의 토양 속에 들어 있는 무수한 박테리아를 포함해서, 다양한 생물들에 의한 기체의 생성과 제거과정 − 을 연구하고 있었다. 마굴리스는 대기를 구성하는 기체들의 생물학적 기원을 둘러싼 러브록의 많은 의문에 답하는 데 아무런 어려움도 없었다. 그리고 러브록은 '가이아가설'을 수립하는 데 화학, 열역학, 사이버네틱스의 개념들을 제공했다. 따라서 이 두 과학자의 공동연구에 의해서 완전한 과학적인 '가이아이론'을 수립했으며, 행성시스템(행성계, planetary system)의 자동조절을 야기하는 되먹임고리(feedback loof)[20]의 복잡한 연결망을 식별해 낼 수 있었다.

이 되먹임고리의 가장 두드러진 특성은 그 루프들이 생물 시스템과 무생물 시스템을 하나로 결합시켜 준다는 것이다. '가이아이론'은 이 행성의 생물(식물, 미생물, 동물)과 무생물(암석, 해양, 대기)이 긴밀하게 맞물려 있음을 입증했다.

> 사주학에서도 생물인 목(木)을 중심으로 하여 무생물인 수·화·금·토(水·火·金·土)가 하나의 시스템으로 얽혀 있다.

이산화탄소의 순환은 바로 생물과 무생물의 맞물림의 좋은 예라 할 수 있다. 지구의 화산은 지난 수백만 년 동안 엄청난 양의 이산화탄소를 대기 중에 방출했다. 이산화탄소는 온실효과를 일으키는 주요 가스 중 하나이기 때문에 '가이아'는 그 기체를 대기 밖으로 내보낼 필요가 있다. 그렇지 않으면 지구는 생명체가 살기에 부적절할 만큼 뜨거워질 것이다. 식물과 동물들은 광합성, 호흡 그리고 부패 등의 과정에서 엄청난 양의 이산화탄소와 산소를 재순환시킨다. 그

---

20) 되먹임고리(feedback loop) : 피드백은 생물의 역동적인 균형 상태에서 스스로를 유지할 수 있도록 해 주는 항상성의 필수적인 메커니즘이다.

러나 이러한 교환은 항상 균형을 이루며, 대기 중의 이산화탄소 수준에 영향을 미치지 않았다. '가이아이론'에 따르면, 대기 중에 포함된 이산화탄소의 과잉분은 거대한 되먹임고리에 의해 제거되고 재순환된다. 이 과정에는 암석의 풍화가 중요한 요인으로 작용한다. 암석의 풍화과정에서 암석은 빗물과 이산화탄소와 결합해서 탄산염이라 불리는 다양한 화학물질을 생성한다. 따라서 이산화탄소는 대기 중에서 제거되어 액체 수용액 속에 저장되는 것이다. 이러한 과정은 생명체가 참여할 필요가 없는 순수한 화학적 과정이다. 그러나 러브록과 그 밖의 과학자들은 토양 박테리아의 존재가 암석 풍화의 속도를 엄청나게 증가시킨다는 사실을 발견했다.

어떤 의미에서 이들 토양 박테리아는 암석의 풍화작용에 촉매로 작용하는 셈이며 이산화탄소의 순환주기 전체는 아이겐(Manfred Eigen)이 연구한 촉매 사이클의 생물학적 등가물(等價物)로 볼 수 있다. 그 후 탄산염은 씻겨 내려가 바다로 흘러 들고, 그곳에서 육안으로 보이지 않는 미세한 조류(藻類)가 이 탄산염을 흡수해 석회질(탄산칼슘)로 이루어진 아름다운 껍질을 만든다.

따라서 대기 중에 있었던 이산화탄소는 이제 미세한 조류의 껍질이 된 것이다. 또한 해양 조류는 공기 중에서 직접 이산화탄소를 흡수하기도 한다. 그런데 이 조류가 죽으면 그 껍질은 해저로 가라앉는다. 이곳에서 껍질은 거대한 석회석침전물(또 다른 형태의 탄산칼슘)을 형성한다. 그리고 그 엄청난 무게 때문에 석회암 퇴적물은 지구의 맨틀 층으로 가라앉게 되고, 그곳에서 녹아 텍토닉 플레이트(판 모양으로 움직이고 있는 지각의 표층)의 움직임을 촉발시킬지도 모른다. 그리하여 마침내 용융된 암석 속에 들어 있는 이산화탄소는 다시 화산작용에 의해 분출되고, 이렇게 해서 거대한 '가이아' 순환의 제2 라운드가 시작되는 것이다.

이 전체적인 순환은 −화산→암석의 풍화→토양 박테리아→해

[그림] 석회석 껍질을 가지고 있는 해양조류
출처: 「생명의 그물」 p.147 그림

양조류→석회암 침전물→그리고 다시 화산으로 연결시키는– 거대한 되먹임고리처럼 움직이고, 이 과정이 지구 대기의 조절에 작용하는 것이다.

러브록과 마굴리스의 주장에 따르면 이와 유사한 피드백 순환 –식물과 암석, 동물과 대기가스, 미생물과 해양 사이에서 맞물려 일어나는– 이 지구의 기후, 해양의 염도, 그리고 그 밖의 중요한 조건들을 조절한다는 것이다.

'가이아이론'은 생명을 시스템적 관점에서 보면서 지질학, 미생물학, 대기화학, 그리고 그 밖의 분야들을 하나로 통합시켰다. '가이아이론'에 따르면 생물은 그 자신의 존재를 위한 조건을 창조했다. 마굴리스는 이렇게 주장한다.

> "가이아이론은 지금껏 우리가 생명의 환경이라고 간주해 온 지구표면이 실제로는 생명의 일부라고 이야기한다. 지구를 덮고 있는 공기, 즉 대기는 생물에 의해서 생산되고 유지되는 '순환 시스템'으로 인식되어야 한다. 과학자들이 생물이 화학적, 물리적 현상과 암석이라는 본질적으로 수동적인 환경에 적응해 왔다고 우리에게 이야기할 때, 그들은 심각하게 왜곡된 관점을 영속시키는 것이다."

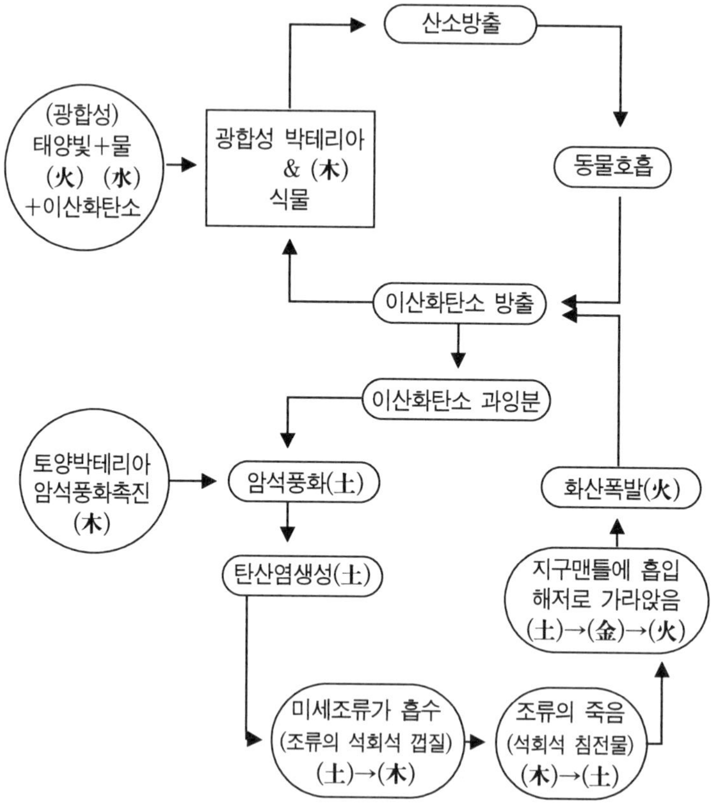

[그림] 거대한 '가이아' 순환 시스템과 오행(五行)

실제로 생명은 자신이 적응하는 환경을 만들고 형성하고 변화시킨다. 그리고 그 환경이 그 속에서 변화하고 작용하여 성장하는 생물에 피드백 하는 것이다. 여기에는 지속적인 '순환적' 상호작용이 존재한다.

그런데 19세기부터 시작하여 20세기에 이르도록 거의 200여년 동안에 걸쳐서 물리 · 화학 · 생물학 등의 세계적인 석학들에 의해서 가다듬어진 생명의 '자기조직화'현상이 동양에서는 이미 2,500여년 전에 예기(禮記)라는 책 속에 간단한 몇 줄의 문장으로 암호처럼 깊이 숨겨져 있었다. 그러다 800여년 전에 송대(宋代)에 이르러 주자(朱子)라는 천재적인 학자에 의해서 '신유학(新儒學)'의 열풍이 불면서 중국에서는 고전(古典)에 대한 전반적인 재해석 운동이 일어나게 되는데, 주자(朱子)는 예기 속에 포함되어 있던 중용(中庸)이란 보물을 캐내게 된 것이다.

중용론(中庸論)은 동양철학의 핵심 사상이라고 할 수 있는데 사주학의 '용신론'도 중용사상의 영향을 받아서 정립되고 발전된 학설이라고 할 수 있으며, 중용론은 사주학의 '용신론'에 이르러 더욱 더 만개된 것이다. 주자가 장구(章句)한 중용 서문을 보면 다음과 같은 구절이 나온다.

> 정자왈 불편지위중 불역지위용.
> 程子曰 不偏之謂中 不易之謂庸.
>
> 정자(程子)께서 말씀하시기를, 치우치지 않는 것을 중(中)이라 하고 바뀌지 않는 것을 용(庸)이라고 한다.
>
> – 중용(中庸) –

정자가 주장했다고 하는 '불편지위중(不偏之謂中)'이란 한쪽으로 치우지지 않으려면 끊임없이 조절해야 하기 때문에 좀 더 능동적인 생물학적인 현상인 '생명의 자기조절현상'이라고 할 수 있다. 또한 '불역지위용(不易之謂庸)'이란 말도 그저 그러한 일상적이고 정해진 이치에 불과한 즉, 고정적인 개념이 아니라 미국의 생리학자 캐넌이 설파하고 있는, 내부 또는 외부 조건의 변화에 관계없이 자신의 생명을 유지하기 위한 생물의 '항상성'운동을 말하는 것으로 그때그때의 변화에 대해서 적극적으로 대응하여 '항상성'을 유지하는 것을 말한다.

不偏之謂中(불편지위중)	자연의 동적 평형을 위한 자기조절 시스템
不易之謂庸(불역지위용)	생명의 항상성 유지를 위한 자율신경 시스템

'항상성'이란 생물이 허용한계 내에서 요동하는 여러 변수들과 동역학적인 균형상태를 유지할 수 있게 해주는 '자기조절 메커니즘'으로, 연속적이고 복합적이며 고도로 조직적인 활동으로서 하루는 물론이고 1분 1초라도 멈출 수 없는 운동이다. 예를 들면 호흡이나 체온 등을 유지하는 시스템은 생물이 출생한 이후 죽을 때까지 한 순간도 멈출 수 없는 것으로 자율신경이 담당하는 영역이다. 그런데 사실은 생물뿐 아니라 무생물인 지구도 매 순간순간마다 원심력과 구심력이 균형을 이루고 있기 때문에 태양계 밖으로 튀어 나가거나 태양 안으로 떨어지지 않고 태양을 중심으로 공전할 수 있는 것이다. 이와 같이 '중용'이란 주위 환경의 변화에 능동적으로 대응하여 생존하기 위한 생명의 '자기조절 현상'을 말하는 것이며 이것은 일회성으로 끝나는 것이 아니라 생명을 유지하기 위해서 지속되어야 한다. 만일 '중용'이 유지되지 못하면 그 개체는 병이 들게 되고, 심할 때는 생명을 유지할 수 없게 될 것이다.

자연의 자기조절 시스템

'자기조직화'개념이 처음 등장한 시기는 1943년으로 사이버네틱스 초기에 신경과학자 맥컬록(Warren McCulloch)과 수학자 피츠(Walter Pitts)에 의해서였다. 그리고 1950년대에 신경학자 애슈비(Ross Ashby)는 최초의 신경계를 '자기조직화'로 기술하였으며 물리학자였던 포에스터(Heinz von Foerster)는 '자기조직화'개념을 수립하는 데 중심적인 역할을 하였다. 포에스터는 20여년 동안이나 '자기조직하는 시스템'들의 연구에 헌신하는 연구집단들을 유지시켰다. 그리고 이러한 사상은 1960년대 말엽부터 1980년대에 걸쳐서 프리고진의 「분산구조」, 독일의 물리학자 하켄(Hermana Haken)의 「비선형 레이저이론」, 생화학자이이며 막스플랑크 물리화학 연구소장이었던 아이겐(Monfred Eigen)의 「초 싸이클이론」, 칠레의 신경학자 마투라나(Humberto Maturana)와 바렐라(Francisco Varela)의 「살아 있는 시스템들의 조직화문제」, 영국의 대기화학자인 러브록과 미국의 미생물학자 마굴리스의 「가이아이론」 등등…… 현대과학의 각 분야를 대표할 만한 세계적인 석학들에 의해서 개량되고 정교화되어 왔다.

그 중에서도 러브록과 마굴리스가 주장한 「가이아이론」은 '자기 조직화'의 가장 경이롭고 아름다운 모형으로 평가받았음에도 불구하고 초창기에는 가장 큰 저항을 받은 이론이기도 했다. 러브록은 그의 저서 「가이아」에서 다음과 같이 주장했다; "생명과 생물권은 기후와 대기 성분을 자신에게 유리한 상태로 조절 또는 유지한다." 그러자 기계론적 생물학의 대표자들이 '가이아이론'에 대해서 공격의 포문을 열기 시작했다. 기계론적 생물학의 대표자들이 '가이아가설'을 목적론적이라고 공격한 것은 지구상의 생물이 의식이나 목적을 갖지 않고 그 자체의 존재를 위한 조건을 창조하고 조절할 수 있다는 것은 상상조차 할 수 없었기 때문이었다.

비판자들은 이렇게 빈정댔다; "그렇다면 생물종들이 한데 모여 이듬해의 온도를 협상하는 회의라도 한단 말이오?" 그러자 러브록은 '데이지의 세계'(Daisy World)라 불리는 독창적인 모형으로 응수했다. 그 모형은 가이아 시스템을 대폭 단순화시킨 것이었는데, 온도조절이 어떤 목적적인 행동없이 이 행성의 생명체와 그 환경 사이에서 작용하는 되먹임고리의 결과로 자동적으로 발생하는 이 시스템의 창발적인 특성임을 보여주었다. 그런데 이 '데이지의 세계'를 읽어보면

> ⇒ 주역(周易)의 사상체계(四象體系)를 보는 것 같은 착각에 빠질 정도다!

'데이지의 세계'는 태양빛에 의해 점차 온도가 높아지는 한 행성의 컴퓨터 모형인데 이 세계에는 단 두 종의 생물인 검은색 데이지와 흰색 데이지만 자라고 있다. 데이지의 씨앗이 행성 전체에 — 이 행성의 모든 지역은 알맞게 비가 오고 양분이 풍부하다고 가정한다 — 확산되지만 데이지는 특정 온도대에서만 성장할 것이다. 러브록은 자신의 컴퓨터에 이러한 모든 조건에 상응하는 수학 방정식들을 프로그램하고 초기조건으로 이 행성의 온도를 빙점으로 선택한 다음 컴퓨터상에서 모형을 실행시켰다. 그가 스스로에게 제기한 가장 중요한 물음은 '데이지의 세계'의 생태계가 기후의 자기조절로 이어질 것인가? 라는 것이었다.

그 실험결과는 놀라운 것이었다. 모형 행성이 더워지기 시작하자 특정 시점에서 식물이 살아 가기에 충분할 정도로 적도가 따뜻해졌다. 맨 처음에 검은 데이지가 나타나기 시작했다. 검은 데이지는 흰 데이지보다 열을 더 잘 흡수하기 때문에 생존과 생식에 더 적합하기 때문이다. 따라서 진화의 첫 단계에서 '데이지의 세계'는 적도 주변에 흩어져 있는 검은 데이지의 고리 모양을 보여 주었다. 모형 행성

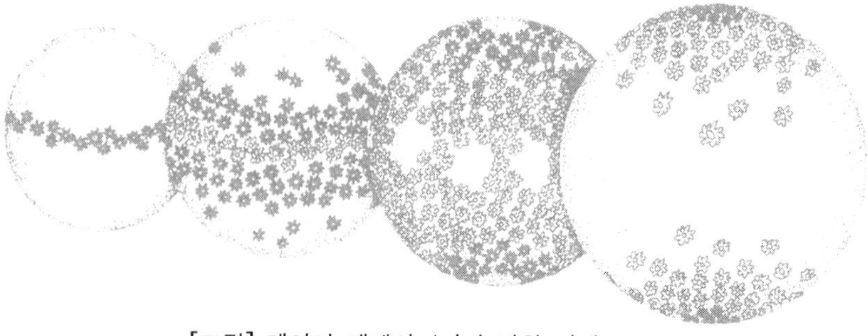

[그림] 데이지 세계의 4가지 진화 단계

출처: 「생명의 그물」 p.151 그림

의 온도가 더욱 높아지자 적도 지방은 검은 데이지가 살아 가기에 너무 뜨거워졌다. 그러자 검은 데이지는 아열대 지역으로 이주하기 시작했다. 동시에 흰 데이지가 적도 지역에 모습을 드러냈다. 이 데이지는 흰색이기 때문에 열을 반사해서 스스로 온도를 낮출 수 있으며 따라서 검은 데이지보다 뜨거운 지역에서 생존하기에 유리하다.

두 번째 단계에서는 적도 부근에 흰 데이지의 고리가 나타났고 아열대와 온대지역이 검은 데이지로 가득 찼다. 그러나 극지방은 여전히 어떤 데이지도 자라나기 힘들 정도로 온도가 낮았다. 태양이 계속 뜨거워지자 적도 지방에서는 식물들이 자취를 감추었다. 이제는 적도 지방이 흰 데이지조차 살아갈 수 없을 만큼 뜨거워졌기 때문이다.

한편 흰 데이지는 온대 지역에서 검은 데이지를 대체해 나갔고 검은 데이지는 극지방 부근에서 모습을 나타내기 시작했다. 따라서 세 번째 단계는 적도가 대머리처럼 비어 있고, 온대 지역에 흰 데이지가 서식하고 있고, 극 지방을 에워싼 지역에 검은 데이지들이 생식하고 있으며, 극지방 자체에는 어떤 식물도 살지 않는 모습을 보여주고 있다. 마지막 네 번째 단계가 되면 아열대 지역도 데이지들이 살기에 너무 뜨거워지고, 온대 지역에는 흰 데이지가 그리고 극 지방에는 검은 데이지가 분포한다. 그 이후에는 모형 행성의 온도가 너무 올라가서 어떤 데이지도 살 수 없게 되며 모든 생물이 멸종한다. 이것이 데이지 세계의 기본 동역학이다.

이 모형이 '자기조절'을 가능하게 하는 가장 중요한 특성은 검은 데이지가 열을 흡수해서 데이지 자신뿐 아니라 행성 자체를 따뜻하게 만든다는 점이다. 마찬가지로 흰 데이지는 열을 반사해서 한편으로는 자신의 온도를 낮추고 다른 한편으로는 행성의 온도를 떨어뜨린다. 따라서 데이지 세계의 진화과정 전체에 걸쳐 어떤 데이지 종(種)이 존재하느냐에 따라 열은 흡수되거나 반사된다.

러브록이 진화과정 전체에 걸친 모형 행성의 온도 변화를 도표로

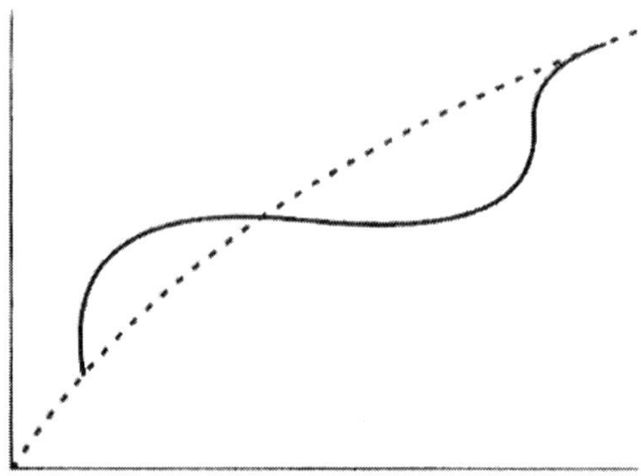

[그림] 데이지 세계의 온도 진화(Lovelock, 1991)

· 점선은 생물체가 없을 때의 온도상승을 나타내는 곡선이며
· 실선은 생물이 어떻게 일정한 온도를 유지하는가를 보여 주는 곡선이다.
「생명의 그물」 p.152 그림

나타냈을 때 그는 아주 놀라운 결과를 얻었다. 행성의 온도가 네 단계 동안 일정하게 유지되었기 때문이다.

태양이 비교적 온도가 낮았을 때 데이지 세계는 검은 데이지에 의해 열을 흡수하게 만들어서 자체 온도를 높였다. 그리고 태양이 점차 뜨거워지자 열을 반사하는 흰 데이지들이 점진적으로 우세를 확보했기 때문에 온도는 점차 낮아졌다. 따라서 데이지 세계는 어떤 예견이나 사전 계획도 없이 데이지들이 벌이는 춤에 의해 장구한 시간에 걸쳐 자체온도를 조절한 것이다.

환경적 영향을 데이지의 성장과 연결시켜 주고 다시 데이지의 성장이 환경에 영향을 미치는 되먹임고리는 데이지 세계 모형의 핵심적인 특성이다. 이 순환이 깨지면 데이지는 환경에 대해 아무런 영향도 미치지 못하게 되고 따라서 데이지의 개체군은 심하게 요동하고 결국 시스템 전체가 카오스적인 상태에 빠진다. 그러나 데이지를 환경과 연결시켜서 루프가 닫히는 순간 이 모형은 안정되고 '자기조절'이 일어나게 된다.

그 이후 러브록은 훨씬 더 정교한 데이지 세계의 새로운 판(version)들을 설계했고 새로운 모형에는 다양한 색깔의 수많은 데이지 종들이 등장하게 되었다. 그 중에는 데이지가 진화하면서 색깔을 바꾸는 모형, 토끼가 데이지를 뜯어 먹고 여우가 토끼를 잡아 먹는 모형 등도 있다. 이처럼 고도로 복잡화된 모형들을 통해 얻게 된 결과는 최초의 데이지 세계 모형에 존재했던 작은 온도 변동이 고르게 평준화되어서 모형의 복잡성이 증가할수록 '자기조절'이 점점 더 안정적으로 된다는 사실이었다. 거기에 덧붙여서 러브록은 자신의 모형들에 격변(catastrophes)을 도입시켰다. 정기적으로 일어나는 격변으로 인하여 무려 30퍼센트나 되는 데이지들이 몰살했다. 그 결과 그는 이러한 혹독한 교란 하에서도 데이지 세계의 '자기조절'이 괄목할 만큼 강한 복원력을 갖는다는 사실을 발견했다.

이러한 모형들은 생물학자와 지구화학자들 사이에서 활발한 토론을 불러일으켰다. 그리고 그들이 처음 가이아 가설을 발표한 이래 그 이론은 과학자 사회에서 점차 관심을 받게 되었다.

제임스 허턴이 지구를 하나의 초유기체로 본다고 주장했을 때 러브록은 그가 직관적으로 파악한 '자기조절 체계'로서의 지구의 모습, 그리고 올바른 연구를 위해서는 생리학적인 관점이 필요하리라는 사실을 깨달았다. 그리하여 러브록은 '자기조절 체계'를 생리학적인 관점에서 연구하기 시작했다. 러브록은 '자기조절 체계'를 우리 몸의 체온조절에 비유하면서 그 간단한 예로 전기다리미를 들어서 설명한다. 전기다리미는 저항이 높은 전선으로 만든 가열장치와 바이메탈로 된 차단장치가 합쳐진 것이다. 차단장치의 기본구조는 온도계와 같은 것이다. 온도가 낮을 때는 꼿꼿한 모양인 금속 막대기가 온도가 올라가면 그 온도에 비례해서 휘어지는 것이다. 다리미가 뜨거워져서 금속 막대기가 휘어지면 그 한쪽 끝이 전류의 접속점에서 떨어지면서 전류가 차단되게 되어 있다.

전류가 차단되면 다리미는 식어 가기 시작한다. 온도가 어느 정도 떨어지면 금속 막대기가 다시 펴져서 접촉점이 연결되고 전류가 흐르기 시작하면서 다리미도 다시 뜨거워지기 시작한다. 매우 간단한 장치지만 제어이론의 기본 법칙들을 보여주는 데는 아무 손색이 없다. 제어이론은 인간을 비롯하여 모든 생물체들을 포함하는 '조절체계'의 순환논리에서 적용되는 것이다. 하나의 제어기관은 일련의 연속된 기능들을 통해 온도와 같은 조건들을 자동적으로 조절한다. 그 안에는 감지 · 전달 · 통제의 세 장치가 들어 있다. 제일 먼저 감지장치가 기준치와의 편차를 파악하면 이 편차의 방향(플러스 또는 마이너스)과 크기를 전달장치가 통제장치로 넘겨 주고, 통제장치는 이 편차를 없애는 방향으로 적절한 피드백(전류를 잇거나 끊는 작용 따위)을 일으켜 주는 것이다.

⇒ 사주학에도 이러한 제어기관과 비슷한 시스템이 형성되어 있다. 사주에서의 '감지장치'는 신왕(身旺)·신약(身弱)으로 구별한 뒤 오행(五行)이란 순환적인 '전달장치'를 통해서 용신(用神)이란 '통제장치'로 넘겨주면 용신은 이 편차를 없애는 방향으로 조절하게 되는 것이다.

예로 들었던 전기다리미의 경우에는 감지 · 전달 · 통제의 세 장치가 모두 바이메탈 막대 하나에 들어 있는 셈이다. 다리미의 피드백은 음성피드백(negative feedback)이어서 반응이 상당히 늦다. 지정된 상태를 회복하는 데 시간이 무척 많이 걸릴 수 있는 것이 음성피드백의 약점이다. 반면에 양성피드백(positive feedback)은 반응속도가 빠른 대신 불안정한 약점이 있어서 자칫하면 '궤도이탈'의 상태에 빠질 위험이 있다. 자연의 제어기관은 흔히 두 가지 피드백을 겸비함으로써 효과적인 '자기조절'기능을 발휘한다.

음성피드백

양성피드백

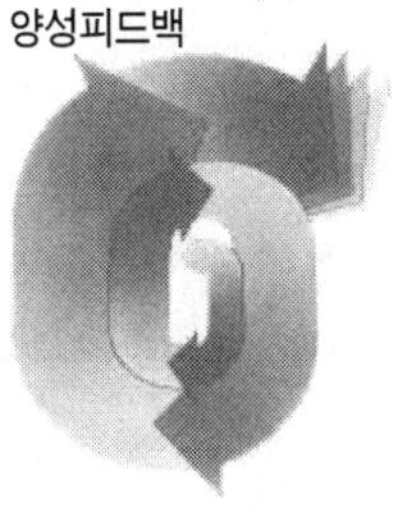

[그림] 제어기관과 피드백

제어기관은 세 가지 서로 연결된 기능을 가지고 있다.
첫째는 감지기능으로, 조절하고자 하는 조건(예를 들어, 온도)을 측정하여 기준치와 차이가 있는지 판단하는 일이다.
둘째는 전달기능으로, 감지된 편차를 증폭해서 통제장치에 넘겨주는 것이며,
셋째는 통제기능으로, 전달된 정보에 따라 기관에 대한 입력을 실행하는 것이다.
증폭된 편차가 피드백 통제를 일으키는 데는 편차의 방향에 반대로 움직이는 음성 피드백(위의 그림)과 편차의 방향에 따라 입력을 확대하는 양성 피드백(아래쪽 그림)의 두 가지가 있다.
자기조절 체계에서는 음성이건 양성이건 피드백을 위해서는 편차증폭이 필요하다.
출처 : 「가이아」 p.61 그림

전기다리미 같은 기계의 원리는 이해하기에 별문제가 없는 간단한 것이다. 그런데 이것을 엄밀한 인과관계의 논리를 가지고 학술적으로 풀이하려 하면 그것을 설명하는 일이나 이해하는 일이나 거의 불가능할 정도로 지극히 어렵다는 것을 깨달을 것이다. 전통적인 수학이라는 것은 근본적으로 환원주의 성향이 있기 때문에 복잡한 자연현상을 다루는 데 적합하지 못하다. 또한 유감스럽게도 자연계의 현상은 본질적으로 비선형계의 특징을 가지고 있고 그 중에서도 이 특징이 가장 두드러진 분야가 생명의 현상이다.

다른 모든 과학 분야에서 사용되는 선형논리가 생물체의 원리를 이해하는 작업에는 별 쓸모가 없다는 사실을 생리학자들이 허심탄회하게 인정하는 데서부터 생명 조직의 진정한 원리를 설명할 수 있는 길이 열리기 시작했다. 체온조절의 생리적 기능을 밝힌 방법을 통해서 이 새로운 길의 풍경을 살펴보자. 외부 온도가 넓은 범위에서 변하는 데 관계없이 우리 몸의 중심부가 일정한 온도를 유지할 수 있는 것은 어떤 까닭일까? 우리 몸 안 어딘가에 일종의 차단장치가 있어서 그 감지장치의 표준온도가 37°에 맞춰져 있는 것이 아닐까 하는

것이 꽤 근래까지의 일반적인 생각이었다.

신체 중심부의 온도가 표준온도에서 위쪽이든 아래쪽으로든 벗어나게 되면 감지장치에 포착되어 이를 보정하기 위한 적절한 반응이 일어나게 되어 있다는 것이다. 추울 때는 대사량을 늘리고 몸을 떨게 하며, 더울 때는 땀을 흘리게 하고 피부의 혈관이 확장되게 한다. 그러나 실제 체온조절의 과정은 그렇게 단순한 것이 아니라는 사실이 벤징거(T.H.Benzinger)와 그의 동료들의 연구를 통해서 밝혀졌다. 그들의 연구에 따르면 공식적인 표준온도가 정해져 있는 것이 아니고 몸을 구성하고 있는 여러 기관의 체계들 사이에 적정 온도를 결정하는 '자율적 합의'의 과정이 있다는 것이다. 그래서 온도 조절의 기능은 다섯 가지 반응(대사, 땀 흘리기, 혈관 확장, 몸의 깊은 떨림, 몸의 얕은 떨림)에 의해서 조절된다.

그러니까 인간의 체온이 적정선을 유지하는 것은 기준치가 입력되어 있는 감지장치가 어딘가에 감춰져 있기 때문이 아니라 두뇌를 비롯한 여러 기관들이 일종의 '자율적인 합의'를 이루기 때문이며, 외부의 온도가 너무 높거나 낮을 때는 우리 몸이 땀을 흘리거나 몸을 떨거나 대사 작용을 일으키거나 피부혈관을 조절해서 체온을 조절한다는 것이다.

> ⇒ 사주에서도 '지구 가이아'와 '인체 체온'의 자기조절 같이 감지장치가 따로 있는 것이 아니라 사주 전체 8자(八字)의 간지(干支)의 구성과 관계에 의해서 자율적으로 조절되는 것이다.

요동(fluctuation)을 통한 새로운 질서 : 용신론(用神論)

일리야 프리고진이 평형구조에 대비하여 구분한 분산구조에서 자기조직하는 새 질서가 출현하려면 대칭성이 파괴되면서 요동(搖動)이 시작되어야 한다. 비평형상태의 체제는 초기조건에 민감하고 비선형 되먹임고리의 증폭성으로 인하여 조직의 기존구조, 형태 등이 깨져버리거나 새로운 질서 혹은 구조가 나타나기 위해서는 무질서나 혼돈 등과 같은 창조적 파괴의 과정을 통하여 종래의 질서나 구조를 창조적으로 파괴할 필요가 있다.

역동적 요동을 통한 새로운 질서(new order through dynamic fluctuations)인 자기조직화 체제(self-organizing system)로 전환하려면 요동의 발생이 필요하다. 이 요동은 조직 내의 구조 및 과정으로부터 창조될 수 있다. 그러나 대칭성 파괴에서 시작한 요동은 긍정적 되먹임고리로 격화될 수도 있고 부정적 되먹임고리로 진정될 수도 있다. 그러니까 평형에서 멀리 떨어진 비평형상태에서는 매우 작은 요동들이 기존의 구조를 파괴하는 거대한 파동으로 증폭되어 간다는 것을 알 수 있다.

그런데 평형과 비평형상태를 사주학 차원에서 재해석한다면 평형구조가 안정되었듯이 중화(中和)된 사주 역시 안정된 생활을 추구한다. 반면에 비평형구조가 불안정하고 변화무쌍한 구조이듯이 신왕사주(身旺四柱)나 신약사주(身弱四柱)는 에너지(氣)가 한쪽으로 몰려 풍부하기 때문에 즉, 에너지의 대칭성이 깨어진 사주는 활력이 넘치는 도전적인 인생을 살게 된다. 그리고 여기서 요동은 용신(用神)에 해당되며,

> 긍정적 되먹임고리는 요동인 용신을 상생시켜 주고
> 부정적 되먹임고리는 요동인 용신을 상쇄시켜 준다.

그런데 이러한 요동은 환경이 만들어 내는 경우와 조직이 주체적으로 만들어 내는 경우가 있다. 조직이 환경변화에 대응하여 진화해

나갈 수 있도록 해주는 것은 기본적으로 시스템 내에 축적되어 있는 내부적 자기조직화 요인들 즉, 시스템이 지닌 자기조직화 특성들이다. 시스템이 증가된 환경복잡성과 일치하지 못함으로써 발생하게 되는 과도한 엔트로피에 의해 압도되거나 소멸되지 않도록 막아 주는 것은 바로 시스템이 지닌 자기조직화 능력이다. 여기서 조직이 주체적으로 만들어 내는 요동을 사주학에서는 용신(用神)이라 하고, 환경이 만들어 내는 요동을 대운(大運)이라고 한다.[21] 또한

> 조직이 거쳐 가야 할 길이 환경이라면
> 대운(大運)은 용신(用神)이 지나가야 할 환경이다.

복잡계에서 요동이란 계(系)를 표현하는 양(量)들이 일정한 값을 유지하지 못하고 끊임없이 변하는 것을 일컫는데, 사주학에서 요동에 해당하는 용신에 대한 개념은 이보다 좀 더 근원적이라고 할 수 있다. 사주학에서의 용신은 사주 내에 가장 많이 축적된 에너지에 정반대되는 성질을 가진 에너지를 말하는 것으로, 예를 들어 극단적으로 설명하자면 겨울에 물(水)이라는 특성을 타고난 사람이 사주 자체에 물(水)이 많으면 사주 전체가 결빙(結氷)했다고 볼 수 있는데 이 경우에 만일 약하지만 불(火)이 있으면 이 불(火)이 용신에 해당된다.

자기조직화를 통한 새로운 질서의 창출과정은 '요동를 통한 질서'의 형성과정이다.[22] 즉, 시스템이 새로운 차원으로 진화해 나가기 위한 자기조직화의 계기는 시스템의 구성요인을 질적으로 변화시키는

---

21) 용신(用神)과 대운(大運): 용신이란 사주 내에 가장 많이 축적된 에너지를 소통시켜 줄 수 있는 시스템으로서 환경에 해당하는 대운(大運)이 아무리 좋아도 사주 자체에 용신이란 시스템이 형성되어 있지 않으면 새로운 차원으로의 진화가 불가능하다. 그러나 용신 시스템이 아무리 잘 구축되어 있어도 대운, 즉 환경과 잘 맞아 떨어지지 않으면 역시 새로운 차원으로 환골탈태할 수는 없다.

22) Jantsch, 1980, Nicolis & Prigogine, 1980.

변수인 '요동'의 발생에 의해 비롯된다. 사주 역시 요동에 해당하는 용신을 통해서만 새로운 질서를 형성할 수 있고 새로운 차원으로 진화할 수 있다.

고전적인 견해에 따르면 질서는, 예를 들어, 결정이나 그 밖의 정적인 구조들의 경우에서처럼 평형과 연관되고 무질서는 난류처럼 비평형 상황과 연관된다. 물과 공기의 격렬한 흐름은 겉보기에는 카오스적이지만 실제로는 고도로 조직되어 있고, 점점 더 작은 크기로 거듭해서 분리되고 다시 분리되는 소용돌이의 복잡한 패턴들을 나타낸다. '살아있는 시스템'들의 경우, 비평형에서 발생하는 질서는 훨씬 더 명백하여 모든 생물의 풍부함, 다양성, 아름다움 속에서 분명히 드러난다. 이렇게 하여 생물계 전체에 걸쳐 카오스(혼돈)는 질서로 변환된다.

살아있는 구조는 항상 이전의 발생의 기록이다. 또한 분기점에서의 '분산구조'는 그 환경 속에서의 '작은 요동'에 대해 극도의 민감성을 보여 준다. 흔히 '잡음'이라고 불리는 작고 임의적인 요동도 특정한 경로 선택을 유발시킬 수 있다. 모든 생물 시스템이 끊임없이 요동하는 환경 속에서 살아가기 때문에, 그리고 어떤 요동이 '정확한' 순간의 분기점에서 일어날지 결코 알 수 없기 때문에 우리는 그 시스템의 미래 경로를 전혀 예상할 수 없다. 따라서 모든 결정론적 기술은 '분산구조'가 분기점을 지날 때 붕괴한다. 환경 속의 미세한 요동들은 그 구조가 지나게 될 가지의 선택으로 이어지게 될 것이다. 그리고 어떤 의미에서 새로운 질서 형태의 창발로 이어지는 것은 이러한 임의적인 '요동'들이기 때문에 프리고진은 이러한 상황을 묘사하기 위해서 '요동을 통한 질서'(order through fluctuations)라는 말을 만들었다.

⇒ 사주학에서 '용신'이란 곧 '요동'을 말하는 것이다.[23]

'자기조직화'와 자연발생적인 질서의 창발은 비평형, 비가역성, 되먹임고리들 그리고 불안정성이 결합된 영향으로 인해 발생하는 것이다.

자연은 기계가 아니라 대체적으로 인간의 본성에 훨씬 가까운 무엇임 ―예측 불가능하고 주위 세계에 대해 민감하며 작은 요동에 의해 영향 받는― 이 밝혀지고 있다. 따라서 자연의 복잡성과 아름다움을 배우기 위해서 자연에 접근하는 가장 적절한 방식은 지배와 제어가 아니라 존중, 협동 그리고 대화를 통한 것이다.

복잡성과 체제의 역동적 진화과정

조직이 환경에 수동적으로 적응하거나 적극적으로 환경을 조작하고, 환경과 상호작용할 수 있다는 종전의 조직관리론의 대전제는 질서정연함 속의 질서(order in the orderliness), 즉 분석 가능한 환경을 상정하는 균형모형의 경우에만 타당하다. 혼돈으로부터의 질서(order out of chaos), 즉 분석 불가능성을 상정하는 비균형모형의 경우에는 변화나 갈등을 인정해야 한다. 환경이 분석 가능한 경우에만 계획적 변화가 가능한 것이다. 환경이 급변하는 경우 제한적 인지능력을 극복하거나 체제의 안정성을 유지하기 위해 문제 해결책을 정형화하려는 경향이 있으나 이러한 정형화는 하나의 흐름에 불과하다. 일반적으로 균형모형은 체제의 균형을 파괴할 우려가 있는 변화를 위기로 인식하지만, 비균형모형에서는 자기 혁신의 기회로 삼는다. 위기란

23) 사주에서 '용신'이 발동할 수 있는 조건이 갖추어지면 그 순간부터 사주 전체는 용신이라는 새로운 질서에 의해서 재편된다.

위험과 기회를 동시에 함축하기 때문이다. 리이퍼(Leifer, 1989)에 의하면, 환경에서 위기가 증가함에 따라 환경의 분석 가능성이 떨어지고 항상성의 유지 자체가 곤란해지는 분기점에까지 이르면, 균형모형은 이를 체제가 직면한 위험으로 본다. 반면에 자기조직화 관점에서 보면 이러한 위기 상황은 조직으로 하여금 요동을 통한 새로운 동태적 질서(new dynamic order through fluctuations)를 추구할 수 있는 기회가 되는 것이다.

조직의 활동에 있어서 요동에는 어떠한 것이 있는가? 요동의 종류는 상당히 많다. 중소기업의 경우 가장 알기 쉬운 것은 자금의 요동이지만 조직의 변화, 변이, 혼돈과 혼란, 긴장 등도 요동이라 할 수 있다. 좀 더 본질적으로는 다양성과 불안정성, 애매성 등도 요동으로 간주할 수 있다.

요동은 조직 전략에 활용된다. 성공한 사업은 대부분 그러한 조직 전략에서 나왔다. 특히 일본 대기업의 다각화 전략은 대개 요동을 매개로 하고 있다.[24)]

요동을 통해 새로운 동태적 질서로 진화하는 자기 혁신의 조건은 다음과 같다.

첫째, 외부 환경의 다양성에 유연하게 대처한다. 여기서 영역의 목표를 세운다.

둘째, 환경에 대처함으로써 얻은 다양성을 조직 내부의 변화와 긴장에 활용한다. 불안정과 불규칙에 적극적으로 주목하고, 일뿐 아

24) 예를 들면, 산토리가 맥주 사업이라는 위험한 모험을 시작한 것은, 위스키 시장에서 매우 안정된 세력을 유지하고 있었지만 조직에 이완이 생겼기 때문이다. 이러한 일종의 분기점에서 평화로운 분위기를 깨기 위해 맥주 사업을 시작했다. 위스키만 팔아서는 조직에 활력도 생기지 않고 새로운 정보도 창조할 수 없었다. 위스키의 기술이나 맥주의 기술에는 공통된 메리트가 있다. 전에 산토리는 포트와인의 매상이 절정기에 올랐을 때 위스키로 진출하여 성공했다. 결국 맥주 사업은 산토리의 영역에 꼭 들어맞는 사업이었다. 새로운 사업적 의미 생성의 논리에서 봐도 타당한 방법이었다.

니라 휴식까지도 고려한다. 이것은 '평형을 깨뜨리는' 시스템에 해당된다.

셋째, 다양성을 받아들인 조직은 초기에는 혼란과 혼돈이 일어난다. 그러나 그 혼돈을 새로이 질서화하려는 자율적인 작용이 일어난다. 개인이 리듬 메이커로 나설 수도 있고, 그러한 방향을 모색하는 그룹을 형성하기도 한다.

넷째, 몇몇 자율적인 리듬이 조직의 내부에 발생하면 이들 리듬이 서로 끌어들이는 현상이 일어나며, 동시성(synchronization)이 생긴다. 따라서 조직은 동요를 스스로 초월하는 임계점을 맞이한다. 여기가 기업 진화의 가속장치가 발동하는 가장 중요한 시점이다.

다섯째, 조직에 새로운 구조가 발생하면 기업의 성격에 근거한 다양한 가치관이 형성된다. 여기서 거시, 미시의 동향을 잘 연결하는 루프를 만들어야 한다. 이것은 앞에서 말한 조직적 전략의 시작으로 이어진다. 또 여기서는 우연성과 필연성을 이어주는 루프를 발견하는 것도 과제다.

여섯째, 지금까지의 단계는 정보 창조의 프로세스에 해당한다. 자기 혁신의 에너지를 쌓기 위해 그 정보들을 편집하고, 새로운 문맥으로 바꿔 저장해야 한다. 결국 정보의 지식화가 필요하다. 이 단계에서는 조직 학습의 중요성과 방법을 묻는다.

일곱째, 이렇게 하여 처음에 목표로 설정한 영역을 결정하는 단계까지 온다. 영역을 결정하면 그 방향을 인식한다.

대개 이러한 단계로 조직의 자기 혁신성이 이뤄진다. 물론 이러한 과정은 한 번으로 끝나지 않고 주기가 반복된다.

자율적 동요를 창조하기 위해서는 주어진 규정에서 일탈하거나 실수를 조장하는 것이 필요하다. 최근 일부 조직에서 실시하는 실패를 통한 학습(learning by failure)이 활성화돼야 한다. 정보의 공유와 협력성을 조장하기 위해서는 모든 조직 구성원이 정보에 자유로이 접근할 수 있도록 조직의 네트워크화가 필요하다. 아무리 전산화가 잘 되어 있어도 필요한 정보를 즉시에 획득하기 위해서는 종전의 계층제적 제도로는 정보 흐름에 한계가 있기 때문이다.

이와 같이 조직이 자기조직화 체제를 갖춰야 창조적 파괴를 통한 조직의 자기 혁신이 가능해진다(최창현, 1994 참조).

창조적 파괴를 통한 조직의 자기 혁신을 위한 방안으로는 조직구조의 파괴, 업무 처리 과정의 파괴, 인사 파괴, 행태 파괴 등을 들 수 있다.

첫째, 조직구조 파괴를 위한 구체적 혁신 방안으로는 조직의 리스트럭처링, 다운사이징 등이 있다. 리스트럭처링(restructuring)이란 고객 서비스 쇄신을 위한 종업원의 행태 파괴가 소프트웨어에 해당되는 것이라면, 하드웨어에 해당되는 종전의 각종 관리 방식에 대한 전면적인 개편이 필요하다. 소프트웨어가 아무리 좋은 것이라도 낡은 하드웨어에서는 쓸모가 없기 때문이다.

둘째, 업무 처리 과정의 파괴를 위한 구체적 혁신 방안으로는 업무 처리 과정의 리엔지니어링 등이 있다. 최근 전 세계적으로 유행하는 경영 혁신 기법 BPR(business process reengineering)도 이와 같이 불필요한 시간을 줄이기 위한 전략의 하나로 시도되고 있다.

셋째, 인사 파괴의 구체적 혁신 방안으로 종업원 충원, 인사 제도의 개혁, 타 기업 인사 제도의 벤치마킹 등을 말한다.

넷째, 행태 파괴를 위한 방안으로는 '창조적 파괴의 날'과 같은 제도를 도입해 보는 방법도 있다. 제일모직이 최근 도입해 주목을 끌고 있는 창조적 파괴의 날이라는 제도는 직원들이 출근부에 도장만 찍고 회사 업무를 보지 않아도 되는 날로, 한 달에 이틀까지 가능하다. 하루는 개인별로 평소 하고 싶었던 일을 마음대로 할 수 있고, 마지막 주 토요일에는 부서별로 모여 업무나 인생 설계 토론 등을 자유롭게 하도록 한다. 다만 개인별 사용은 이 제도가 원활하게 정착

될 때까지는 부서장의 동의를 얻도록 했다. 세계화 추세에 발맞춰 'No work but think day(일하지 않고 생각하는 날)'로 이름 붙여진 이 창조적 파괴의 날 가운데 개인별로 쓸 수 있는 날은 회사 밖에서 열리는 각종 세미나에 참석해 관심 분야를 연구하거나, 다른 회사를 방문해 업계 현황을 살펴볼 수도 있다. 심지어 휴게실에서 하루 종일 휴식을 취하며 공상을 하거나 잠을 자도 된다. 부서별 공동 사용의 날은 평소 느낀 회사 생활의 고충에 관해 토론할 수도 있다. 대신 직원들은 창조적 파괴의 날에 자신이 한 일을 A4 용지에 써서 제출해야 한다. 회사 측은 이 제도를 도입한 배경을 "'창조적 파괴'라는 보다 큰 발전을 이루기 위해서는 종전의 틀을 과감히 깨뜨리는 개혁이 필요하며, 이런 개념을 경영 혁신에 적용한다는 취지에서 도입한 것"이라고 설명했다(중앙일보 1995. 3. 2). 이외에도 삼성화재가 '스타지오'라는 관행 파괴팀을 운영하고 있는데, 이러한 제도가 다른 조

〈표〉 자기조직화 체제의 조건과 창조적 파괴를 통한 혁신 방안

〈 자기조직화체제의 특성과 조건 〉		
1. 자율적 동요의 창조	→	실패를 통한 학습의 활성화
		자율적 근무 집단
2. 정보의 공유를 통한 협력	→	조직의 네트워크화
		자기조직화하는 가상조직(SOVO)
↓		↑
〈 창조적 파괴와 조직 혁신 방안 〉		
1. 조직구조 파괴	→	리스트럭처링
	→	라이트사이징(rightsizing)
2. 업무 처리 과정의 파괴	→	업무 처리 과정의 리엔지니어링
	→	업무 처리 과정의 혁신
3. 인사 파괴	→	타 기업 인사 제도의 벤치마킹(benchmarking)
	→	충원, 인사 제도의 개혁
4. 행태 파괴	→	창조적 파괴의 날 등의 제도 도입
	→	의식 개혁

직에도 도입된다면 종전의 평형상태에 동요를 발생시키는 계기가 될 수 있을 것이다.

이러한 조직 혁신의 몸부림은 복잡성이론 관점에서 보면 상당히 바람직한 현상으로, 창조적 파괴라는 요동을 통해 역동적 새 질서로 진화하는 자기조직화의 한 관리적 수단이 될 수 있다. 여기서 중요한 점은 창조적 파괴를 통한 혁신이 이뤄졌다고 해서 다시 관료제적 평형상태에 안주하려는 발상은 곤란하며, 일단 새 질서인 자기조직화 체제로 진화한 이후에도 지속적으로 자기조직화 체제의 특성과 조건을 유지하고, 이를 바탕으로 끊임없는 창조적 파괴를 통해 혁신 과정을 되풀이하려는 노력을 하지 않으면 위에서 언급한 혁신 방안들은 별 효과를 보지 못할 것이다.

복잡계에 대한 연구는 비단 조직의 진화 과정뿐만 아니라 좀 더 거시적인 사회 체제의 진화 과정에도 적용될 수 있다. 소로킨(Sorokin)과 토인비(Toynbee) 등의 사회 체제에 대한 설명에서도 혼돈이론과 일맥상통하는 점을 엿볼 수 있다. 문명의 발전을 일종의 반복 현상으로 생각하는 '도전과 응전'은 토인비 역사관의 핵심 개념인데, 모든 문명은 자연 환경이나 외세의 침입과 같은 어떤 구체적인 도전이 있을 때 이에 대한 반응 혹은 응전으로 발생한다는 것이다. 문명은 처음에는 자연 환경에서 생존하기 위한 도전을, 그 뒤에는 안팎으로 사회적 도전을 받는다. 이러한 도전에 대한 응전의 결과에 따라 한 사회 문명의 수명이 결정된다(성공적 응전→생존과 발전, 응전의 실패→쇠퇴와 멸망). 도전과 응전의 주기적 순환이 인간 사회가 완전한 문명으로 진보해 가는 과정이라고 주장했다.

소로킨도 인류의 문명은 감각적 문화(물질주의, 향락주의－로마, 서구 문명), 관념적 문화(정신적이고 비물질적인 존재를 지향－기독교가 지배하던 중세), 이상주의적 문화(앞의 두 문화가 균형을 이루며 공존하는 유형－13, 14세기)가 주기적으로 순환한다고 보고 있다.

모든 유기체 생물은 환경과 조화를 잃었을 때는 소극적 피드백으로 환경에 적응하는 것이지만, 그 부조화가 극한에 이르면 창조적인 적극적 피드백으로 유전 변화를 일으켜 다른 종(種)으로 변한다. 문명도 마찬가지로 환경의 도전에 대응할 만한 창조적 유연성을 상실하고 경직되어 있을 때 그 문명은 쇠망하고 새로운 문화가 발생한다는 것을 토인비는 고대 이집트와 희랍 문명, 회교 문명 등 많은 문명의 성쇠 패턴을 들어 보여주었다.

오늘의 우리는 생물적·심리적·사회적·환경적 현상이 상호 의존하는 전체적으로 연결된 세계에서 살고 있다. 이러한 세계를 적절히 기술하기 위해서는 데카르트적 세계관이 줄 수 없는 생태학적 전망이 필요한 것이다. 모든 문명은 발생, 성장, 파탄, 소멸의 동일한 순환 과정을 겪는 것으로 보인다.

이러한 패턴에 대한 가장 뛰어난 연구로는 토인비의 『역사의 연구』가 있다. 토인비에 따르면, 문명의 발생은 정적 상태에서 동적 작용으로의 이전으로 이뤄진다. 이 이전은 자생적이며 종전의 어떤 문명의 영향을 통해서나 전 세대의 하나 혹은 그 이상의 문명의 붕괴를 통해서 발생한다. 토인비는 문명 발생의 기본 패턴을 자신이 '도전과 응전'이라 지칭한 상호작용의 패턴으로 보았다. 자연적·사회적 환경의 도전은 사회나 사회 내 집단의 창조적 응전을 자극시켜서 그 사회를 문명 과정으로 들어가도록 유도한다. 도전에 대한 응전이 성공적이어서 세력이 생기고, 그 세력이 그 사회를 평형상태를 넘어선 비평형의 상태로 몰고 가면, 그 비평형상태가 다시 새로운 도전이 되면서 문명은 계속 성장하는 것이다. 이와 같이 도전과 응전은 후속되는 성장의 국면에서 반복되며 각기의 성공적인 반응은 새로운 창조적 적응을 요하는 비평형을 만들어 낸다(이성범 외 옮김, 1993).

사회 체제는 확립된 규범에서 이탈하는 것을 방지하고, 종전의 질서나 구조를 유지하는 다양한 되먹임고리체제를 가지고 있다. 체제가 안정적일 경우 일련의 규칙, 즉 법에 의해 체제가 지배되며 결정론적인 예측이 어느 정도 가능하다. 그러나 체제가 불안정한 상태에 있을 경우 사소한 정치적·경제적·사회적·문화적 변화가 편차증폭 되먹임고리에 의해 증폭되어 체제의 급작스런 변혁이 이루어지기도 한다. 사회 체제는 군사적 정복 혹은 경제적 종속과 같은 외부 힘에 의한 영향 혹은 쿠데타, 사회운동과 같은 체제 내적 힘의 영향을 받는다. 이러한 영향이 체제가 안정적 상태에 있을 때는 체제의 편차상쇄 되먹임고리 혹은 항상성 유지 기능에 의해 흡수될 수 있으나, 체제가 불안정한 상태에 있을 경우(분기점에 다다를 경우)에는 초기조건의 민감성, 즉 나비효과에 의해 증폭되어 사회 체제에 큰 폭풍을 몰고 올 수도 있다. 이러한 편차증폭 과정이 상당히 지속적일 경우에는 개혁이라고 할 수 있고, 급작스러운 것이라면 혁명이라고 할 수 있을 것이다(Laszlo, 1986).

산업혁명이 발생하여 인류의 사회 체제가 산업사회로 진입된 것은 100년 남짓 되었다. 산업사회는 농업사회의 분기점에서 진화돼 왔다. 일부 국가는 이 분기점에 다다르지도 못했으며, 산업사회로 진입한 국가들 중 일부는 새로운 분기점에 도달하여 역동적 요동을 통한 새로운 사회 체제인 정보사회로 발돋움하고 있다.

사자와 얼룩말의 공진화(共進化)

공진화(coevolution)는 상호 의존적인 종들이 서로 영향을 주면서 함께 진화하는 것을 말한다. A라는 종의 변화가 B라는 종의 생존 환경을 만들고, 다시 B의 변화가 A의 생존 조건이 되는 연속적인 과정이다(Moore, 1996 ; 12). 예를 들어 사자가 약한 얼룩말을 잡아 먹기 때문에 얼룩말은 더 빨라지고, 빨라진 얼룩말을 잡아 먹기 위해 사자가 더 빨라지는 식으로 진화하는 것이 공진화의 개념이다.

피터스와 워터맨은 지속적으로 이윤을 많이 내고 혁신적인 제품과 기술 발전을 해 온 보잉(Boeing), 듀퐁(Dupont), 코닥(Kodak), 아타리(Atari) 그리고 아봉(Abon)과 같은 우량 기업의 관리에서 나타나는 공통된 특질을 규명하고 우량 기업이 되기 위해 이러한 특질을 다른 조직도 갖추어야 한다고 한다.

그러나 우량 기업으로 선정된 조직 중 3분의 2가 5년이 지나지 않아 우량 기업으로 간주되지 않는다. 예를 들어 IBM은 우량 기업으로 선정되었으나 몇 년 후 죽은 기업으로 판단되었다. 하지만 1980년대 후반 다시 한번 우량 기업으로 컴백한다.

더 경쟁력 있는 창조적 경쟁자가 나타나서 게임의 규칙을 바꿔버릴 경우 환경에 과도하게 적응된 기업은 마치 급격한 기후 변화에 직면한 적응 동물처럼 빨리 환경의 변화에 반응할 수 없다. 과거에 조직 성공의 요인이던 것이 조직 실패의 원인이 된다. 그리고 동물처럼 기업도 사멸하고 마는 것이다. 텍사스 인스트루먼트(Taxas Instrument : TI)는 그 좋은 예다. 이 회사는 제품을 다른 회사보다 싸고 빨리 만들어서 성공했다. 초기에는 반도체의 산업 표준을 정하고 혁신적인 제품 흐름을 주도했으나 점차 가격 인하에 집착하여 유행에 뒤떨어진 싸구려 제품만을 고객에게 제공하고 만다. 좀 더 정교한 반도체 칩을 개발하지 못함으로써 경쟁자에게 밀린다. 결국 신제품을 개발할 필요성을 간과한 채 가격에 의해서만 물건을 팔려고 한 것이다. TI의 초기 성공 원인이 조직이 쇠락하는 원인이 되고 만 것이다. 낡은 지도에 따라 행동했고 조직의 장점에 안주했으며, 안정적인 평형상태에 집착했기 때문이다. 조직이 생존하기 위해서는 안정적 평형상태로 이동하려 해서는 안 된다는 냉혹한 현실을 일깨워주는 예라고 할 수 있다.

공진화 이론은 개체의 돌연변이가 환경에 의해 선택된다는 적자생존의 논리를 벗어나서, 실제의 진화는 개체가 전체를 진화시키고 전체가 개체를 진화시키는 상호 진화의 과정이었음을 보여준다. 공진화는 결국 자기조직화의 방식이다. 하위 체제의 구성 요소들이 공진화를 통해 만들어 내는 질서는 상위 체제의 자기조직화 과정이라고 볼 수 있다. 체제 내의 한 요소가 다른 요소에게 미치는 영향이 되먹임고리가 되어 자신에게 돌아오는 순환적인 특성은 결국 '자기인과성(self-causality)'이다. 예컨대 꿀벌의 사회는 식물 체계, 곤충, 동물, 인간 사회와도 구조적으로 연결되어 있다. 그리고 이러한 연결은 인간의 인식 수준에서만 분리되어 있을 뿐이다. 모든 체제는 다른 체제와 구조적 연결을 통해 자기조직화되며, 이때 공진화 메커니즘이 작용한다.

공진화를 좀 더 이해하기 위해 생물학, 특히 진화생물학과 조직관리의 유사점을 알아보자.

(1) 생물 진화의 원칙

다윈이 제창한 진화론을 간단하게 정리해 보면 다음과 같은 5단계로 구분할 수 있다.

출발점은 ① 생물은 일반적으로 새끼를 많이 낳는다는 사실이다. 다음은 ② 수가 많기 때문에 그들 사이에는 격심한 생존경쟁이 일어난다. 그러나 ③ 변이를 수반하는 것이 있어서, 그 변이는 생존경쟁에 유리하게 작용하는 경우가 있다. 그 결과 ④ 유리한 변이를 일으킨 변종은 살아남을 가능성은 극히 적지만 진화의 가능성은 높아진다. ⑤ 이러한 과정이 오랫동안 반복되어 몇 백, 몇 천 세대 계속된 결과, 그 변종은 드디어 해당 종 내에서 다수파가 될 것이다. 이것이 바로 새로운 종의 탄생, 즉 종의 진화다. 그런데 실제로 능력이 떨어지는 생물은 살아남기 어렵고, 우수한 생물이 살아남기 쉬운 것일까?

이러한 의문에 대하여 다윈의 진화론에 비판적인 이마니시는 사자와 얼룩말의 관계에 대하여 다음과 같이 설명한다.

> 사자가 얼룩말 무리를 습격하면 얼룩말은 필사적으로 도망치고 사자는 전력을 다해 쫓는다. 다윈 식으로 말하면 발이 빠른 얼룩말은 잡히지 않고, 발이 느린 얼룩말이 먹힐 것이다. 그러나 사자에게 먹힌 얼룩말은 발이 느리고, 살아남은 얼룩말은 발이 빨랐다는 증거는 아무데도 없다. 이마니시는 사자에게 잡힌 얼룩말은 단지 운이 나빴을 뿐이고, 살아남은 얼룩말은 운이 좋았을 뿐이라고 생각한다. 실제로 사자는 무리 중에서 발이 느린 얼룩말만을 골라 습격하는 것같이 보이지 않는다. 사자는 순발력이 좋으나 지구력은 없으므로 맨 처음 눈에 띈 목표를 향해 단숨에 습격한다. 목표로 삼은 얼룩말을 쫓을 때는 비록 늦게 도망치는 얼룩말이 뒤에 있어도 사자는 목표를 바꾸지 않는다. 사자는 끝까지 처음에 노린 얼룩말을 쫓는다. 이러한 사실에서 알 수 있듯이 사자 눈에 띈 얼룩말은 단순히 운이 나빴을 뿐이다. 이마니시는 '적자생존'이 아니라 '운 있는 자 생존'이라고 표현함으로써 자연도태와 적자생존에 의한 무방향인 진화를 비판한다.
>
> —「진화론이 변하고 있다(1992)」 중에서

경제진화론자 베블런(T. Veblen)은 다윈의 자연선택원칙을 경제학에 도입하여 성공을 거뒀다. 베블런은 피어스(Charles Sanders Peirce), 맥두걸(William McDougall), 스펜서(Herbert Spencer), 섬너(William Graham Sumner) 등의 영향을 받아 사회경제학에서 진화이론을 개발하고자 노력했는데, 여기서는 먼저 다윈의 진화론이 내세우는 주요 원칙을 살펴볼 것이다.

첫째, 종(species)과 군집(population) 사이에는 지속적인 변이(variations)가 일어난다. 이러한 변이는 성격상 맹목적으로, 무작위하게 혹은 의도적으로 일어날 수 있는데, 이러한 변이가 없다면 자연선택이 일어나지 않는다.

둘째, 후손은 자신이 속한 종의 다른 구성원을 닮지 않고 선조를 닮는 것을 통해 유전이나 종의 연속성이 일어난다. 다시 말해 개인의 특성이 세대를 거듭하면서 승계된다는 의미다.

셋째, 보다 잘 적응하는 유기체만이 자손을 많이 남기거나, 생존경쟁에 유리한 변이나 유전자만이 보존되어 승계되기 때문에 자연선택은 스스로 작동한다. 이것을 흔히 '생존경쟁의 원칙'이라고 부른다.

자연선택이론(Rosenberg, 1985)에 따르면 첫째, 유기체의 특징, 예컨대 외양과 기능, 행동은 표현형(phenotype)에 속하고 이러한 특질을 코드화(입력)하는 유전자는 유전자형(genotype)에 속한다. 표현형의 특질은 여러 유전자가 상호 결합하여 형성된다. 생존과 재생산은 표현형의 선택인 데 비해, 유전은 유전자형의 현상으로 개별 유기체 단위에서 일어난다. 그러나 유전자와 환경은 함께 일하면서 유기체의 표현형을 조작한다.

둘째, 모든 유기체들은 분명하게 나타나지 않는 퇴행성의 유전 정보를 보유하고 있다. 즉, 적응 곤란한 특질의 유전 정보는 종의 유전자 창고에 저장되어 적응한 종에 의해 승계된 유전자 구조에 포함된다.

셋째, 표현형의 변이는 유전적 돌연변이나 짝짓기에 의한 재생산으로 유전자가 재결합된다.

넷째, 환경 변화는 자연선택의 과정에서 외생적으로 일어난다. 즉, 환경 변화는 유기체가 자의적으로 통제할 수 없는 범위에서 존재한다(Levins and Lewontin, 1990).

다섯째, 자연선택의 과정은 외부의 안내나 의도와는 관계없이 진행되고 아무런 목표도 없이 진행된다. 즉, 자연은 환경에 적응하느냐 못 하느냐만을 선택한다(Rosenberg, 1990).

여섯째, 적응하는 진화가 진행되기 위해서는 장기간에 걸쳐 환경에 변화가 없어야 한다. 자연선택은 아주 서서히 진행되기 때문이다

(Rosenberg, 1994).

일곱째, 개별 유기체에 적합하거나 그의 상대적 지위를 향상시키는 것은 집단 전체에겐 적합하지 않을 수도 있다. 그러한 경우 집단적 적응은 불완전하게 이뤄진다(Hishleifer, 1982).

끝으로, 환경이 유기체에게 어떤 적응을 구체적으로 요구하는지를 예측할 수 없다. 즉, 진화에 적응하기 위해 어떤 것이 필요한지를 미리 알 수 없다(Rosenberg, 1994). 그 결과 유기체의 유전자구조가 변화할 수 있을 경로를 제한한다(Gould, 1980).

(2) 사회체제의 진화

인류학자이며 사이버네틱스 이론가인 베이트슨(Bateson)은 생물체뿐만 아니라 가족이나 사회 조직과 같은 체제 내의 행동도 공진화한다는 점을 밝혔다. 즉, 공진화 원리는 조직과 조직의 관계, 조직과 환경의 관계를 이해하는 데도 적용될 수 있다. 공진화를 조직의 입장에서 본다면 각 조직의 적응적 행동이 조직 생태계, 기술, 시장과 경제를 구성하는 다른 조직들의 적응 조건을 바꾸는 상호 연결된 변형 과정으로 볼 수 있다(Kauffman, 1995). 또 공진화 개념은 기술의 영역에도 적용될 수 있다. 예를 들어, 자동차 엔진의 진화는 타이어, 완충 장치, 나아가서 고속도로의 설계까지도 바꿀 수 있으며, 이것은 다시 자동차 엔진의 발전에 영향을 줄 것이다. 기술의 고착현상은 서로 다른 기술이 공진화하여 국지적으로 안정된 균형 상태를 이루고 있는 것이라고 볼 수 있다.

공진화의 중심 개념은 '상호인과성(mutual causality)'이다. 따라서 요소간의 직·간접적 피드백과 상호작용이 전제가 된다. 이제 조직들의 관계를 경쟁이나 협동만으로 설명하기는 부족하다. 조직 환경을 '조직 생태계'로 보고, 그것을 하나의 진화하는 체제로 본다. 조직 생태계의 공진화는 종들의 경쟁이나 협력과는 차원이 다른 관점이다. 조직이 장기적으로 발전하기 위해서는 시장의 주도권을 획득하기 위한 경쟁이나, 경쟁사와 협력하기보다는 자신이 속한 생태계와 함께 발전해야 한다. 공진화 원리는 요소 중심으로 생각하는 관점(reductionism)이 얼마나 잘못된 것인지 깨닫게 해준다. 상호인과의 과정은 과거의 단순한 모델링으로는 접근할 수 없다. 공진화 분석은 비선형적인 되먹임고리 분석(feedback loop analysis)을 통해 이뤄질 수 있다. 모든 체제는 상호 연관되어 진화하는 자기조직화의 과정에 있기 때문이다. 이런 관점은 조직들의 경쟁을 이해하고 전략적 방향을 정하는 데 유용하게 활용될 수 있다.

공진화의 개념은 체제 구성요소의 수준이 아니라 체제 수준에서 이해될 필요가 있다(Morgan, 1986). 체제 내의 관계망을 특징짓는 전반적 유형 혹은 끌개는 행위자들의 지속적인 상호 대립을 통해 발생하며, 되먹임고리 과정을 통해 개별적 적응에 영향을 미친다. 그리고 그러한 전반적 유형은 다양한 계층제적 수준에서 동시에 발생하는 단절된 평형상태의 순환을 통하여 진화하는 것이다.

유연성은 고정된 지형에서 더 높은 봉우리로 올라갈 수 있도록 도움을 줄 뿐 아니라 변화하는 지형상의 추적 탐사를 최적화하는 데 도움이 될 것이다. 전통적으로 조직 이론은 주로 정적인 가설 검증에 초점을 맞췄으나, 진화론적 관점에서 조직을 본다면 조직 적응 문제에 대한 공진화적 문제 해결법의 가치가 있다.

(3) NK 적합도 지형 모형

앞서 설명한 복잡적응체제의 특질을 모형화한 적합도 지형(fitness landscapes)의 개념을 살펴보자. 진화생물학 분야에 있어서 라이트(Wright, 1932)가 1930년대에 처음 사용한 적합도 지형 개념은 복잡성

〈표〉 진화생물학과 조직학의 비교

구분	진화생물학	조직학
N	유전자(genes) 수	체제 요소의 수, 부서의 수, 조직 구성원의 수, 조직 루틴의 수 등
K	유전자들의 상호작용 수	체제 요소들의 상호작용 수
A	유전형질(alleles) 수	변수의 선택 가능 수
D	적합도 지형의 차원	D=N(A-1) : 조직 적합도 지형의 차원

연구자들이 더욱 확장시켰다. 적합도 지형이란 전체적 최고치(가장 높은 봉우리)와 전체적 최저치(가장 낮은 계곡)의 위치와 그 높이가 적합도의 척도인 울퉁불퉁한 산과 계곡으로 어우러진 지형이다(Coveney, & Highland, 1995 : Kauffman, 1993). 카우프먼(Kauffman)은 라이트의 적합도 지형 개념을 발전시켜, 자연 체제와 사회 체제의 진화 모형인 'NK 적합도 지형 모형'을 제안하고 있다(〈표〉·〈그림〉 참조).

NK 모형에서 N은 생물의 유전인자 수를 나타내는 변수다. 이 변수는 조직과 경제의 경우 체제 요소의 수, 부서의 수, 조직 구성원 수, 혹은 조직 루틴 수, 생산 요소의 수로 볼 수 있다. 박테리아와 같은 단순한 생물도 유전인자가 수천 개나 된다고 한다. 그러므로 탐색 공간은 3차원의 좌표를 표시할 수 없는 수천 혹은 수만개의 유전인자로 구성된 고차원 세계의 지형(landscape)을 나타낸다. 지형의 높낮이는 생물의 적응도(혹은 조직의 생산성)를 나타낸다. 유전인자들을 어떻게 조합하는가에 따라 생물의 적응도가 올라갈 수도 있고 떨어질 수도 있다.

카우프먼 모형의 복잡성은 K변수에서 일어난다. K는 유전자들의 상호작용 정도를 나타내는 변수다. K가 크면 클수록 유전인자들의 상호작용이 커진다. 상호작용이 전혀 없는 경우, 즉 K=0인 경우 탐색 공간은 경사가 고르고 정상이 하나인 후지산 지형과 같은 단일

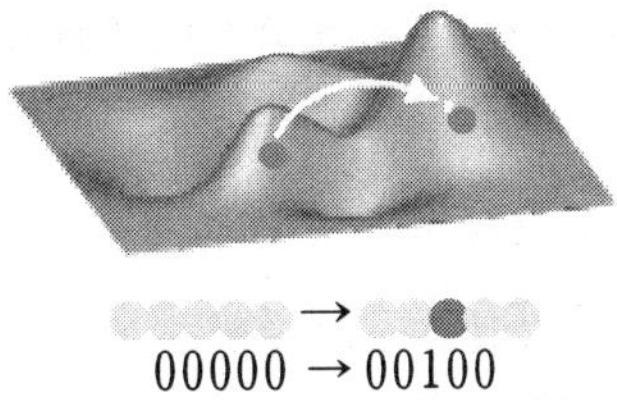

[그림] 라이트와 카우프먼의 적합도 지형 모형

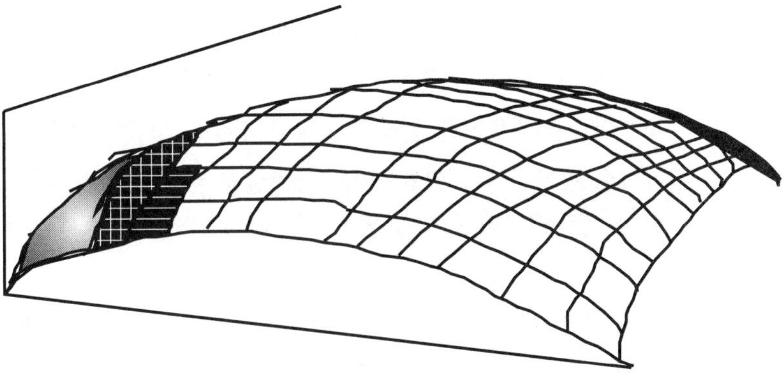

[그림] K=0인 경우

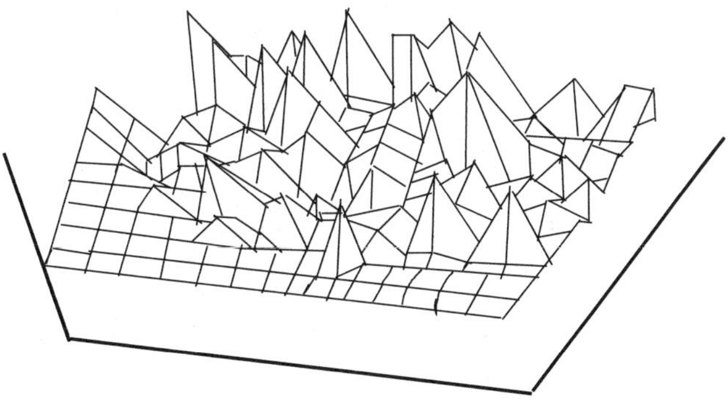

[그림] K=N−1인 경우

봉우리 적합도 지형(uni-peaked fitness landscape)의 산세를 띤다〈앞의 그림 참조〉.

이 경우 진화의 문제는 시간이 지남에 따라 산의 최고봉을 찾아가는 간단한 문제로 풀이된다. 생물학자들은 합리성이 결여된 박테리아도 정상을 찾아서 갈 수 있다고 한다. 그것이 어떻게 가능할까? 생물이 교미하여 번식을 할 때 염색체들의 무작위적 교체와 유전인자의 재조합 현상이 나타난다. 재조합을 통하여 환경에 적응하는 생물의 염색체군은 계속 번식을 하고, 그렇지 못한 생물의 염색체군은 도태되어 진화의 무대에서 그 자취를 감춘다. 여기에 돌연변이를 첨가하면 진화의 변화 폭이 더 커진다. 진화의 문제는 유전인자의 재조합이나 돌연변이를 통해서 생물이 정상을 향하여 오르는 것으로 재해석할 수 있다. 생물학에서 재조합과 돌연변이는 진화경제론에 있어 신결합(진화 조직 구성 요소의 신결합)과 그 기능이 크게 다를 것이 없다.

그러면 $K>0$ 경우, 즉 유전인자들의 상호작용이 있는 경우를 생각해보자. 이 경우 탐색 공간의 지형에는 여기저기 크고 작은 산봉우리들이 생긴다(앞의 그림 참조). 진화의 문제는 최정상을 찾아가는 것이다. 여기서 진화의 문제는 단순성의 과학에서 복잡성의 과학으로 바뀌는데 크게 두 가지로 나누어 생각할 수 있다. 유전인자들의 상호작용이 적은 경우, 예컨대 $0 < K < N-1$인 경우 진화의 문제는 혼돈과 질서를 넘나든다. 둘째 경우는 유전인자들의 상호작용이 큰 경우다. 극단적인 예는 $K=N-1$로, 이 경우 탐색 공간은 완전 혼돈의 세계로 변한다. 예측이 불가능한 세계다. 이러한 지형은 봉우리가 많고 울퉁불퉁한 적합도 지형(multi-peaked rugged fitness landscape)이다.

이러한 적합도 지형에서 경쟁이 발생한다. 지형 그 자체는 고정된 것이 아니라 지형상의 행위자들이 행동하고 환경이 변함에 따라

변형된다. 카우프먼(1995)의 말을 빌리면, 진화와 경제에 있어서 실제 적합도 지형은 고정된 것이 아니라 지속적으로 변하는 것이라고 한다. 외부 세계가 변하고, 종전 행위자와 기술이 변하고, 이들이 서로 영향을 주고, 새로운 조직과 기술 혹은 조직 혁신 등이 이뤄지기 때문에 그러한 변형이 발생한다는 것이다(Kauffman and Macready, 1995).

적합도 지형은 환경이 변하기 때문에 변한다. 어느 한 종의 적합도 지형은 그 적소를 구성하는 다른 종이 적응하기 때문에 변한다. 우리는 그러한 지형을 조직과 조직이 직면한 환경과 같은 상호 연관된 상호작용의 체제로 구성해 볼 수 있다. 상충적인 제약 요인이 존재하기 때문에 지형은 울퉁불퉁해지고 봉우리가 많아진다. 많은 제약 조건이 상충되기 때문에 하나의 명백한 해결책, 즉 전체적 최적해(global optima)보다는 이해관계를 조정하는 많은 해결책, 즉 국지적 최적해(local optima)가 존재한다.

이러한 적합도 지형을 조직 적합도 지형(organizational fitness landscape)으로 발전시켜보자. 조직은 행위 주체들의 총체이며, 행위 주체는 개인 혹은 집단이다. 조직 상태는 행위 주체의 행위들의 총체이고, 조직 상태의 변화는 임의 시점의 조직 상태에서 다음 시점의 조직 상태(결국 각 행위 주체의 행위)로 변하는 것이다.

봉우리가 하나인 후지산 지형상에서는 조직이 안정적인 전략을 미리 수립하고 지시, 명령, 통제 등의 관리 기법을 통해 조직 구성원을 예정된 경로로 끌고 나갈 수 있다. 그러나 문제는 격변하는 환경에 직면한 오늘날의 조직들에게 과연 그러한 지형이 존재하느냐 하는 것이다.

단일 봉우리 지형의 경우, 점증적인 적응 전략이 만족할 만한 해결책이 될 수 있다. 그러나 울퉁불퉁한 지형의 경우, 점증적 탐색 전략은 출발점에 가장 가까운 국지적 봉우리에 도달하여 그 결과 처음의 해결책에 고착되어 경로의존성을 보인다. 이러한 문제를 극복하기 위한 방패는 무작위적인 탐사 전략이다. 따라서 울퉁불퉁한 적합도 지형상의 적응 전략은 종전 조직의 관행에 집착(exploitation)함으로써 얻는 이득을 잃지 않고 새로운 전략을 탐색(exploration)하는 이득을 극대화하는 것이다(March, 1991).

울퉁불퉁한 지형의 경우 가장 높은 봉우리가 어디에 있는지도 모른다. 설사 안다고 해도 지형상의 공진화적 특성으로 인해 어느 한 조직의 행동이 적합도 지형의 행태를 변화시키기 때문에 장기적인 전략은 무의미하다. 다시 말해 어느 한 시점에서는 유용하던 전략이 적합도 지형의 변화로 인해 무용지물이 될 수도 있다는 것이다. 조직이 높은 봉우리로 올라가기 위해, 즉 적합도를 높이기 위해 적응적 탐사를 할 경우 설사 최적 봉우리가 아니라는 사실을 인식해도 투자된 매몰비용이나 기회비용 등 때문에 방향을 선회하기는 쉽지 않다. 아서(Arthur, 1990)가 말하는 고착현상에 직면하는 것이다.

조직 설계 문제에도 유사한 현상이 발생한다. 조직이 어떤 특정한 구조를 갖고 있는 경우, 이러한 조직 구조를 확립하기 위해 상당한 비용을 투자했을 것이다. 환경이 변함에 따라 조직 구조를 개편하고 싶어도 종전 구조에 고착되고 만다. 변화를 가져오기 위해 다른 봉우리로 이동하려면 필연적으로 일시적인 적합도의 저하를 수반한다. 그러나 어떤 조직도 적합도가 감소하는 것을 달가워하지 않는다. 이러한 이유로 높은 봉우리에 올라간 조직일수록, 즉 현재의 조직 구조가 상당히 능률적인 조직일수록 상황이 변할 경우 다른 봉우리로 이동하는 것이 어렵다.

그렇다면 우리의 관심사는 높은 적합도를 유지하면서도 환경의 변화에 민첩하게 대응하여 다른 봉우리로 이동할 수 있는 유연한 조직을 어떻게 유지하느냐 하는 것이다. 코프먼(1995)이 제시하는 방법은 조직을 조각으로 분할하라는 것이다. 분할된 조각들은 자기조직화가 가능한 분권화된 수평 조직이다. 자기조직화가 가능한 영역은 질서도 아니고 혼돈도 아닌 혼돈의 경계, 즉 복잡성의 영역이다.

체제나 조직이 혼돈의 경계, 즉 복잡성의 영역을 유지하면 조직 혁신, 창조적 파괴 등을 통한 자율적 동요의 창조를 통한 새로운 질서로의 위상 전이(Nicolis & Prigogine, 1989 ; 최창현, 1997 ; 1996)가 가능해지고, 초기조건의 민감성(나비효과)으로 인해 창발성이 발현될 여건이 조성되며, 일단 발현된 창발성은 경로의존성으로 인해 고착효과를 보인다. 이는 다시 편차증폭 되먹임고리 기능에 의해 자체 강화되어 유지 보존 메커니즘(예를 들면 관료제화, 제도화)에 빠진다.

혼돈의 경계 → 동요의 창조 → 나비효과 → 창발성 → 경로의존성 (고착효과)

:: **10**

복잡계과학의 활용

application of complex system science

- 복잡계과학을 8백 년 전부터 생활에 활용했던 동양
- 이순신장군의 전승비결 속에 스며 있는 복잡계과학 !
- 복잡계과학으로 본 CEO가 갖추어야 할 최고의 덕목 !
- 주역 64괘 속의 리더십

복잡계과학을
8백년 전부터 생활에 활용했던 동양!

서구 생물학계에서 피드백, 자동조절, 자기조직화 등의 '생명의 원리'를 20세기에 이르러서야 포착한 것을 동양에서는 이미 2500여년 전에 자기조직화 메커니즘을 담고 있는 음양론(陰陽論)과 생물들의 상생(相生)·상극(相剋) 되먹임고리를 하나로 묶은 오행론(五行論) 등이 등장하면서 시작되었다. 그리고 애매모호한 아날로그적인 자연의 신비를 디지털 체계로 바꿔서 명확하게 설명할 수 있는 주역을 성립시키고, 환경이 인간에게 끼치는 영향을 파헤친 풍수지리학과 인체를 하나의 시스템과 네트워크로 해석한 한의학(韓醫學) 등이 등장했다. 그리고 지금부터 8백년 전인 13세기에는 복잡계의 특성인 초기조건의 민감성, 비평형, 시스템, 네트워크, 요동(搖動)현상, 창발(創發)현상 등이 모두 내재되어 있는 사주학으로까지 발전하고 실생활에서 본격적으로 활용되었던 것이다.

음양론과 오행론은 2천여년 전부터 의식주와 관혼상제 등의 동양문화 전반에 근간을 구축했다. 특히 음양론은 중용사상의 모태가 되었으며 사주학의 용신론에 결정적인 영향을 끼쳤다. 한의학은 체질학(體質學)과 사상의학(四象醫學)으로 학문의 영역이 넓어졌으며 풍수지리학은 환경의 중요성을 일깨워 준 결과를 낳았다. 그리고 사주학에서는 이삿날, 개업일, 결혼일 등의 택일(擇日)로 초기조건을 개선하는 기법들이 실생활에서 뿌리를 내리게 되었다. 이와 같이 동양에서는 복잡계과학이 2천여년 전부터 연구되어 왔으며 8백년 전부터는 실생활에서 적극적으로 활용되어 왔기 때문에 많은 노하우가 형성되어 있다. 그러므로 동양문화에 축적되어 있는 복잡계에 대한 노하우를 파헤쳐서 복잡계를 규명하고 발전시키는 데 적극적으로 활용할 필요가 있을 것이다.

[그림] 학익진(鶴翼陣)[25]

이순신장군의 전승(全勝)비결 속에 스며 있는 복잡계과학!

복잡계 차원에서 본 유능한 리더란 에너지를 활성화 시킬 수 있어야 하고 분출된 에너지를 잘 활용할 수 있어야 한다. 그런데 이순신 장군이야말로 그러한 조건을 충족시킬 수 있었던 복잡계에 걸맞는 명장이었다. 이순신 장군은 조직을 항상 시간적, 정신적, 지리적으로 혼돈의 가장자리로 몰고 갔다. 그리고 그는 이러한 비평형적인 복잡계의 특성을 군사작전에 철저하게 활용했다. 물론 그 당시에 이순신장군이 복잡계과학을 알았던 것은 아니었겠지만 지금까지 동서고금의 역사를 다 뒤져보아도 복잡계를 그 만큼 잘 이용한 사람은 없을 것이다.

한산도대첩은 행주대첩, 진주대첩과 더불어 임진왜란 3대 대첩으로 일컬어지는 임진왜란 사상 최대의 해전으로 이 해전을 계기로 조선수군이 남해안의 제해권을 잡게 됨으로서 일본의 수륙병진책(水陸竝進策)을 좌절시켰다.

25) 「http://100.naver.com」 ⓒencyber.com

1592년 7월 7일에 이순신 장군이 원균과 연합함대를 구성하여 당포에 이르렀을 때 적함 70여 척이 견내량(見乃梁)에 정박하고 있다는 보고를 받았다. 이순신 장군은 거제도와 통영만 사이에 있는 견내량 주변이 협소하고 암초가 많아서 대해전을 펼치기에는 적합하지 않음을 간파하고 왜선을 한산도(閑山島) 앞바다로 유인하여 학익진을 펼칠 계획을 세운다. 한산도는 거제도와 고성 사이에 위치하고 있기 때문에 사방으로 헤엄쳐 나갈 길도 없고 적이 궁지에 몰려 상륙한다 해도 굶어 죽기에 알맞은 곳이었다.

이순신 장군의 조선수군 연합함대는 먼저 판옥선(板屋船) 대여섯 척으로 하여금 일본수군의 선봉을 급습하여 적선을 유인하도록 하였다. 이에 왜선들이 일시에 몰려나오자 아군 함선들은 거짓 후퇴를 하며 적을 한산도 앞바다로 유인하였다. 아무 영문도 모르고 뒤쫓아 오는 적의 주력 함선들을 넓은 바다 쪽으로 유인하면서 도주하던 이순신 장군의 연합함대는 돌연 적 앞에서 모든 배가 일시에 방향을 180도로 선회하면서 양쪽으로 날개를 펼치며 학익진을 펴고 적을 포위한 채 함포사격으로 적을 섬멸하였다.

한산도대첩에서 위력을 보인 학익진은 본래 조선수군이 즐겨 쓰던 정자(丁字) 타법을 개량한 것으로 학이 날개를 펴듯 적을 둘러싸서 공격하는 진형이다. 학익진은 앞의 그림에서 보듯이 적은 아군에게 종대가 되도록 하고 아군은 횡대가 되도록 배치하여 마치 학의 양 날개로 적을 감싸듯 포위하는 진법이다.

학익진의 위력은 학이 날개를 펼치는 순간에 적선을 아군의 포격 유효 사거리 안에 집어넣을 수 있으며, 적선 측면에 대한 사격 조준 면적이 커지기 때문에 아군 함선의 공격에 치명타를 당하게 되어 있다. 또 하나 간과할 수 없는 이점은 화력의 집중력이 역전된다는 것이다. 예를 들어서 5열 종대의 적선 100척과 이순신 장군의 함선 10척이 대적을 한다고 가정할 때 병력의 차이는 100:10이다. 그러나 학익진을 펼치면 접전하는 시점에서는 선두에서 쫓아오는 적선과 아군의 함정이 5:10으로 역전된다. 그리고 판옥선은 선수와 선미에 장착된 2문 내외의 화포에 비해서 측면에는 10여문이나 장착되어 있기 때문에 학익진으로 전환하는 순간 화포의 위력이 5배나 증가된다. 학익진의 형태에서 5열 종대로 추격해 오는 적의 선두함선 5대가 10문의 화포를 발사할 수 있다면 학익진을 펼친 아군의 10대의 함선에서는 100문의 화포를 가동할 수 있으므로 화력에서 10:100으로 순간적으로 역전시키면서 적의 함선을 초토화시킬 수 있는 것이다. 그러니까 학익진으로 역공하는 순간에 에너지의 집중현상이 일어난다. 또한 에너지의 집중이 일어나는 순간에 평형에서 비평형상태로 돌입하게 된다.

그런데 서구에서도 이 학익진과 같은 진법으로 승리한 장군이 있었다. 기원전 216년 알프스 산맥을 넘어서 로마를 침공한 한니발은 이탈리아 남부의 칸나에 평원에서 로마군과 대회전을 치르기 위해서 대치하고 있었다. 이 칸나에 전투는 서구의 역사상 가장 유명한 지상전으로 전사(戰史) 연구에서 빼놓을 수 없는 전투이기 때문에 서구의 육군사관학교라면 반드시 가르치고 있다고 한다. 이때 로마는 2개 군단으로 편성하여 두 명의 집정관이 하루씩 교대로 총지휘를 맡았으며, 로마군은 로마 시민병과 동맹국 병사로 짜여진 연합군이었고 한니발군도 한니발 휘하의 직속부대와 갈리아 용병으로 구성된 연합군이었다.

로마군과 한니발군의 전력을 비교해 보면 보병에서는 8만명 대 4만명으로 로마군이 절대적으로 우세했고 기병에서는 7,200명 대 10,000명으로 한니발군이 조금 우세했다. 두 집정관을 선두로 한 8만 7천의 로마군은 한니발군을 격파하기 위해서 이탈리아 남부의 풀리아 지방으로 내려왔다. 그런데 한니발은 추격해 오는 로마군의 규모와 그 구성에서부터 두 집정관의 성격에 이르기까지 모든 것을 파

〈로마군의 전력〉	로마 시민병 :	보병- 40,000명	
		기병- 2,400명	합계- 42,400명
	동맹국 병사 :	보병- 40,000명	
		기병- 4,800명	합계- 44,800명
			총계- 87,200명
〈한니발군의 전력〉	한니발 군대 :	보병- 20,000명	
		기병- 6,000명	합계- 26,000명
	갈리아 용병 :	보병- 20,000명	
		기병- 4,000명	합계- 24,000명
			총계- 50,000명

악하고 있었다.

한니발은 기병이 쉽게 위력을 발휘할 수 있는 평원으로 로마군을 유인했다. 이순신 장군이 학익진을 펴기 위해서 일본수군을 한산도 앞바다로 유인한 것처럼, 한니발 역시 항상 숫자적으로 열세에 있는 군대를 이끌고 있었기 때문에 언제나 자기가 유리하다고 생각되는 곳에서 승산이 있을 때만 전투를 벌였다.

그러나 기병의 위력을 잘 모르고 있었던 로마군은 적의 두 배나 되는 보병의 전력만 믿고 맹추격을 했던 것이다. 당시 로마군의 중무장 보병은 아무도 따라갈 수 없을 정도로 유명했기 때문이었다. 로마군에게 쫓기듯 남하하던 한니발군은 오판토 강이 아드리아 해로 흘러드는 근처에 펼쳐진 칸나에 평원에 와서야 행군을 멈추었다.

로마군은 집정관 테렌티우스 바로의 지휘 아래 오판토 강의 오른쪽 연안에 포진했다. 그러자 한니발도 전군을 이끌고 강을 건너 로마군의 정면에 진을 쳤다. 이날 로마군 총사령관 바로가 구상한 전술은 로마군의 주력인 중무장 보병을 이용하여 적진의 중앙돌파를 노린 것이다. 그렇기 때문에 오판토 강과 칸나에 마을의 배후를 에워싸는 언덕자락에 완만한 경사를 이루며 펼쳐진, 이 지방에서는 비교적 좁은 지역을 전쟁터로 선택한 것이다. 하지만 이런 진형 때문

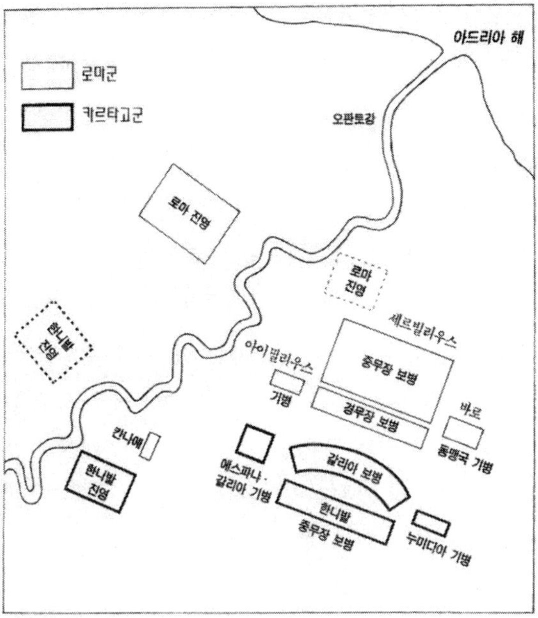

칸나에 회전
(포진 직후의 진형)

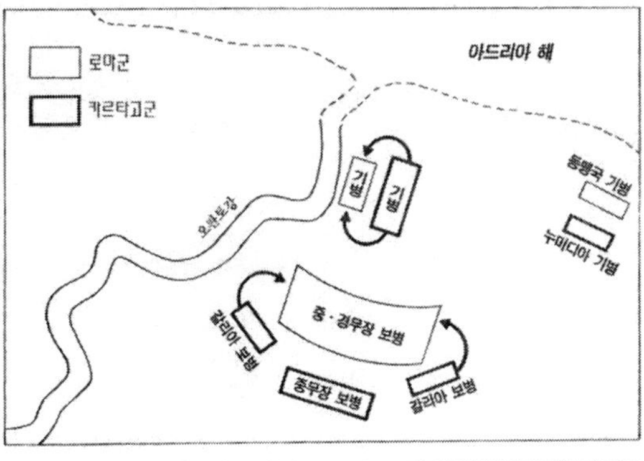

칸나에 회전(제2 단계)

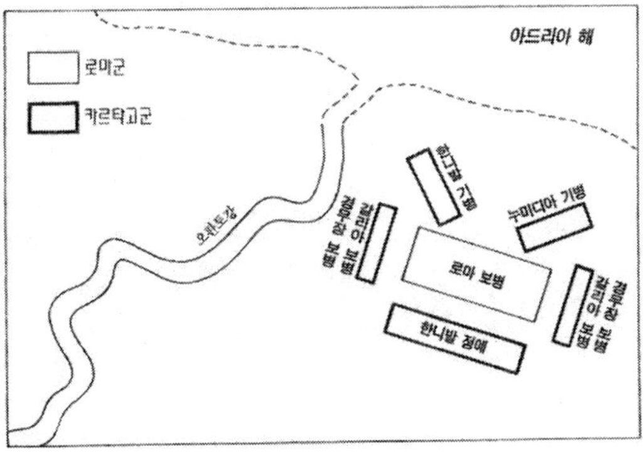

칸나에 회전(최종 단계)

[그림] 칸나에 회전 포진도

출처:「로마인이야기(2)」p.180

에 로마군의 우익을 맡은 2,400명의 로마군 기병은 오판토 강과 보병 사이에 낀 좁은 지역에서 세 배나 많은 적과 싸워야 하는 불리함을 안게 된다.

그러니까 로마군 총사령관 바로는 포진할 때 이미 실착을 한 것이다. 로마군이 먼저 가로로 일진(一陣)에는 경무장보병, 이진(二陣)에는 중무장보병을 중심으로 일직선 포진을 하고 좌우에 기병을 배치하자 한니발은 그에 대응하여 중앙부가 불룩 튀어나온 활 모양의 일진에는 갈리아 보병으로 두텁게 포진하고, 이진에는 한니발 휘하의 중무장 보병을 배치했다. 그리고 좌우에는 로마군과 마찬가지로 기병을 배치했다. 전투는 활 모양의 진형을 이루고 있던 한니발군의 갈리아 용병과 로마군의 경무장 보병부터 시작이 되었다. 이 싸움에서 양군의 격돌은 처음부터 로마군의 우세 속에 전개되었다. 이것을 바라보고 있던 로마군 총사령관 바로는 보병대 지휘를 맡고 있던 전직 집정관 세르빌리우스에게 중무장 보병대를 투입하라고 명령했다. 로마의 보병 전체가 육박해 오자 갈리아 용병으로 구성된 한니발의 전위부대는 후퇴하기 시작했다.

그러자 가운데가 불룩한 활 모양이 가운데가 움푹 들어간 활 모양으로 진형이 바뀌었다. 보병전에 이어 좌우 양쪽에서는 기병들끼리의 전투도 시작되었다. 그런데 로마군 우익의 집정관 아이밀리우스의 기병대는 세 배나 많은 한니발의 기병대에 상대가 되지 못했다. 반면에 로마군 총사령관 바로가 직접 이끌고 있던 좌익의 기병대는 한니발군의 누미디아 기병과 박빙의 승부를 펼치고 있었다. 이와 같이 양쪽에서 기병들이 격전을 벌이는 동안 중앙에서는 로마군 보병들의 맹공격을 받은 한니발군의 갈리아 용병들이 후퇴를 하다가 갑자기 좌우로 나뉘며 전선(戰線)을 이탈해 버렸다. 이렇게 되자 로마군 중무장 보병은 느닷없이 나타난 한니발군의 중무장 보병과 마주치게 되었다. 그러나 이 한니발군의 중무장 보병은 알프스를 넘어온 한니발의 정예부대였기 때문에 거의 두 배에 달하는 로마군 중무장 보병의 맹공격을 잘 막아 냈다.

이렇게 전쟁터 한복판에서 벌어지고 있는 보병끼리의 격돌이 로마군에게 유리하게 전개되고 있는 사이에 로마군의 우익을 담당하고 있던 집정관 아이밀리우스의 기병 2,400명은 6,000명에 이르는 한니발군의 기병에게 포위되어 대부분 목숨을 잃었다. 그리고 로마군 총지휘관 바로가 직접 지휘하던 좌익의 동맹국 기병 4,800명도 초기에는 선전했지만 승마술이 뛰어난 누미디아 기병들을 당하지 못하고 도망치고 말았다.

기병들의 전투에서 한니발군이 완승을 하게 되자 전세는 순식간에 역전되기 시작했다. 한니발의 정예부대가 계속 밀리면서도 로마군 중무장 보병의 맹공을 견뎌내고 있는 동안에 전선을 이탈한 것처럼 보였던 갈리아 용병들이 되돌아와 기병이 격퇴당하여 비어버린 로마 보병대의 양옆을 포위했고, 로마군 기병들을 물리친 한니발군의 기병들이 배후를 포위해 버렸던 것이다. 한니발은 이 칸나에 전투에서 로마군의 정예였던 중무장 보병대를 처절하게 섬멸해 버렸다.

한니발이 완승한 이 칸나에 전투는 지상전임에도 불구하고 학익진과 비슷한 진법(陣法)과 전술을 구사하고 있다. 칸나에 전투에서 한니발은 우세한 기병을 최대한 활용했다. 로마군이 우익에 로마시민병 기병 2,400명을 배치하자 한니발은 이곳에 한니발 휘하의 기병 6,000명을 배치하고, 로마군 좌익의 로마동맹국 기병 4,800명 쪽에는 노련한 기마부대인 갈리아 용병의 누미디아 기병 4,000명을 배치했다. 한니발의 뛰어난 용병술을 보여 주는 포진법은 바로 여기에 있었다. 평범한 장군들은 로마시민병 기병대 쪽에 누미디아 기병대를 배치하고, 로마동맹국 기병대 쪽에는 한니발 직속기병대를 배치하여 좌우균형을 맞춰 평형적인 포진을 했을 것이다.

그러나 한니발은 오히려 좌우의 평형을 깨뜨리기 위해서 비평형적인 포진을 했다. 그러니까 칸나에전투 포진의 핵심은 한니발 직속 기병대에 달려 있었던 것이다. 한니발이 당초에 중앙의 갈리아 보병대를 가운데가 불룩한 활 모양으로 배치한 것은 숫자적으로 절대열세인 보병전은 기병전이 끝날 때까지는 방어만 하고, 우세한 기병전을 위주로 작전을 펼치되 기병전에서도 로마시민병 기병대 쪽을 단숨에 물리쳐 버리고 로마 보병대를 배후에서 공략할 심산이었던 것이다. 적은 병력으로 적을 포위하여 대승을 거둔 칸나에 전투의 비결은 기병으로 하여금 적의 배후를 압박함으로서 거의 두 배에 가까운 적의 전력을 좁은 공간으로 몰아넣어 무력화시킨 데 있었다.

복잡계과학으로 본 CEO가 갖추어야 할 최고의 덕목!

국가는 물론이고 어떤 기업이나 단체를 막론하고 무엇보다 중요한 것이 지도자의 자질과 역할이다. 세계의 여러 나라들과 많은 기업들의 흥망성쇠를 조금만이라도 살펴보면 '리더십'이 얼마나 중요한 것인가를 확인할 수 있다. 그 가까운 예로 2002년 한·일 월드컵에서 한국 축구감독을 맡았던 거스 히딩크(Guus Hiddink)가 보여준 리더십이야말로 지도자의 역할이 얼마나 중요한지를 보여준다.

삼성경제연구소는 2004년 5월에 전 세계 주요 CEO들의 유형을 5가지로 분류해서 발표해 흥미를 끌고 있는데 소개하면 다음과 같다.

이 중에서 최근까지 가장 관심을 끌고 있는 CEO는 일본 닛산(日産) 자동차의 프랑스계 용병사장(傭兵社長)인 카를로스 곤이라고 할 수 있는데 그는 파산 직전의 닛산자동차를 기사회생시킨 공로로 마이크로 소프트의 빌 게이츠 회장을 밀어내고 미국 CNN과 Time이 공동으로 선정한 2001년 세계최고 경영인 1위로 뽑혔으며, 2004년 5

〈표〉 세계의 최고와 최악의 CEO들의 유형

고공행진형	잭 웰치(GE)	초후지오(TOYOTA)
수직상승형	빌 게이츠(MS)	루 거스너(IBM)
기사회생형	카를로스 곤(NISSAN)	칼리 피오리나(HP)
돌발추락형	존 첌버스(SYSCO)	샌퍼드 웨일(CITY)
위기반복형	노부유끼(SONY)	위르겐 슈렘프(DAIMLER)

* 삼성경제연구소

월에는 일본정부가 외국경영자에게는 처음으로 수여하는 훈장인 남수포장(藍綬褒章)을 받기도 했다.

카를로스 곤이 파산 직전의 닛산자동차에 처음 부임했을 때 닛산자동차의 분위기는 마치 침몰 직전의 난파선 같았다고 한다. 그러나 카를로스 곤은 "리더란 조직이 위기에 직면해 있을 때 조직원이 혼란스런 상황을 탈출하기 위해 신뢰하는 존재다. 따라서 리더에 대한 기대감은 위기국면에서 오히려 고조된다. 리더십은 오히려 역경 속에서 발전하는 것이다."라고 주장한다.

잘 나가고 있는 회사를 방어하기도 어려운 일이지만 도산 직전의 회사를 기사회생시키는 일은 아무나 할 수 있는 것이 아니다. 실제로 1990년대 말 심각한 경영부진에 빠졌던 일본의 자동차 업계 -미쓰비시, 닛산, 마쓰다- 에 투입된 외국인 CEO 중 유일하게 닛산의 카를로스 곤만이 성공했던 것이다. 그렇다면 도대체 유능한 CEO가 되기 위해서는 어떤 자질이 필요한지 이쯤에서 한번쯤 되짚어 볼 필요가 있을 것이다.

21세기와 같이 급변하는 '불확실성의 시대'를 헤쳐 나가기 위해서는 CEO에게 필요한 덕목도 각 기업이나 연구단체별로 각각 다르겠지만 여기서는 가장 중요하다고 생각되는 요인으로 10가지 정도만 뽑아서 살펴보기로 하겠다.

1990년대 이후 미국의 CEO들은 일반직원들과의 연봉이 무려 500배 이상이나 차이가 날 만큼 '신경제 혁명'의 주역으로 각광을 받아왔다. 그러나 최근에 IT산업의 거품이 빠지면서 기업들의 재정적자가 늘어 나자 일부 부도덕한 CEO들은 파산 직전에 수천만 달러의 스톡옵션(stock option)을 챙겨서 사회의 지탄을 받고 있다고 한다.

그러므로 한 기업을 이끌어 나갈 CEO로서 가장 우선시되는 덕목은 신뢰성이라고 할 수 있을 것이다. 일찍이 중국 삼국지의 제갈공명도 도덕성과 신의를 잃으면 모든 것을 잃는다고 갈파했는데, 이 신뢰성을 확보하려면 무엇보다도 우선 CEO의 윤리도덕과 봉사정신이 전제되어야 한다.

세계 최고기업이라고 할 수 있는 미국의 GE는 CEO의 도덕성과 봉사정신을 자연스럽게 확보하기 위해서 GE자체 내의 순수 자선봉사 모임인 '엘펀'(Elfun: Electrical Fund)을 활용한다고 한다. '엘펀'은 1928년 창립 이후 GE로부터 직접 보조금을 한 푼도 받지 않는 전통을 이어가고 있는데도 불구하고 '엘펀'이 전 세계적으로 추진 중인 봉사 활동 프로젝트는 4,000여 개로 장애인 지원, 불우이웃 돕기, 자연보호 활동, 헌혈, 마약퇴치, 암센터 지원, 피난민원조, 문맹퇴치 등 다양하다. 현재 가동 중인 '엘펀'은 세계 33개국에서 138개나 되며 가입회원 수는 52,000여명이나 된다. 특이한 것은 '엘펀' 활동은 GE에서 고위 경영진이 되기 위한 필수적인 '통과의례'로 통한다는 점이다. 잭 웰치 전 회장은 물론이고 제프리 이멜트 현 회장도 모두 '엘펀' 회원들이었다고 한다.

카를로스 곤은 도산 위기에 몰리고 있는 기업일수록 CEO의 신뢰성이 절대적이라고 했는데 그러기 때문에 위기에 몰릴수록 리더의 확고한 신념과 위기탈출을 위한 대안을 뚜렷이 제시해야 하며 또한 그 대안을 실행하기 위한 추진력이 있어야 한다는 것이다. 카를로스 곤은 바로 그 대안을 위하여 현실적으로 전 사원들이 수긍하고 믿을

〈표〉 CEO에게 요구되는 덕목

덕 목	갖추어야 할 자질	비 고
신뢰성	도덕성, 정직성, 낙천성	확고한 신념
미래에 대한 비젼	장기적인 안목, 정보력	미래지향적
전략적 리더십	분석력, 치밀성, 전문성	목표의식
위기관리능력	순발력, 융통성, 도전정신	조기경보시스템
스피드 경영	실행력, 추진력, 공격성	끊임없는 혁신
통솔력과 조직력	리더십, 네트워크, 팀워크, 책임경영	시스템
커뮤니케이션	대화(설득력), 포용력, 유연성	노사화합
현장경영	기민성, 행동성	일선현장의 파악
인력관리	공정성(지연·학연·인맥의 탈피), 원칙고수	적재적소
인재양성	창의성, 포상	교 육

수 있도록 구체적인 숫자로 된 목표를 설정하여 제시했다고 한다. 그는 “기업경영에서 성공하려면 목표를 구체적인 숫자로 만들고 실행여부를 숫자로 점검하는 ‘숫자경영’이 필요하다.”고 닛산자동차의 회생비결을 털어놓고 있다.

회사가 어려움에 빠질수록 조금이라도 더 악화되기 전에 위기관리를 해야 하는데 그러기 위해서는 위기에 적절하게 대응할 수 있는 순발력이 있어야 하고 순발력 있는 스피디한 경영을 하려면 조직의 몸집을 줄여야 하는 것은 당연하다고 할 것이다. 경영학의 조직행위론에 의하면 “조직의 규모가 커지면 유연성이 떨어지고 반드시 관료주의화 된다.”고 한다. 어떤 조직을 막론하고 조직이 방대해지면 경직되면서 보수화 된다는 것이다.

IBM(International Business Machines)은 1986년만 해도 연간 매출액이 500억 달러, 전 세계 132개국에서 종업원 40만 명을 거느린 세계최대의 이익을 올리는 회사였다. 컴퓨터의 제왕, 기업경영의 표본, 미국기업의 자존심으로 회자되었던 정보산업의 초거대 다국적기업이었다. 그러나 이렇게 막강했던 IBM도 예외 없이 조직이 비대해지자 여러 가지 점에서 관료주의의 폐해가 나타나기 시작하면서 1980년대 후반부터 IBM은 매출과 순이익이 급속히 하락하기 시작했다. 급기야 1991년에는 창사 이래 최초로 마이너스 성장을 기록하면서 30억 달러나 적자를 기록하게 된다. 그러자 IBM의 경영진은 구조개편작업(Restructuring)을 시작했으며 분사화(分社化)를 시도했다. 그러나 1992년에는 50억 달러, 1993년에는 80억 달러로 적자폭이 눈덩이처럼 늘어나면서 절대절명의 위기에 처하게 되었다. IBM은 회사 내의 관료주의 타파와 공정한 구조조정을 위해 IBM 창사 79년 역사상 처음으로 외부에서 CEO를 영입하는 모험을 시도한다. 그리하여 1993년에 외부에서 발탁된 루이스 거스너가 등장하는데 그는 IBM의 기대를 저버리지 않고 파산위기에 몰린 IBM을 극적으로 기사회생시키고 9년 간 회장직을 역임한 뒤 2002년 3월에 샘 필마사노에게 CEO를 넘겼다.

GE의 새로운 회장 제프리 이멜트는 강조한다. "GE의 성공비결은 변화를 쫓아가는 것이 아니라 재빨리 먼저 움직여 변화를 주도하는 것이다. GE가 큰 기업이어서 강한 것이 아니라 재빨리 움직일 수 있는 기업이기 때문에 강한 것이다. 올해도 우리는 스피드로 승부할 것이다." 그런데 현대 기업경영의 첨단기법인 '스피드 경영'이 21세기처럼 격동기에는 모든 분야에 다 필요하다고 생각된다.

기업의 구조조정은 조직의 몸집만 줄인다고 성공하는 것은 아니다. 특히 보수화된 거대조직을 개편하려면 지연, 학연, 인맥 등에서 탈피할 수 있는 공정성이 확보되어야 한다. 경직된 조직을 유연성 있는 조직으로 변화시키려면 그만큼 조직의 효율성을 높여야 하고 효율적인 조직이 되기 위해서는 조직 내의 네트워크와 팀워크가 잘 다져져야 한다. 그러기 위해서는 인력관리가 잘 되어야 하는데 사실상 CEO의 업무는 70퍼센트 이상이 인재의 선발과 육성, 적재적소

(適材適所)에의 배치에 있다고 한다. 또한 어떤 조직이 일사불란한 팀워크를 구사하려면 조직원 상호간의 커뮤니케이션이 원활해야 한다. 특히 기업 내부의 신속한 의사전달과 결정구조는 '스피드 경영'의 핵심이라고 할 수 있다. 대다수 거대조직의 문제점은 상급직원과 하급직원, 본사와 현장, 회사와 고객간의 의사소통의 단절에 있다고 한다. 그러기 때문에 현대경영의 기법에서 '현장경영'은 빼놓을 수 없는 중요한 요인으로 등장하고 있다.

그런 점에서 세계최고의 유통회사인 월마트는 고객의 요구에 대한 반응속도에 관한 한 세계제일이라고 할 만큼 현장경영을 중요시하는 회사다. 그러나 IBM의 위기는 '현장경영'이 전혀 되지 않은 데서 일어나기 시작했다. IBM의 조직형태는 전형적인 피라미드구조였다. 1980년대 중반 IBM의 경우 최 말단 영업사원에서 사장에 이르기까지의 단계가 무려 11개 층이나 되었다고 한다. 다시 말하면 결재라인이 최고 11개나 된다는 것이다. 이러한 조직으로는 현장의 고객의 목소리, 의사결정 속도, 고객에게 빠른 피드백(feed back)을 줄 수 없었다. IBM 조직의 또 하나의 특징은 모든 주요 의사결정이 IBM 본사의 중역회의에서 이루어진다는 것이다. 특히 주요 신제품의 개발과 시장에의 발표는 본사의 중역들에 의해 결정되었다. 하부조직에의 권한 위임이 전혀 되어 있지 않았기 때문에 시장으로의 진입속도는 늦어질 수밖에 없었던 것이다. 특히 컴퓨터 관련 제품수명이 4~5년에서 6개월 이내로 단축되었기 때문에 이러한 중앙집중적인 조직구조 하에서는 시장의 변화에 신속히 대응한다는 것은 불가능했던 것이다. 아무리 구조조정을 하고 현장경영, 스피드경영 등을 시도해도 변화의 물결에 적절히 대응하지 못하는 기업은 기업의 경쟁에서 도태될 수밖에 없는 것이 정글의 법칙이다. 그러기 때문에 기업의 쇠퇴를 막기 위해서는 기업을 '닫힌 시스템'에서 '열린 시스템'으로 문호를 개방하고 차세대를 이끌어갈 인재들을 끊임없이 받아들이고 조직원들을 재교육시켜야 한다.

기업이란 결국 사람이다. 그러므로 기업이 살아남기 위해서는 그 기업을 이끌어 나갈 조직원들 중에서 그 시대에 한발 앞서 나갈 미래 지향적인 감각과 창의성을 이끌어 내야 한다. 또한 생산성향상을 위하여 그에 상응하는 적절한 포상제도가 병행되어야 함은 두말할 여지가 없다. 그러므로 CEO의 가장 중요한 임무란 바로 그 기업의 조직원들로 하여금 미래지향적인 아이디어를 창출할 수 있는 분위기를 조성해 주고 그 창출된 아이디어를 성사시킬 수 있도록 뒷받침해 줄 수 있는 강한 추진력과 일관성에 있다고 생각된다.

미국의 하버드 비즈니스 리뷰(HBR)는 2003년 12월호에서 '대가들이 뽑은 대가'(gurus' guru) 1위에 피터 드러커가 선정되었다고 보도했다. HBR은 인터넷 검색엔진의 검색순위, 서적, 미디어 등에서 인용된 순위를 계량화해서 200명의 '경영의 대가'들의 순위를 매긴 후 이들에게 다시 '누구를 대가라고 하는가? '라는 설문을 통해 '대가들이 뽑은 대가'를 선정한 결과 피터 드러커가 1위를 차지한 것이다. GE를 세계에서 가장 존경받는 기업으로 키운 잭 웰치가 회장이 되고 나서 가장 먼저 달려가 자문을 구한 사람이며 '현대경영학'의 창시자로 불리는 피터 드러커는 "지도력이란 영리함이 아니라 일관성으로 유지된다."고 잘라 말했다고 한다.

'일관성'이란 이 한마디에는 모든 현대적 경영기법이 함축되어 있다고 해도 과언이 아닐 것이다. 일관성은 동양철학에서 부르짖고 있는 핵심사상인 중용(中庸)처럼 쉽게 이루어지고 유지될 수 있는 것이 아니다. 일관성을 유지하려면 구체적이고 실행 가능한 목표가 설정되어야 하고 정확한 목표를 세우려면 앞날에 대한 중·단기적인 안목이 있어야 한다. 그래야 미래지향적인 전략을 세울 수 있기 때문이다. 또한 일관성 있게 회사경영을 하려면 시장의 변화에 끊임없이 대응할 수 있는 조직 관리를 해야 한다. 그러기 위해서는 구조조정이 뒤따라야 하고 유연성 있는 조직을 만들려면 조직 내의 커뮤니케이션, 팀워크, 인력관리, 인재양성, 현장경영 등이 뒤따라 가야한다. 그러므로 기업경영에서 일관성을 유지하려면 사실은 그 조직은 끊임없이 변신해야 한다. 특히 정보화혁명이 일어나고 있는 21세기에는 그 어느 시대보다 급격한 변화가 일어나고 있기 때문에 그 변화의 물결에서 밀려나지 않으려면 그 변화에 과감하게 도전할 수 있는 안목과 용기와 유연성이 있어야 한다. 위험 없는 도전은 있을 수 없다. 그러나 무사안일이나 자만에 빠지는 것보다 더 큰 위험은 없다.

20세기 후반부터 일어나고 있는 변화의 속도란 우리가 쉽게 상상할 수 있는 것이 아니다. 세계제일의 정보기업이었던 IBM이 파산위기에 몰리고 일본이 장기불황의 늪에 빠졌던 것도 이 변화의 방향과 속도를 감지하지 못한 결과였다. 개인이나 기업, 국가를 막론하고 일시적인 성공에 방심하고 자만했다가는 순식간에 역전당할 수 있는 것이 21세기 같은 복잡하고 스피드한 세상의 특징이다. 특히 라이프사이클이 짧아진 현대에서는 위기도 성공도 순식간에 일어나고 그 파급효과도 엄청나게 커졌다고 할 수 있다.

IBM을 절대 절명의 도산 위기로 몰아 넣었던 원인은 첫째가 1980년대에 진행된 반도체사업의 급속한 발달이었다. 반도체산업의 발달은 그 당시 메인 프레임(main frame)위주의 컴퓨터산업 구조를 급격히 해체시키며 중앙의 대형컴퓨터에 의존하지 않아도 되는 독립적인 퍼스널 컴퓨터시장을 형성시켰다. 둘째는 대형컴퓨터 개발경쟁의 하드웨어(hardware)중심에서 퍼스널 컴퓨터간의 운영시스템인 소프트웨어(software)중심으로의 컴퓨터산업의 구조변화였다. 1950년대 후반 이후 컴퓨터시장을 거의 석권하였던 IBM은 특히 제3세대 컴퓨터였던 시스템/360으로 1960년대 및 1970년대의 컴퓨터시장에서 독점적 위치를 확보한 이후 자만심에 빠지게 되었다. 시스템/360의 성공은 IBM의 컴퓨터산업에 대한 전반적인 시야를 좁게 만들었던 것이다. 그야말로 작은 성공이 큰 화를 부르게 된 것이다. 시장이 미니컴퓨터와 소프트웨어, 개방형 시스템으로 흘러가는 데도 IBM경영진들은 메인프레임에 의존하는 독자적인 폐쇄형 시스템을 고수하였다. 만일 그 당시에 IBM이 미니컴퓨터 시장에 적극적으로 뛰어 들었다면 불과 2~3년이면 미니컴퓨터 시장의 주도권도 잡을 수 있었던 상황이었다.

IBM의 또 하나의 최대 실수는 퍼스널 컴퓨터간의 운영체계, 즉 소프트웨어(software)를 독자적으로 개발하지 않고 MS(Microsoft)의 빌 게이츠에게 운영권을 넘겨 주었다는 것이다. IBM개발팀이 퍼스널 컴퓨터의 운영체계를 찾고 있던 중 빌 게이츠를 만나게 되는데, 그 당시 하버드 대학을 중퇴했던 무명의 빌 게이츠는 퍼스널 컴퓨터의 운영체계가 엄청난 사업이라는 것을 간파하게 된다. 그리하여 빌 게이츠는 IBM이 원하는 운영체계를 가지고 있었던 시애틀 컴퓨터 프로덕션의 Q-DOS를 그 당시 빈털터리에 불과했던 그에게는 상당히 거금이었던 5만 달러에 사들여 IBM과 운영권 계약을 체결했던 것이다. 이것이 바로 현재 퍼스널 컴퓨터의 기본 운영체계로 보편화된 MS-DOS의 모체였으며 빌 게이츠를 일약 세계최고의 갑부로 밀어 올려준 계기가 되었던 것이다. 일본이 제조업에서 미국을 따라잡았다고 방심하고 있을 때 IT산업이라는 보도를 갈고 있었던 미국에게 역습을 당하게 되었던 것과 같은 비슷한 상황이 컴퓨터 산업에서도 일어났던 것이다. 이와 같이 국가나 기업의 경쟁에 있어서 시장이 어떻게 변화할 것인지를 내다볼 수 있는 선견지명은 아주 중대한 일이다. 예측력이 없다는 것은 방향을 잘못 잡은 선박과도 같은 것이다.

난파선만 위험한 것이 아니라 방향을 못 잡고 우왕좌왕하는 선박도 위험하기는 마찬가지다. 그러므로 CEO가 갖추어야 할 최고의 덕목은 신뢰성과 선견지명이라고 할 수 있을 것이다. 그런데 이 신뢰성과 선견지명을 복잡계과학으로 재해석해 볼 필요가 있다.

복잡계에서 어떤 조직이 창발현상을 일으키려면 두 가지 조건이 충족되어야 한다. 첫째는 조직내부에 요동이 발생되어야 하고 두 번째는 조직외부의 환경변화인 섭동이 조직내부에서 발생된 요동과 양의 되먹임고리(feedback loop)가 형성되어야 한다.

그런데 조직내부에 요동이 발생하려면 그 조직의 에너지가 결집되고 활성화 되어야 하는데, 그러기 위해서는 조직을 끌고 나가야 할 CEO의 신뢰성이 확보되어야 하고, 인재를 적재적소에 기용하여 조직을 활성화시켜야 한다. 그러니까 어떤 조직에서 자의든 타의든 평형구조가 깨지고 비평형구조로 활성화되면 요동이 발생하는데, 이때 발생된 에너지를 하나로 모으려면 그 에너지를 결집시키려는 리더의 신뢰성이 최우선이며 모아진 에너지를 효율적으로 관리해야 한다는 것이다. 또한 조직내부에서 발생된 요동과 조직외부의 환경변화인 섭동이 맞아 떨어지도록 대비하는 것이 곧 미래지향적인 안목, 즉 선견지명이라고 할 수 있다. 여기에 대한 해답은 동서고금의 수많은 역사가 증명해 주고 있다.

예를 들면 한제국(漢帝國)을 창건한 유방(劉邦), 명(明)나라의 시조(始祖)인 주원장(朱元璋), 중화인민공화국 초대주석 모택동(毛澤東), 나폴레옹(Napoleon Bonaparte) 등을 들 수 있다. 이들은 한결같이 보잘 것 없는 빈농이나 섬 출신으로 불우한 소년기를 보냈으며, 국가적인 혼란기에 청·장년기를 맞이했다. 그리고 그들은 과감하게 격동의 중심에 뛰어들어서 국가적인 에너지를 성공적으로 결집시켰으며, 구태의연한 평형상태를 타파하고 새로운 질서를 세웠던 것이다.

39세에 중국을 천하통일한 진시황제(秦始皇帝)가 다섯 번째의 지방순행 도중 하북성(河北省) 사구(沙丘)에서 50세로 급서하자 진(秦)나라는 빈농출신 하급 장교였던 진승(陳勝)과 오광(吳廣) 등이 반란을 일으키고, 각지에서 군웅이 봉기하는 혼란에 빠지게 된다. 유방

(劉邦)은 이때 고향인 패(沛)에서 현(縣)의 하급관리였던 소하(蕭何)와 조참(曹參)등의 추대를 받아 군사를 일으켜 패공(沛公)이라 칭하였다. 유방은 패(沛)의 풍읍(豊邑) -지금의 강소성(江蘇省) 풍현(豊縣)- 출생으로 농가에서 태어났으나, 가업은 돌보지 않고 유랑생활을 하다 장년에 이르러 하급관리 -진(秦)나라의 정장(亭長:10리 정도의 땅을 관리하는 낮은 벼슬)- 가 되었다. 그러다 여산(驪山)의 황제릉(皇帝陵) 조영공사에 부역할 인부들의 호송책임을 맡게 되었는데 호송 중에 도망자가 속출하자 자신도 도망하여 산중에 은거하였다. 유방은 초기에는 세력이 약했기 때문에 항량(項梁), 항우(項羽)와 연합세력을 구축하였으나 항우(項羽)가 진(秦)나라의 주력부대와 결전을 벌이는 사이에 진(秦)의 수도 함양(咸陽)을 함락시키고, 진(秦)나라의 법이 지나치게 가혹하였으므로 약법삼장(約法三章)만을 발표하고 다른 법은 모두 폐지하여 민심을 수습하였다.

그러니까 모든 일에 우선하여 신뢰성부터 확보하였던 것이다. 유방은 농민출신으로 한량(閑良)에 불과했으나 사람을 아끼고 베풀기를 좋아했다고 한다. 그는 언제나 활달하고 큰 도량으로 인재를 포용력 있게 등용하고 소하(蕭何), 조참(曹參), 장량(張良), 한신(韓信) 등과 같은 명신들을 적재적소에 기용하여 10만에 불과한 군대로 40만이 넘는 항우군(項羽軍)과 자웅을 겨루었다. 그리고 천신만고 끝에 해하(垓下)의 결전에서 항우를 대파하고 천하를 다시 통일하여 한(漢)나라를 창건하였다.

명태조(明太祖) 주원장(朱元璋)이 황제가 되기까지는 유방(劉邦)보다 더 극적인 삶을 살았다. 주원장은 호주(濠州) -현재의 안휘성(安徽省) 봉양현(鳳陽縣)- 의 빈농 출신으로 어린 시절에는 지주(地主)의 소를 키우면서 자랐다고 한다. 그는 17세 때 고향을 휩쓴 기근과 역병으로 부모형제를 모두 잃고 고아가 되었다. 주원장은 생계를 위하여 황각사(皇覺寺)에 들어갔으나 탁발승(托鉢僧)으로 쫓겨나야

했다. 그런데 이 시기는 원나라의 실정에 견딜 수 없었던 농민들이 각지에서 반란을 일으키고 있었으므로 총명했던 주원장은 이와 같은 시대적 흐름을 누구보다 먼저 느끼고 있었다. 그리하여 주원장은 동경(東京) 홍건군(紅巾軍)에 소속해 있는 곽자흥군(郭子興軍)에 지원입대하여 격랑의 중심으로 뛰어들게 된다. 주원장은 여기서 두각을 나타내기 시작하여 곽자흥의 심복이 되고, 곽자흥이 전사하자 그를 대신하여 새로운 지도자로 부상하였으며 한림아(韓林兒)가 이끄는 용봉(龍鳳)의 홍건정권(紅巾政權)으로부터 좌부원수(左副元帥)에 임명되었다. 이후 주원장은 양자강(揚子江)을 포함하여 원(元)나라의 강남(江南) 거점인 남경(南京)을 점령하고 본거지로 삼았으며 한림아(韓林兒)와 유복통(劉福通) 등이 원군(元軍)에 패배하여 쇠퇴하자 홍건군(紅巾軍)을 대표하게 되었다.

그러나 욱일승천하던 주원장이 각지의 군웅들을 제압하고 마지막으로 장사성(張士誠)의 부대와 강소(江蘇)에서 대진하고 있을 때, 기묘한 일이 발생했다. 양 진영(陣營)이 협곡을 중심으로 대치한 외길 한복판에 산 오리 한 마리가 알을 품고 있었던 것이다. 그런데 주원장은 사활이 걸린 그 작전을 포기하고 산 오리가 새끼를 낳아 제 발로 길을 비킬 때 까지 여러 날을 기다렸다. 주원장의 이러한 의도가 적에게 알려지자 전세는 불리하게 기울었다. 그런데 일부 부하들의 불평불만에도 아랑곳하지 않고 묵묵히 지켜보기만 하던 진영에 예상치 못한 일이 일어났다. 장사성의 부장들이 부하들을 거느리고 속속 주원장의 휘하로 투항해 왔던 것이다. 아군의 부하장수들에게 인간적인 믿음을 얻은 것은 물론이고 적군들까지 주원장의 인간적인 면모에 감동을 받았던 것이다. 그러니까 신뢰성을 확보하게 되면 모든 것이 따라오는 것이다. 그야말로 화살 한발 쏘지 않고 마지막 결전을 승리로 이끈 주원장은 그 후 원나라를 멀리 북쪽으로 물리치고 명(明)나라를 건국하게 된다.

모택동(毛澤東)역시 유방이나 주원장과 같은 농촌 출신이었으며 비슷한 경로를 밟아서 중화인민공화국을 건국하게 된다. 그런데 이들에게서 우리가 배워야 할 중요한 점은 이들 모두가 맨주먹으로 시작해서 역전 끝에 천하를 통일했다는 것이다. 이들이 천하를 통일할 수 있었던 원동력은 민심을 이반하지 않았고 주변 인재들을 과감하게 등용한 결과라고 할 수 있다. 유방의 공신이었던 명장 한신은 항우에게서 푸대접을 받다가 유방의 신하가 되었으며 한때 장개석의 수하에 있었던 주은래는 장개석에게 쫓기는 신세가 되었다가 모택동의 참모가 되었다. 그러니까 조직을 발전시키려면 인적인 에너지 자원을 잘 관리해야 하는 것이다. 일찍이 유방은 천하를 차지하게 된 비결을 묻자 "전쟁의 승패를 판가름하는 것은 장량(張良)만 못하고, 국가를 다스리고 위무하는 것은 소하(蕭何)만 못하고, 백만 대군을 거느리고 싸우는 일은 한신(韓信)만 못하다. 이 세 사람은 뛰어난 인걸(人傑)이다. 그러나 나는 이들 인걸을 잘 썼기 때문에 천하를 얻을 수 있었다."고 토로했다고 한다.

그러나 이 세 사람은 천하를 통일하기 전과 후에 너무나 다른 행동을 보였다. 이들은 한결같이 목적을 달성한 후에 목숨걸고 자신들을 보필한 참모들과 공신들을 철저하게 숙청해 버리고 만다. 이런 면에서 나폴레옹은 비록 말년에 유배를 당하여 비참하게 생을 마감했지만 이들보다는 더 영웅적인 삶을 살았다고 할 수 있다.

18세기 후반부터 유럽은 새로운 시대와 역사를 열기 위한 뜨거운 시민혁명의 소용돌이에 휩싸이게 된다. 프랑스혁명으로 사회적인 혼란과 대외적인 전쟁이 일어나면서 군사력이 사회전체에 커다란 힘을 미치게 되었다. 그러자 국민들은 나라의 혼란을 막기 위한 강력한 정부를 희망했다. 처음에는 나폴레옹도 프랑스 대혁명을 열광적으로 지지했다고 한다. 그런데 1795년 파리 중심부에서 일어난 왕당파의 반란을 진압한 나폴레옹은 곧 여단장으로 승진하면서 야심을 품게 된다.

나폴레옹은 1769년 코르시카 섬에서 태어났다. 그런데 본래 코르시카 섬은 14세기 이후 이탈리아의 제노바 령이었는데 18세기 초부터 주민들이 독립운동을 시작하였으며 나폴레옹이 태어나기 바로 전 제노바는 코르시카를 프랑스에 넘겨 주었다. 그는 파리의 사관학교를 졸업하고 17살 때인 1786년에 포병소위로 임관했다. 그러나 1789년에 혁명이 일어나자 그는 코르시카로 돌아가서 국민군 부사령으로 활약했는데 독립파인 파올리와 대립하게 되자 마르세이유로 이주했으며 거기서 그는 편협한 애향심을 버리고 혁명중인 프랑스에다가 운명을 맡겼다.

그리고 1793년에 왕당파반란을 토벌하는 여단 부관으로 복귀하여 영국군에게 점령되었던 툴롱 항을 탈환하는 데 최초의 무훈(武勳)을 세웠다. 이 일로 자코뱅파의 인정을 받지만 그 때문에 테르미도르 반동 때 잠시 투옥되기도 했다. 나폴레옹은 1796년에 오스트리아를 공격하기 위한 이탈리아의 원정군사령관이 되었으며, 이탈리아에서 오스트리아군을 완전히 몰아내었다. 그 결과 체결된 캄포 포르미오 조약(條約)에서 프랑스는 벨기에와 롬바르디아를 양도받았다.

나폴레옹은 이 승리로 말미암아 프랑스 국민들 사이에서 명성이 높아지게 된다. 그리고 1798년에 이집트원정에 나섰던 나폴레옹은 비밀리에 프랑스로 돌아와서 1799년에 쿠데타로 총재정부(總裁政府)를 타도하고 정권을 잡게 된다. 그리하여 프랑스혁명은 전쟁을 통해 등장한 군인의 독재로 막을 내리게 되었다. 그러니까 세계 역사 속에 나폴레옹의 이름이 떠오르게 된 것은 프랑스혁명 때문이었다고 할 수 있다. 혁명으로 사회 안팎이 혼란에 빠지고 질서가 무너지게 되자 국민의 인기를 얻거나 야망을 가진 군인이 권력을 쥐게 될 좋은 기회가 온 것이다. 프랑스혁명은 곧 군인 나폴레옹에게 그와 같은 계기를 가져다준 셈이 되었던 것이다.

나폴레옹은 프랑스의 군사적 팽창에 가장 큰 열정을 쏟았지만 프랑스와 서유럽 여러 나라 제도에 오래도록 영향을 끼친 많은 개혁을 이루어 냈다. 나폴레옹의 실각 후 절대왕정이 다시 부활하였지만 프랑스혁명 후 보수와 자유진영의 대립이 계속되다가 1848년 이후는 자유진영의 공격이 성공했고 그해 2월 프랑스 파리에서 시작된 혁명의 불꽃은 마치 전염병처럼 유럽 전체로 번지게 되었던 것이다. 그러니까 나폴레옹의 개인적인 야심과 독재정치로 혁명의 불꽃이 시들었다가 50여 년 만에 요원(燎原)의 불길처럼 다시 살아났던 것이다. 나폴레옹이 세인트 헬레나섬에서 쓸쓸하게 최후를 마치게 된 것은 모처럼 타오른 민중의 에너지를 엉뚱하게 이용한 대가(代價)였다고 할 수 있다.

이상에서 살펴본 역사적인 사례들을 복잡계과학을 통해서 종합해 보면 리더십이란 결국 에너지의 효율적인 관리에 있다고 할 수 있다. 리더는 조직 내의 에너지를 활성화시켜야 하고, 자의에 의해서든 타의에 의해서든 활성화된 에너지를 효율적으로 관리할 수 있어야 한다. 그리고 조직 내에서 결집된 에너지를 조직의 외부환경 변화인 섭동과 연결시켜서 극대화시킬 수 있어야 한다.

이와 같은 주장을 극명하게 보여줄 수 있는 것이 스포츠 경기다. 많은 사람들이 스포츠에 열광하는 이유는 똑같은 조건 내에서 거짓 없이 승부를 가리기 때문일 것이다. 가령 축구의 경우에 4-3-3이나 4-2-4 등의 포메이션(formation)은 어떻게 하면 상대팀을 꺾기 위해서 선수(選手)라는 에너지를 효율적으로 가동시킬 수 있느냐는 문제이며, 모든 경기의 작전은 예측력의 싸움이라고 할 수 있다.

토탈축구(total saccor)로 세계축구계를 놀라게 하고 있는 네덜란드 출신들의 축구감독들을 보면 이들은 분명히 에너지를 효율적으로 극대화시키는 방법을 터득하고 있다는 것을 알 수 있다. 딕 아드보카트 감독은 기자회견에서 “이름에 관계없이 가장 의지가 있고 컨디

션이 좋은 선수들을 투입할 것"이라고 했다.

듣기에 따라선 하나마나한 말이지만, 그는 네덜란드 감독 시절에도 진짜로 그렇게 실행했다고 한다. 네덜란드 대표팀 사상 최다골을 기록한 클루이베르트나 빅리그에서 명성을 날리던 세도르프조차도 팀 전력을 극대화할 수 없다면 그 카드는 버려야 한다는 게 그의 철학이다. 잘하든 못하든 늘 이름있는 선수에만 의존해서는 대표팀 23명 전원의 에너지를 모을 수 없으며, 모두가 언제든지 나갈 수 있다는 기대와 긴장을 하고 있어야 선수들의 에너지를 극대화 시킬 수 있다는 것이다.

주역(周易) 64괘(卦)속의 리더십

주역은 동양에서 가장 오래된 철학적이고 과학적인 사유(思惟)가 담긴 문헌이다. 주역은 기독교의 성경과 불교의 불경에 비견될 만큼 수많은 주석서(註釋書)가 발행될 정도로 많은 학자들에 의해서 연구되어 왔다.

주역은 역경(易經)과 그것을 해설한 역전(易傳)의 합본(合本)으로 구성되어 있다. 그런데 역경은 점서(占筮)를 위한 책이고 역전은 역경을 철학적으로 주석(註釋)한 책이라고 할 수 있다. 그렇다고 역경이 기독교의 성경처럼 신의 계시를 받아서 쓰여진 책은 아니다. 고대인들은 신이 세상의 모든 것을 주관한다고 생각했다. 그러기 때문에 사람들은 어떤 일을 하기 전에 먼저 신에게 제(祭)를 올리거나, 기도를 했으며, 나아가서는 그 일의 성사여부에 대한 신의 뜻을 알고자 했다. 그리고 이러한 복합적인 종교적 행위가 바로 점복(占卜)[26]으로 체계화된 것이다.

그러므로 점복(占卜)이란 오늘날 우리가 알고 있는 것과는 달리

고대의 제정일치(祭政一致) 사회에서는 신성한 종교행위였다. 20세기 초반에 한자의 기원인 갑골문(甲骨文)을 해독한 결과에 의하면 갑골문은 고대 중국의 상(商)나라 왕실(王室)의 기록이었으며, 상나라 왕들은 거의 모든 일에 대해서 먼저 점복(占卜)을 한 후 점괘(占卦)에 따라서 실행했다는 것이 밝혀지고 있다. 그러니까 점복과 갑골문은 왕실과 관련된 종교행위이며 기록들이었기 때문에 일반인들은 접근할 수 없었다. 때문에 왕이나 극소수의 전문 관리들이 점복을 해독하고 갑골(甲骨)[27]을 기록·관리했는데 바로 이 전문 관리들을 정인(貞人)이라고 했다.

그런데 상나라 시대까지만 해도 점(占)보다는 주로 복(卜)을 시행한 것으로 밝혀지고 있는데 이 복을 기록한 것이 갑골문이다. 갑골(甲骨)에 쓰인 한 문장의 글자 수는 많게는 백여 자에서 적게는 서너 자이다. 갑골문의 문장은 아무렇게나 쓰는 것이 아니고 나름대로의 틀이 있었다.

갑골문 문장의 기본 꼴은 대략 4부분으로 구성되어 있다. 첫째는 날짜와 복(卜)을 시행한 정인(貞人)의 이름을 쓰는 전사(前辭)이고, 두 번째는 묻는 내용을 담은 명사(命辭)였으며, 세 번째는 내용을 풀이하는 점사(占辭)였다. 그리고 마지막으로 네 번째는 후일(後日)에 그 점괘(占卦)가 과연 들어맞았는지를 확인하는 험사(驗辭)였다. 여기서 우리가 주의 깊게 음미해 볼 문제는 험사(驗辭)를 기록했다는

---

26) 점복(占卜)에서 점(占)이란 시초(蓍草) —괘(卦)를 얻기 위한 산가지(算木)로 주로 대나무를 잘라서 만든다— 를 나누고 조합하는 과정에서 어떤 수를 얻어서 괘(卦)를 만들어 신(神)의 뜻을 판단하는 것으로 주로 주역점(周易占)을 말한다. 복(卜)이란 불로 거북이의 등껍질이나 동물의 뼈에 구멍을 파내고 —구멍을 파는 이유는 반대편 부분이 불에 잘 갈라지도록 하기 위한 것이다— 불을 붙인 쑥대를 대서 그 반대편이 쪼개지도록 하여 거기에 나타난 갈라진 무늬의 형상(形象)을 보고 신(神)의 뜻을 판단하는 것이다.

27) 갑골(甲骨)이란 거북이의 등껍질과 동물의 뼈로, 갑(甲)이 거북이의 등껍질이며 골(骨)이 동물의 뼈에 해당된다.

데에 있다. 그들은 복(卜)을 시행해서 현실생활에 반영했을 뿐만 아니라 사후(事後)에 얼마나 적중이 되었는지 확인했다는 것이다. 그러므로 이러한 기록들이 누적되어 가면서 자연스럽게 통계가 적용되었던 것이다.

그런데 이 복(卜)에 의한 예측방법은 많은 문제점이 대두되었다. 왜냐하면 거북이의 등껍질이나 동물의 뼈를 태운 후에 갈라진 무늬인 형상(形象)을 보고 길흉(吉凶)을 예측하였기 때문에, 어떤 확실한 근거도 없었으며 오직 그 복(卜)을 담당한 정인(貞人)의 판단에 의존할 수밖에 없었기 때문이다. 그러나 이 복(卜)에 의한 예측을 기록한 갑골문이 오랜 세월에 걸쳐 누적되어 통계가 적용되면서 점(占)으로 발전되어 갔다.

그러니까 복(卜)은 그때그때 사안에 대해서 그 복(卜)을 담당한 정인(貞人)의 즉흥적인 판단에 좌우되었으나, 점(占)은 경험에 의해서 정리된 점사(占辭)를 미리 결정해 놓고 산가지(算木)를 이용하여 득괘(得卦)를 하였기 때문에 통계와 확률(確率)이 적용되었던 것이다. 복(卜)은 거북이의 등뼈가 갈라진 무늬인 상(象)을 위주로 했으며 점(占)은 산가지(算木)를 가지고 득괘(得卦)를 하였기 때문에 숫자가 중시되었다. 그런데 역경(易經)은 복(卜)에서 중요시하는 상(象)과 점(占)의 득괘(得卦)과정에서 필수적인 숫자를 모두 수용하였으며 점사(占辭)에 축적된 체험을 반영시켜 책으로 묶어서 전승(傳承)되어 온 것이라고 할 수 있다. 이와 같이 역경은 주술적인 종교행위로부터 시작되었지만 전승되는 과정에서 오랜 세월에 걸쳐 수많은 사람들의 소중한 철학적이고 과학적인 사유(思惟)와 경험들이 함축되어 있다.

그런데 앞에서도 잠깐 언급했지만 점복(占卜)이란 제정일치시대의 종교행위는 주로 왕실이나 국가적인 존망에 대한 중대한 사안을 다루다 보니까 왕은 물론이고 국가의 지도자들이 어떻게 처신해야만 국가를 잘 통치할 수 있는지에 대한 처세술이나 경계사(警戒辭)들이 점사(占辭)에 담겨 있다.

그러므로 역경은 오랜 세월에 걸쳐서 축적된 고대의 제왕학(帝王學)이었으며 현대인들도 그냥 지나칠 수 없는 리더십에 대한 내용들이 스며있는 보고라고 할 수 있다.

그런데 아무리 역경에 중요한 정보가 내재되어 있다고 하더라도 2천여 년 전에 형성된 문헌을 파헤친다는 것은 쉬운 작업이 아니다. 그러므로 몇 가지 기초사항을 설명하고 본론에 들어가기로 한다.

역경(易經)은 6효(六爻)로 구성된 괘(卦)를 먼저 배치하고 거기에 괘(卦)의 전체적인 상(象)을 설명하는 괘사(卦辭)와 각 효(爻)에 해당하는 효사(爻辭)를 달아 놓고 있다. 그런데 효(爻)는 그 위치에 따라서 각자 상징하는 의미가 다르다.

〈표〉 각 효(爻)가 상징하는 의미

효(爻)	고대사회조직	국가조직	회사조직
상효(上爻)	국사(國師)	국정자문위원(國政諮問委員)	고문(顧問)
오효(五爻)	왕(王)	대통령(大統領)	사장(社長)·회장(會長)
사효(四爻)	공(公)·경(卿)	장관(長官)	중역(重役)
삼효(三爻)	대부(大夫)	시장(市長)·도지사(道知事)	부서장(部署長)
이효(二爻)	사(士)	국장(局長)·과장(科長)	과장(科長)
초효(初爻)	민(民)	하급공무원(下級公務員)	사원(社員)

〈 효(爻)의 위치별 판단법 〉

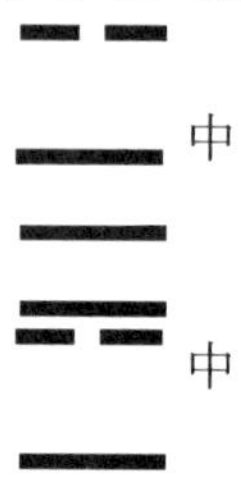

① 중(中)은 여섯 개의 효(爻) 중에서 상괘(上卦)의 중심에 위치한 5효(五爻)와 하괘(下卦)의 중심인 2효(二爻)를 말하는 것으로, 앞에 소개한 도표에 의하면 5효는 어떤 조직 전체를 끌고 나가야 할 리더에 해당된다. 또한 2효는 그 조직의 실무책임자에 해당되므로 막중한 권한과 책임이 뒤따르는 자리다.

② 정(正)이란 초효·3효·5효에 양효(陽爻)가 자리하고, 2효·4효·상효에 음효(陰爻)가 자리했을 때를 말하는 것으로 양효(陽爻)가 양(陽)자리에 위치하고, 음효(陰爻)가 음(陰)자리에 위치하고 있기 때문에 정당(正當)한 위치에 있다고 해서 정(正)이라고 한다.

③ 응(應)은 상괘(上卦)와 하괘(下卦)가 서로 짝을 이루고 있는데, 이 짝을 이루고 있는 관계가 음(陰)과 양(陽)이면 정응(正應)이라고 한다. 하괘(下卦)의 초효는 상괘(上卦)의 4효와, 2효는 5효와, 3효는 상효와 짝이 된다.

〈효(爻)의 위치별 판단법 해설〉

역경(易經)에서 효(爻)를 판단할 때 가장 중요한 것은 판단하고자 하는 효(爻)가 중(中)·정(正)·응(應)을 득(得)했는가를 보는 것이다.

초효는 2효를, 4효는 5효를 보좌해 주는 위치에 있고 3효는 2효를, 상효는 5효에게 조언을 해주는 위치에 있다고 할 수 있다. 그러나 2효는 현장의 실무책임자이며 5효는 조직전체를 이끌어 가야 할 리더로 그 권한이나 책임이 막중한 자리이므로 계획한 일들을 소신있게 실행에 옮길 수 있는 힘과 영향력이 있다. 그러기 때문에 득중(得中)의 유무가 효(爻)를 판단할 때 가장 중요한 포인트가 된다.

정(正)이란 음효(陰爻)가 음(陰)자리인 2·4·6효에, 양효(陽爻)는 양(陽)자리인 1·3·5효에 위치한 것을 말하는데 어떤 효(爻)가 득정(得正)을 하게 되면 그 효(爻)는 자기가 맡은 일을 소신껏 펼쳐나갈 수 있는 힘이 있지만 부정(不正)한 자리에 해당되면 많은 어려움이 따르게 된다. 응(應)이란 배후의 지원을 의미한다.

역경(易經)에서는 전체적인 괘(卦)의 모양인 상(象)이 가장 중요하고 그 다음은 그 괘(卦)의 상(象)을 상징하는 괘(卦)의 명칭이 중요하다. 그러나 여기에 비해서 괘사(卦辭)나 효사(爻辭)는 시대(時代)의 흐름에 따라서 달리 해석할 수 있고, 보는 사람의 관점에 따라서 얼마든지 고쳐 쓸 수 있다. 그러므로 여기서는 상(象)을 위주로 하여 현대적인 관점에서 재해석을 하기로 하고, 역경(易經)의 괘사(卦辭)와 효사(爻辭)는 부록(附錄)으로 첨부하되 해설을 덧붙이기로 하겠다.

"기업의 성패는 수많은 요소들에 의해 결정되지만 이 요소들 중 대부분은 리더십의 영향을 받는다. 따라서 잘못된 리더십은 매우 비참한 결과를 낳을 수 있다"고 하버드대 석좌교수 존 코터(John P. Kotter)는 주장하고 있다. 그러기 때문에 리더십은 동일한 자원을 갖고도 판이한 결과를 가져올 수 있는 힘을 갖고 있다. 리더십은 고도의 통치술이며, 타인과의 관계 속에서 영향력을 행사하는 과정이다. 역경(易經)은 이 세상에서 일어나는 일들을 64가지의 경우로 분류하여 해석하고 있기 때문에 64괘(六十四卦)로 구성되어 있다. 그러므로 리더의 유형도 64가지로 분류할 수 있다. 그리고 64가지 유형별로 리더나 실무책임자가 어떻게 처신해야 할지에 대한 방법과 주의해야 할 경계사가 담겨 있다.

역경의 64괘는 평형상태의 괘(卦)와 비평형상태의 괘(卦)로 분류할 수가 있다. 평형상태의 괘는 균형이 잡힌 괘이고 비평형상태의 괘를 역경에서는 불균형괘라고 한다. 그런데 이 불균형괘 중에서도 평형상태에서 먼 체제라고 할 수 있는 극단적인 불균형괘－여섯 개의 효(爻)에서 하나의 효(爻)만 음효(陰爻)나 양효(陽爻)로 구성되어 있는 괘－는 12개[사(師)・비(比)・소축(小畜)・리(履)・동인(同人)・대유(大有)・겸(謙)・예(豫)・박(剝)복(復)・쾌(夬)・구(姤)]가 있다.

여기서 불균형괘를 에너지가 풍부한 역동적인 비평형상태로 해석할 수 있는 이유는 음효나 양효로 집중되어 있기 때문이다. 어떤 괘가 음효나 양효의 한쪽으로 치우쳐 있다는 것은 에너지가 한쪽으로 몰려 있다고 볼 수 있기 때문이다. 여기서는 혼돈의 가장자리에 있는 12개의 불균형괘 중에서 천화동인괘(天火同人卦), 화천대유괘(火天大有卦), 지수사괘(地水師卦), 수지비괘(水地比卦) 4괘만 소개하기로 한다.

〈표〉 64괘의 균형괘와 불균형괘 분류표

외형적인 균형괘	건(乾)·곤(坤)·이(頤)·대과(大過)·감(坎)·리(離)·중부(中孚)·소과(小過)	8
내면적인 균형괘	태(泰)·비(否)·수(隨)·고(蠱)·서합(噬嗑)·비(賁)·함(咸)·항(恒)·손(損)·익(益)·곤(困)·정(井)·점(漸)·귀매(歸妹)·풍(豊)·여(旅)·환(渙)·절(節)·기제(旣濟)·미제(未濟)	20
불균형괘	둔(屯)·몽(蒙)·수(需)·송(訟)·임(臨)·관(觀)·무망(无妄)·대축(大畜)·돈(遯)·대장(大壯)·진(晋)·명이(明夷)·가인(家人)·규(睽)·건(蹇)·해(解)·췌(萃)·승(升)·혁(革)·정(鼎)·진(震)·간(艮)·손(巽)·태(兌)	24
극단적인 불균형괘	사(師)·비(比)·소축(小畜)·리(履)·동인(同人)·대유(大有)· 겸(謙)·예(豫)·박(剝)복(復)·쾌(夬)·구(姤)	12

(1) 조직이 발전하려면 희생정신이 필요하다: 천화동인괘(天火同人卦)

기업체든 국가든 모든 조직은 인간이 그 구성원이기 때문에, 조직의 사활은 그 구성원들에게 달려 있다고 할 수 있다. 그러므로 64괘 중에서 사람들의 만남과 모임, 인력관리의 중요성을 강조하고 있는 천화동인괘(天火同人卦)를 먼저 선택하여 설명하기로 한다.

천화동인괘란 상괘(上卦)는 하늘(天)이고 하괘(下卦)는 화(火)가 자리잡고 있는 상(象)으로 여기서 화(火)는 태양(太陽)을 상징한다.

〈천화동인괘(天火同人卦)〉

그러니까 천화동인괘는 태양이 지평선 위 하늘로 떠올라서 하루의 일과가 시작되는 시간으로 사람들이 일터로 나가서 여러 사람들이 합심하여 일을 해야 할 때이므로 천화동인괘라고 한 것이다. 역경은 자연과학적인 요소가 강하기 때문에 자연현상에서 힌트를 얻어서 상을 결정했으며 하루의 주기에서 착안하여 괘명(卦名)을 짓기도 했다.

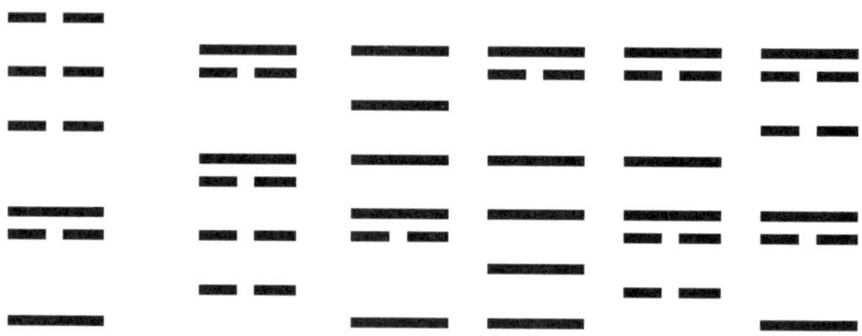

<明夷卦> <晋卦> <同人卦> <大有卦> <旅卦> <賁卦>

역경 64괘에서 밤과 낮의 주기와 관련이 있는 괘들은 다음과 같다. 지화명이괘(地火明夷卦)는 상괘(上卦)는 지(地), 하괘(下卦)는 화(火)로 구성되어 있는데 여기서 화(火)는 태양을 상징한다. 그러므로 지화명이괘는 태양이 지평선 아래로 떨어졌기 때문에 밤을 상징하고, 화지진괘(火地晋卦)는 태양이 대지 위로 떠올랐기 때문에 새

벽을 상징한다. 천화동인괘는 태양이 하늘로 떠올랐으므로 아침을 상징하며, 화천대유괘(火天大有卦)는 태양이 하늘 위로 치솟았기 때문에 한낮을 상징한다. 화산려괘(火山旅卦)는 상괘(上卦)는 화(火)이고 하괘(下卦)는 산(山)으로 태양이 서쪽 산으로 기울었으므로 석양(夕陽)을 상징한다. 그러나 산화비괘(山火賁卦)는 태양이 산(山) 아래로 떨어졌기 때문에 저녁을 상징한다.

역경의 64괘에는 각 괘마다 주효(主爻)라는 것이 있다. 주효라는 것은 한 괘의 중심이 되는 효(爻)를 말한다. 천화동인괘(天火同人卦)의 주효는 2효(二爻)가 되는데 역경의 주효를 복잡계과학으로 분석해 보면 요동(搖動)에 해당된다. 그러므로 요동에 해당하는 주효를 잘 살펴보면 그 괘의 전반적인 상황을 알 수가 있으므로 여기서는 주효를 중심으로 설명하고 다른 효사(爻辭)는 생략하기로 한다.

복잡계 차원에서 동인괘를 재해석하면 동인괘는 양(陽)의 에너지가 풍부한 비평형적인 진취적인 조직이라고 할 수 있으며, 혼돈의 가장자리에 위치하고 있기 때문에 새로운 질서인 창발현상(創發現象)을 일으킬 수 있다. 또한 육이(六二)는 동인괘의 주효로 요동에 해당되므로 주변 환경의 변화인 섭동(攝動)과 양(陽)의 되먹임고리(positive feedback loop)의 관계가 형성되면 무한하게 발전할 수 있는 것이다.

동인괘(同人卦)는 조직(組織)이 구성원들의 힘을 합쳐서 조직을 발전시켜야 할 때를 말한다. 그러기 때문에 서로 양보하고 협력하여야 하며, 조직이 발전하기 위해서는 요직(要職)에 있는 사람들 일수록 사리사욕(私利私慾)에 얽매이지 않아야한다. 그러므로 동인괘(同人卦)의 전체적인 상(象)을 설명하고 있는 괘사(卦辭)에 의하면 동인(同人)을 하되 공개(公開)된 장소에서 공적(公的)인 모임이어야 하며 그 모임을 사적(私的)으로 이용하지 말 것을 경고하고 있다. 그런데 동인괘(同人卦)의 대다수를 차지하고 있는 다섯 개의 양효(陽爻)는 양효(陽爻)의 특성상 독립적이고 흩어지려는 속성이 강하다. 그러기 때문에 강한 흡인력이 없으면 이 양효(陽爻)들을 하나로 묶을 수도 없을 뿐만 아니라 그 엄청난 에너지를 생산적인 곳으로 돌릴 수도 없다. 그러나 동인괘(同人卦)의 주효(主爻)인 육이(六二) –동인괘(同人卦)의 육이(六二)는 현장의 실무책임자이다– 는 하괘(下卦)의 중심에 자리하여 득중(得中)했고, 음효(陰爻)가 음(陰)자리에 위치해 있기 때문에 득정(得正)했으며, 상괘(上卦)의 구오(九五)와 상응(相應)하고 있으므로 동인괘(同人卦)의 다섯 개의 양(陽)을 리드할 수 있는 위치와 힘을 확보하고 있다고 할 수 있다.

그러므로 어떤 조직(組織)이 협력이 잘되지 않고 분란(紛亂)이 일어날 때는 일단 육이(六二)에게 모든 권한을 주어서 협상하게 하고 구오(九五)는 기다려야 한다. 그러나 동인괘(同人卦)의 리더에 해당하는 구오(九五)는 득중(得中), 득정(得正)을 했기 때문에 자칫 잘못하면 권력을 남용할 수 있으나 하괘(下卦)의 육이(六二)와 상응(相應)하고 있기 때문에 직접 나서지 말고 육이(六二)를 지원하여야 한다.

여론(輿論)이라는 것은 사회 대중(大衆)의 공통된 의견이므로 아래에서 자유로운 토론 끝에 형성되어야지 위에서 개입하고 주도할 일이 아니기 때문이다. 그러므로 육이(六二)처럼 현장책임자는 공정하게 임무를 수행하고 조직(組織)을 위해서 희생정신으로 일을 해야 그 조직이 발전하는 것이다. 공직(公職)이든 기업(企業)이든 이렇게 음지(陰地)에서 묵묵히 헌신적으로 노력하는 사람들이 있기 때문에 조직이 발전할 수 있는 것이다. 또한 조직(組織)의 리더는 구오(九五)처럼 조직의 발전을 위해서는 인내해야 하고, 육이(六二)의 힘만으로는 분란이 수습되지 않을 때는 욕을 먹더라도 과감하게 결단(決斷)을 내려야한다. 이와 같이 구오(九五)와 육이(六二)의 양자가 서로 조화(調和)를 이룰 때 조직은 발전 할 수 있다.

동인괘(同人卦)와 같은 아래로부터 조성된 에너지를 잘 이용한 역사적인 인물로는 나폴레옹과 박정희 전 대통령을 들 수 있다. 나폴레옹은 프랑스혁명을, 박정희 전 대통령은 4.19혁명으로 분출된 국가적인 에너지를 놓치지 않고 정권창출에 이용했다. 그런데 이들은 초창기에는 국가의 발전에 이 혁명의 에너지를 잘 활용했으나 후기에는 정권연장에 이용했기 때문에 그들의 말로(末路)가 비참했던 것이다. 이와 같이 소용돌이치는 에너지는 어떻게 활용하느냐에 따라서 양날의 칼이 될 수 있다. 그러므로 IMF사태 이후 최근 몇 년 사이에 모처럼 젊은이들이 일으켜놓은 한류(韓流)와 월드컵 응원으로 조성된 에너지를 국가적인 발전의 에너지로 승화(昇華)시킬 필요가 있을 것이다.

협동(協同)이나 합작(合作) 등 여러 사람들이 집단으로 에너지를 창출한다는 것은 어렵고 위험한 일이다. 그러나 위험한 도전 없이 성장할 수는 없다. 침몰 위기에 직면한 일본 닛산 자동차를 2년 만에 흑자 기업으로 부활시킨 카를로스 곤은 세계 4위의 자동차그룹 르노·닛산그룹 회장이 되자, 최근 심각한 경영위기를 겪고 있는 세계 1위의 자동차그룹 GM의 지분 20%를 인수하는 자본 제휴를 시도하고 있다고 한다. 만일 르노·닛산과 GM의 자본 제휴가 성사되면 년 1451만대를 생산할 수 있는 초대형 자동차 그룹이 탄생되는 것으로 기술, 부품공급, 판매망 등의 공유로 원가절감이 가능해지기 때문에 세계의 자동차시장을 뒤흔들 것으로 예상하고 있다. 과연 카를로스 곤이 합작을 성공시키고 이번에도 르노·닛산자동차를 크게 성장시킬 수 있을 것인지 지켜볼 만한 일이다.

(2) 유연한 리더십만이 조직을 발전시킬 수 있다!: 화천대유괘(火天大有卦)

역전(易傳)의 서괘전(序卦傳)에 의하면

여인동자(與人同者)는 물필귀언(物必歸焉)이라 고(故)로 수지이대유(受之以大有)라
사람과 더불어 같이하는 자는 만물(萬物)이 반드시 돌아가는지라 그러므로 대유(大有)로 받는다.

<해설> 역경(易經)의 주석서(註釋書)라고 할 수 있는 역전(易傳)에 서괘전(序卦傳)이 있다. 이 서괘전(序卦傳)은 역경(易經)의 64괘(六十四卦)의 순서에 대해서 논하고 있는 글이다. 그런데 역경(易經)의 64괘 순서에는 복잡계의 나비효과(butterfly effect)와 비선형(non-linear)성이 스며있다. 64괘의 순서가 규칙적이지 않고 역전(逆轉) -도전괘(倒轉卦)[28]- 의 연속이기 때문이다. 그러니까 역경(易經)의 저자들은 자연의 변화가 비선형적이며 작은 변수에도 조직(組織)이 크게 발전 할 수도 있고, 망할 수도 있다는 것을 경험으로 알고 있었던 것이다.

역경(易經)에서 13번째의 괘(卦)가 동인괘(同人卦)이며 14번째의 괘(卦)가 대유괘(大有卦)인데 동인괘(同人卦)를 뒤집으면 대유괘(大有卦)가 된다. 동인괘(同人卦)와 같이 여러 사람들이 힘이 들어도 허리띠를 졸라매고 합심하여 열심히 노력하면 크게 번창하여 부강해질 수 있기 때문에 대유(大有)가 된다는 것이다. 그러니까 어떤 조직(組織)이든지 그 조직의 구성원들이 합심하여 희생정신으로 노력하면 그 조직은 활력이 넘치고 발전하여 그 조직이 전성기에 진입할 수 있는데 이러한 때를 역경(易經)에서는 대유(大有)라고 한 것이다.

〈天火同人卦〉 〈火天大有卦〉

28) 도전괘(倒轉卦)란 어떤 괘(卦)를 180°로 뒤집어 놓은 괘(卦)를 말하는 것으로 역전(逆轉)의 의미를 내포하고 있다.

화천대유괘(火天大有卦)는 상괘(上卦)는 화(火)이고 하괘(下卦)는 하늘(天)로 여기서도 역시 화(火)는 태양을 상징한다.

〈화천대유괘(火天大有卦)〉

화천대유괘는 태양이 하늘 높이 중천(中天)에 떠올라 천하를 비추고 있는 상(象)으로, 온 세상을 품고 있으므로 대유(大有)라고 한 것이다. 그러니까 동인괘(同人卦)가 아침, 봄, 청·소년기를 상징한다면 대유괘(大有卦)는 한낮, 여름, 중·장년기를 상징한다.

또한 동인괘가 구성원들이 힘을 합쳐 조직을 발전시킬 수 있는 토대를 마련할 시기였다면, 대유괘는 그 토대를 바탕으로 조직을 발전시킬 수 있는 때를 말하는 것이다. 그러므로 동인괘에서는 노사관계에서 노동자들이 핵심이었기 때문에 2효(二爻)의 역할이 중요하여 육이(六二)가 주효(主爻)였다면, 대유괘에서는 조직이 성장했기 때문에 관리자들의 역할이 더 중요하므로 5효(五爻)인 육오(六五)가 주효(主爻)가 된다. 여기서 육오(六五)가 해야 할 일은 조직이 성장했다고 자만하지 않고 조직 전체를 부드럽고 치밀하게 관리하여 내실을 다져야 하며 조직의 내·외부에 덕을 베풀어야 한다. 그러니까 동인괘에서는 육이(六二)가 하부조직을 결속시켜 에너지를 생산적으로 돌렸다면 대유괘에서는 육오(六五)가 상부조직을 화합하여 조직의 에너지를 이윤추구에만 쓰지 않고 직원들의 재교육과 복지 등에 되돌려야 하는 것이다.

앞에서 화천대유괘에 비유할 수 있는 리더로 영국의 엘리자베스 1세 여왕과 신라의 선덕여왕을 예로 소개했으나, 현대의 인물로는 일본의 도요타자동차 전 회장이었던 오쿠다 히로시를 들 수 있다.

오쿠다 히로시(奧田碩) 일본 도요타자동차 전 회장은 일개 월급쟁이로 출발하여 오너처럼 기업의 운명을 바꾸고 나아가 한 나라의 정체성까지 바로 세우려 한 인물이다.

오쿠다는 노사 분규로 도요타가 3류로 전락한 1955년 입사했다. 입사 성적은 우수했지만 직선적인 성격 탓에 필리핀 공장으로 좌천되는 불운도 겪었다. 그는 1995년 도요다가(家) 사장이 병으로 쓰러지는 바람에 운이 좋게도 사장 자리에 올랐다. 거품 경제 붕괴로 일본 경제가 밑바닥을 더듬을 때였다.

일본 언론은 2006년 6월 24일 오쿠다 은퇴기사를 그의 어록(語錄)으로 장식했다. 그 중 대표 어록으로 꼽힌 것이 "변하지 않는 것이 가장 나쁘다"(1995년)는 말이다. "타도(打倒) 도요타!"(2001년) "변화가 안주하는 것보다 리스크가 적다"(2004년)는 유명한 말도 있다.

오쿠다는 11년의 사장·회장 재임기간 중 자동차 판매 대수를 2배(415만대→797만대), 매출액은 3배, 순이익은 4배 가까이 늘렸다. 순이익 1조엔을 돌파했고 하이브리드카(가솔린·전기 겸용차)를 통해 도요타에 '환경기업' 간판을 걸었다. 하지만 오쿠다의 진짜 업적은 '일본적 개혁'이 무엇인지를 제시한 것이다. 일본 언론이 오쿠다 어록에 차마 올리지 않은 또 하나의 어록이 있는데, "직원의 목을 자르는 경영자는 자기 배부터 그어라"는 극언이다. 1999년 구조조정 시대로 진입했을 때였다. 1998년에는 "글로벌 스탠더드라는 이상한 말에 놀아나서는 국제경쟁에서 이길 수 없다"고 주장했다.

오쿠다는 미국 월스트리트의 도전 속에서도 끝내 '종신고용'을 지켰으며 직원의 정년을 65세로 늘렸다. 그리고 도요타의 판매 철학을 "첫째가 고객, 둘째가 딜러, 셋째가 생산자"라고 할 만큼 사람을 그 중심에 놓고 모든 것을 진행했다. 도요타의 고용제도와 노사화합을 바탕으로 한 생산방식, 오너와 경영진의 조화, 고객에 대한 태도는 도요타만의 독특한 경영비법이라고 할 수 있다.

오쿠다는 돈을 벌어도 욕먹지 않는 기업을 각오하고 그것을 '사덕(社德)'이라고 말했다. 그러면서도 2002년 도요타 노동조합을 설득해 일본 기업 전체의 임금을 4년간 동결한 것이 오쿠다였다. 2005년 초 최대 수출국인 미국 자동차회사 GM을 돕기 위해 도요타의 자동차 가격까지 올렸다. 오쿠다는 2000년 "자기 회사 이익만 생각하고 나라의 이익을 생각하지 못하는 사장은 장사꾼에 불과하다"고 말했다.

오쿠다는 회장 퇴임 후 명예회장을 맡아달라는 회사 측의 부탁을 거절했다. '도요타 가문의 자리까지 차지해선 안 된다'며 월급쟁이로서 최후의 선을 그은 것이다. 오쿠다는 도요타를 장악했다. 하지만 "도요타 가문은 도요타의 깃발"이라며 창업 3세를 차기 CEO후보로 끌어올렸다. 급팽창하는 도요타에는 구심력(求心力)이 필요하다는 것이다. 그가 은퇴 직전 정치권에 던진 발언은 "차기 총리는 야스쿠니신사에 가지 말라"는 것이었다.

오쿠다 전 회장은 화천대유괘(火天大有卦)처럼 전 직원들을 자기 가족처럼 생각했기 때문에 기업환경이 열악한 데도 불구하고 종신고용제를 정착시켰다. 또한 조직 내부만 생각한 것이 아니고 조직의 외부에까지 덕을 쌓았다. 그는 정치인들처럼 요란하게 떠들지 않고도 국가에 기여했으며, 기업의 생리인 이윤추구에만 매달리지 않고도 돈을 벌었으며, 심지어 경쟁관계에 있는 GM자동차의 입장까지도 고려했던 것이다. 오쿠다는 일개 기업의 CEO였지만 일본의 총리도 하지 못한 일들을 성취한 것이다.

(3) 국가의 운명을 짊어진 야전사령관의 리더십 : 지수사괘(地水師卦)

인간의 역사는 전쟁의 역사라고 할 만큼 지구촌은 지금도 전쟁의 포화가 멈추지 않고 있다. 그런데 동서고금을 막론하고 리더십이 가장 빛을 발하는 시기는 국가가 심각한 위기 상황에 처해 있을 때이다. 그래서 흔히 난세가 영웅을 만들어 낸다고 한다. 위기상황에서 더욱 빛을 발하는 위기대처 능력이 강한 리더들에게는 남다른 특징이 있다. 그들은 항상 긍정적이었으며 목적달성을 위해서는 집요하리만큼 에너지를 집중시켜 파고들어 위기를 극복했다. 지도자의 리더십은 난국에 처할수록 더욱더 중요한 역할을 하게 된다.

천화동인괘가 평화 시에 조직의 발전을 위해서 현장책임자가 수행해야 할 리더십을 논하고 있다면, 천화동인괘의 정반대 상황인 배합괘(配合卦)[29]에 해당하는 지수사괘(地水師卦)는 전쟁과 같은 위기에 처한 조직을 끌고 나가야 할 야전사령관의 리더십을 논하고 있다. 지수사괘(地水師卦)는 상괘(上卦)는 지(地)이고 하괘(下卦)는 수(水)로 형성되어 있다.

〈지수사괘(地水師卦)〉

그러니까 지수사괘는 땅 밑으로 물이 스며들 듯이 군대가 은밀하게 적진으로 이동하는 상(象)으로 되어 있다.

〈天火同人卦〉 〈地水師卦〉

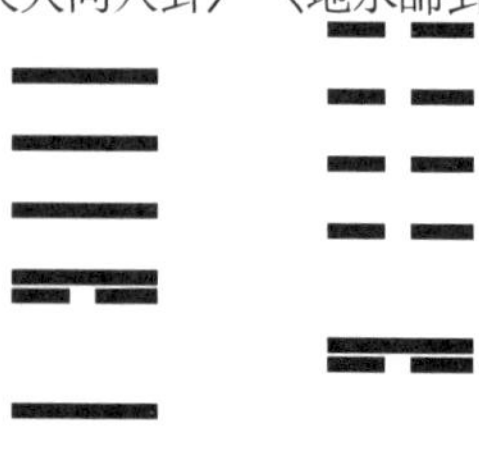

29) 배합괘(配合卦)란 음양(陰陽)이 정반대인 괘(卦)를 말하는 것으로 천화동인괘(天火同人卦)의 배합괘는 지수사괘(地水師卦)가 된다.

지수사괘와 같이 음효(陰爻)가 많은 괘에서는 음효의 특성을 잘 살펴보아야 한다. 음효는 그 특성상 치밀하고 신중한 것까지는 장점이 될 수 있으나 소극적이기 때문에 자신감이 없고 암투를 벌이기 쉽다. 그러므로 지수사괘의 주효(主爻)인 구이(九二)가 가장 먼저 해야 할 일은 조직 전체에 자신감을 불어 넣는 것이다. 그러나 구이(九二)는 하괘(下卦)의 중심에 있기 때문에 득중(得中)했으며 육오(六五)와 상응(相應)은 했으나 양효(陽爻)가 음(陰)자리에 있기 때문에 항상 불편부당한 위치에 처하기 쉽다. 또한 자기가 맡고 있는 현장은 잘 감당할 수 있으나 조직의 본부까지는 관리할 수 없는 입장이므로 한계에 봉착할 수밖에 없다.

동·서양의 역사를 살펴보면 이 지수사괘의 2효(二爻)인 구이(九二)에 해당되는 장수(將帥)로 중국 삼국시대의 제갈공명과 카르타고의 한니발, 이순신장군을 들 수 있다. 그런데 이들에게는 몇 가지 공통점이 있다. 이들은 항상 숫자적으로 열세인 군대로 막강한 적과 전투를 치러야 했고, 후방으로부터의 지원을 기대할 수 없었기 때문에 정신적으로 고독했으며, 전쟁에 필요한 인력과 물자들을 자급자족해야 했다. 그러기 때문에 건곤일척(乾坤一擲)식의 단판승부를 펼칠 수가 없었다. CEO의 리더십이 기업 경영의 성패로 판명이 나듯이 장수의 리더십은 전쟁의 승패로 결정이 되는데 이들 또한 연전연승을 하다가 마지막 전투에서 순사(殉死)했다.

고대 도시국가 카르타고(오늘날의 튀니지)의 명장 한니발(Hannibal)은 알렉산더, 스키피오 등과 함께 서양 고대 전쟁사에 길이 빛나는 장군이다. 그는 칸나에전투(Battle of Cannae)에서 두 배에 가까운 로마군 8만 7천 명을, 약한 보병은 중앙에 배치하고, 강한 기병을 양쪽에 배치하여 교묘한 포위작전으로 철저히 격파시켜 오늘날에도 세계 각국의 사관학교(士官學校) 교재에 소개될 만큼 유명한 명장이다.

그런 한니발이 기원전 218년 5월, 29세의 젊은 나이에 그 누구도 상상할 수 없었던 알프스를 넘는 전대미문(前代未聞)의 위업을 이룩하고 북이탈리아를 침공했다. 4만 6천 명의 병력과 코끼리 떼를 몰고 15일 만에 알프스를 넘었다고 하는데 병력을 2만 명이나 희생시켰다고 한다. 그 당시 로마연합이 가맹국 전역에서 동원할 수 있었던 병력은 전부 합해서 75만 명으로 추산할 수 있는데, 그야말로 호랑이를 잡기 위해서 호랑이가 우글거리는 곳에 뛰어든 것이다.

많은 전략가들의 우려에도 불구하고 한니발의 군대는 보병중심의 로마군을 기병중심의 전술로 티치노와 트레비아에서 연전연파(連戰連破)하면서 거칠 것이 없이 아펜니노 산맥을 넘어 아르노강 유역으로 내려왔다.

그러나 한니발군은 전혀 예상치 못한 자연환경의 복병(伏兵)에 부딪치게 된다. 지중해성 기후인 이탈리아에서는 비가 겨울부터 봄까지 집중적으로 내린다는 것을 알 길이 없었던 한니발과 그의 군대는 아펜니노 산맥에서 내려왔을 때 온통 늪지대로 변해버린 평지에 잘못 발을 들여놓고 말았다. 결국 한니발 군대는 늪지대를 돌파(突破)하는 데 꼬박 3박4일이 걸렸으며 한니발은 여기서 눈병을 얻어 애꾸눈이 되고 말았다.

적국(敵國)의 예상치 못한 기후와 풍토에 고전한 한니발은 이것을 큰 교훈으로 삼아 피렌체에 도착한 뒤 15년 후 이탈리아에서 철수할 때까지 적에 대한 군사력은 물론이고 적국의 지리, 기후, 풍토에 대해서 철저하게 정보를 수집하고 면밀히 검토한 후 자신에게 유리한 곳에서 자기가 원할 때 전투를 벌였기 때문에 단 한번도 패배하지 않았다. 후세의 전사가들은 한니발만큼 정보수집과 선택, 활용 면에서 뛰어난 장군은 별로 없었다고 평했다.

이와 같이 국가의 존망을 걸고 전투에 임하는 야전사령관의 입장이란 지수사괘(地水師卦)의 구이(九二)처럼 신중하고 치밀하며 때로는 담대(膽大) －지수사괘의 2효(二爻)인 구이(九二)는 야전사령관에 해당되는데 양효(陽爻)가 음(陰)자리에 자리하고 있기 때문에 신중하고 치밀하며 양효(陽爻)이기 때문에 담대한 성향이 있다－ 하게 상대방의 의표를 찌를 만큼 전술전략에 능통해야 할 것이다.

이순신장군의 경우에는 원정군이라는 조건 이외에는 한니발보다 더 열악한 상황에서 전쟁을 수행하여야 했다. 한니발은 모든 작전을 자기 마음대로 소신껏 구사할 수 있었으나 이순신장군은 위로는 어리석은 왕과 간신 모리배들에 불과한 정승들의 지시를 받거나 설득해야 했고, 시기심으로 가득한 선배장수와 전투경험이 부족한 유약한 부하들, 힘없고 가난한 백성들을 추슬러야만 했다. 거기다 뒤늦게 연합군이랍시고 나타난 명(明)나라 장군들의 오만불손한 간섭까지 받아야했으니 지수사괘(地水師卦)의 유일한 양효(陽爻)인 구이(九二)가 다섯 개의 어리석은 음효(陰爻)를 상대해야 하는 상황과 너무나도 일치하는 것이다.

(4) 난세를 평정할 수 있는 리더십 : 수지비괘(水地比卦)

지수사괘(地水師卦)가 전쟁을 상징한다면 지수사괘의 도전괘(倒轉卦)인 수지비괘(水地比卦)는 전쟁 후에 나라를 다시 재건하는 의미가 있다. 수지비괘(水地比卦)는 상괘(上卦)는 수(水)이고 하괘(下卦)는 지(地)로 형성되어 있다.

〈수지비괘(水地比卦)〉

수지비괘는 능력있는 왕인 구오(九五)가 백성들인 다섯 개의 음효(陰爻)를 이끌어 가는 상(象)이다.

칠흙 같은 밤에 횃불을 들 때는 높이 들수록 빛이 널리 퍼져 나가듯이, 지수사괘의 구이(九二)보다는 수지비괘의 구오(九五)가 더 큰 영향력을 발휘할 수 있다. 지수사괘가 야전사령관에 의지해서 전쟁을 치른다면 수지비괘는 왕이 직접 군사를 거느리고 친정(親征)을 하는 상(象)으로, 알렉산더대왕이나 나폴레옹을 그 예로 들 수 있으며 기업인으로는 IBM 최초의 외부영입 CEO 루이스 거스너, 제너럴 일렉트릭(GE) 전 회장 잭 웰치, 르노·닛산자동차그룹 회장 카를로스 곤 등을 들 수 있다.

IBM이 계속되는 경영난을 해소하기 위하여 기업의 총수인 CEO를 외부에서 영입한 것은 구조조정이나 인력관리 등에서 보수화된 사내(社內)의 파벌로부터 연결고리를 끊어 내고 독립성과 투명성을 확보하기 위해서였다고 한다. 그러니까 수지비괘(水地比卦)의 구오(九五) 효사(爻辭)에서 충고하고 있는 현비(顯比) —광명정대(光明正大)하게 사심(私心) 없이 통치(統治)하는 것— 는 모든 조직의 경영에 가장 중요한 명제(命題)가 될 수 있다.

GE 전 회장 잭 웰치는 리더는 회의주의자에 가까울 정도로 집요하게 의문을 던지고 그것을 반드시 풀어야 한다고 강조한다. 그는 1981년에 최연소 회장에 올라 "고쳐라!, 매각하라!, 아니면 폐쇄하라!"는 구호 아래 10만 명 이상의 직원을 해고할 정도로 냉혹하게 구조조정을 밀어 붙였다. 그리하여 그가 취임할 무렵 120억 달러에 불과하던 GE의 시장가치를 2001년에 퇴임할 때는 4500억 달러 규모로 키워서 세계1위의 기업으로 성장시켜 놓았다. 또한 13조 원의 적자로 침몰 위기에 섰던 일본 닛산 자동차를 2년 만에 3조원의 흑자기업으로 부활시킨 카를로스 곤은 행동하는 리더의 엄청난 역할을 잘 보여 준다. 그는 오전 7시에 출근하고 밤 11시에 퇴근했으며 그의 리더십의 요체는 행동으로 지시, 솔선수범, 채널집중, 분명한 목표 제시와 달성, 과감한 보상과 동기부여였다.

그런데 화천대유괘(火天大有卦)와 수지비괘(水地比卦)를 대비하여 보면 2개의 괘(卦)가 배합괘(配合卦)로 정반대의 특성을 가지고 있듯이, 주장하고 있는 리더십도 각 괘(卦)의 상황에 따라서 판이하게 다르다는 것을 발견할 수 있다.

〈표〉 大有卦와 比卦의 리더십의 특성

괘 명	특 성	고 용 형 태	비 고
화천대유괘 (火天大有卦)	외유내강형·방어적·치밀성·감성적 협동성확보·우뇌형	종신고용	동양식
수지비괘 (水地比卦)	내유외강형·공격적·진취성·이성적 신뢰성확보·좌뇌형	정리해고	서양식

일본의 도요타자동차 전 회장이었던 오쿠다 히로시는 기업환경이 어려울수록 서구식 정리해고를 외면했다. 그리고 종신고용제를 정착시키면서 오히려 직원들의 정년을 65세로 연장하여 회사를 가정과 같이 화합하는 분위기로 조성했다. 그러자 이런 오쿠다의 감성적인 경영에 감동을 받은 직원들이 고무되어 그 효과가 생산성으로 연결되었다. 이렇게 오쿠다가 감성적인 경영을 추구한 데 비하여, 잭 웰치나 카를로스 곤은 필요 없는 인력은 무자비하게 정리해고 했다. 그리고 리더가 전면에 나서서 솔선수범함으로서 도산위기에 직면한 회사의 분위기를 반전시키고 철저한 성과위주와 공격적인 경영으로 기업체를 재건하는 데 성공했다. 그러니까 리더십도 상황에 따라서 시기적절하게 달라질 수 있는 것이다.

부록

천화동인괘(天火同人卦)

1. 괘사(卦辭)

동인우야(同人于野)면 형(亨)하리니 이섭대천(利涉大川)이며 이군자(利君子)의 정(貞)하니라 : 사람들이 같이하는 것을 들에서 하면 형통하리니 큰 내를 건너는 것이 이로우며 군자는 바르게 처신함이 이로우니라.

<해설> 역경(易經)은 지금부터 2천여 년 전에 작성된 문헌으로 당시에는 지필묵(紙筆墨)이 발달되지 않아서 대나무 조각인 죽간(竹簡)에 글을 써야 했다. 그러므로 문장이 극히 절제되어 있기 때문에 글자 한자 한자에 많은 의미들이 농축(濃縮)되어 있다. 동인(同人)이란 용어를 현대적인 시각으로 해석하면 월드컵 응원을 위한 모임, 선거의 유세를 위한 정치적인 모임, 이익 단체들의 시위를 위한 모임 등 여러 사람들이 모이는 집회의 의미와 각종 조직에서의 인력관리 등과 같은 여러 가지 의미들이 함축되어있다.

사람들이 들(野) -여기서 들(野)이라는 것은 오늘날의 사회현상으로 표현하면 광장(廣場)을 말하는 것이다- 에서 모이면 형통하다는 것은, 사적(私的)으로 은밀한 곳에서 만나 작당(作黨)하지 말고 공개된 장소에서 만나서 공적(公的)인 일을 하라는 것이다. 그러므로 여러 사람들이 공적인 일을 위해 합심하면 아무리 어려운 일 -2천여 년 전에 큰 강을 건넌다는 것은 힘들고 위험한 일이었기 때문이다- 이라도 성사시킬 수 있기 때문에 이롭다는 것이다. 그러나 군자(君子) -군자란 조직을 이끌어나갈 리더를 말한다- 는 이러한 모임을 관리하는 데 사적인 욕심은 버리고 올바르게 처신

하라는 것이다.

2. 효사(爻辭)

육이(六二)는 동인우종(同人于宗)이니 인(吝)하도다 : 육이(六二)는 동인(同人)을 종(宗)으로 함이니 인색(吝嗇)하게 된다.

<해설> 육이(六二)라는 것은 2효(二爻)가 음효(陰爻)일 때는 앞에 육(六)을 붙여서 표기하고, 양효(陽爻)일 때는 앞에 구(九)를 붙여서 구이(九二)라고 표시한다. 그러므로 여기서 육이(六二)는 곧 이효(二爻)를 말한다.
육이(六二)는 함께 모여서 일을 하되 같은 종족(宗族) -어떤 조직을 막론하고 인력관리를 할 때 혈연, 지연, 학연 등에 치우치면 그 조직은 사조직으로 전락하여 발전할 수 없다는 것이다- 끼리만 하면 인색해지기 때문에 정(情)에 끌리지 말고 공정하게 하라는 경계사(警戒辭)다. 여기서 육이(六二)는 음효(陰爻)가 음(陰)자리에 있기 때문에 득정(得正)했으며, 하괘(下卦)의 중(中)자리를 확보하고 있기 때문에 득중(得中)했고, 상괘(上卦)의 오효(五爻)인 구오(九五)와 음(陰)과 양(陽)으로 상응(相應)이 되어 있기 때문에 정응(正應)이 되어 있다. 거기다가 동인괘(同人卦) 전체를 끌고 갈 만한 위치에 있는 주효(主爻)이기 때문에, 자기 권한을 남용하거나 정(情)-여기서 육이(六二)는 음효(陰爻) 혼자서 5개의 양효(陽爻)를 상대해야 되므로 정(情)에 이끌리기 쉽기 때문이다-에 이끌려 조직을 망치지 말 것을 경계하고 있다.

구오(九五)는 동인(同人)이 선호조이후소(先號咷而後笑)하니 대사극(大師克)이라야 상우(相遇)로다 : 구오(九五)는 동인(同人)이 처음에는 울부짖다가 뒤에는 웃으니 큰 군사로 이겨야 서로 만날 것이다.

<해설> 구오(九五)는 오효(五爻)를 말하는 것으로, 구오(九五)는 처음에는 사리사욕(私利私慾)으로 작당(作黨)한 무리들 때문에 골치가 아프지만 구오(九五)가 이 무리들을 충분히 이겨낼 위치

에 있기 때문에 조급하게 강경 대응하지 않고 기다리면서 여론을 반영한 뒤에 결단을 내리면 오히려 더욱더 단결되어 발전할 수 있다는 것이다.

여기서 구오(九五)는 양효(陽爻)가 양(陽)자리에 있기 때문에 득정(得正)했으며, 상괘(上卦)의 중(中)자리를 확보하고 있기 때문에 득중(得中)했고, 하괘(下卦)의 2효(二爻)인 육이(六二)와 음(陰)과 양(陽)으로 상응(相應)하기 때문에 정응(正應)이 되어 있다. 또한 동인괘(同人卦)전체를 끌고 갈 수 있는 주효(主爻)이므로 막강한 파워가 있는 리더의 위치에 있기 때문에 강경 대응할 우려가 있다. 그러나 힘이 있다고 권력을 함부로 행사하는 것은 동인(同人)의 정신에 어긋나는 행위이다. 동인(同人)을 성취하기 위해서는 서로 양보하고 협력해야만 조직이 발전할 수 있다. 그러나 소요사태가 너무 길어지고 민심을 이반하는 행위를 하거나 사리사욕에 눈이 어두운 집단이라면 여론에 호소한 후에 물리력을 동원해서라도 기강을 잡으라는 것이다.

화천대유괘(火天大有卦)

1. 괘사(卦辭)

대유(大有)[30]는 원형(元亨)하니라 : 대유(大有)는 크게 형통하니라. 단왈대유(彖曰大有)[31]는 유(柔) 득존위(得尊位)하고 대중이상하(大中而上下) 응지(應之)할 새 왈대유(曰大有)니 기덕(其德)이 강건이문명(剛健而文明)하고 응호천이시행(應乎天而時行)이라 시이원형(是以元亨)하니라 : 단전(彖傳)에 의하면 대유(大有)는 부드러운 것이 존위(尊位)를 얻고 크게 가운데 자리하여 위와 아래가 응함에 대유(大有)라 하니 그 덕(德)이 강건하여

30) 대유괘(大有卦)는 태양이 하늘높이 떠올라 온 세상을 밝게 비춰 주고 만물을 길러 주는 상(象)이므로 크게 형통하다는 것이다.

31) 화천대유괘(火天大有卦)의 괘사(卦辭)가 너무나 짧기 때문에 단전(彖傳)을 덧붙여 해석한다. 단전(彖傳)은 역전(易傳) 중의 하나로 괘사(卦辭)를 해석한 글이다.

문명하고 하늘에 응하여 때에 맞춰 행함이라 이로써 크게 형통(亨通)하니라.

<해설> 단전(彖傳)에서 설명하기를 대유(大有)라는 것은 부드러운 것이 존위(尊位)를 얻고 크게 가운데 자리 -여기서 부드러운 것이란 대유괘(大有卦)의 5효(五爻)인 육오(六五)를 가리키는 것으로 음효(陰爻)이기 때문에 부드럽다고 한 것이고, 존위(尊位)를 얻고 크게 가운데에 자리했다는 것은 5효(五爻)가 상괘(上卦)의 중심이며 왕(王)을 상징하는 자리이기 때문이다- 하여 위와 아래가 응함이니 대유(大有)라 했다. 그러니까 육오(六五)는 대유괘(大有卦)의 유일한 음효(陰爻)가 상괘(上卦)의 중심인 존위(尊位)에 자리하여 위와 아래의 강한 양효(陽爻)들과 서로 응하고 있으니 강건하며, 태양을 상징하는 상괘(上卦)의 중심에 있으므로 온 세상을 밝게 비춰주고 만물을 길러줄 수 있는 힘이 있으므로 덕(德)이 있고 문명하다고 한 것이다. 그러므로 리더가 어떤 조직을 크게 발전시키려면 그 조직 내의 에너지를 활성화시키되, 활성화된 에너지를 권력으로 휘두를 것이 아니라, 음효(陰爻)의 특성을 살려서 부드럽고 치밀하게 어머니 같은 마음으로 조직 구성원이나 조직외부의 고객들에게 써비스를 하면 크게 형통하다는 것이다.

2. 효사(爻辭)

육오(六五)는 궐부(厥孚) 교여(交如)니 위여(威如)면 길(吉)하리라 : 육오(六五)는 그 믿음이 사귀는 것이니 위엄이 있으면 길하리라.

<해설> 육오(六五)는 상괘(上卦)의 가운데에 있기 때문에 득중(得中)했으므로 중립을 지킬 수 있기 때문에 믿음은 있으나, 음효(陰爻)가 양(陽)자리에 있기 때문에 득정(得正)하지 못한 데다가 위와 아래의 다섯 개의 양효(陽爻)들에게 유혹을 받고 있기 때문에 자칫 잘못하면 흔들리기 쉬우므로 경계사를 붙여 놓은 것이다.

지수사괘(地水師卦)

1. 괘사(卦辭)

사(師)는 정(貞)이니 장인(丈人)이라야 길(吉)하고 무구(无咎)하리라 : 사(師)는 바르게 해야 하니 장인(丈人)이라야 길(吉)하고 허물이 없으리라.

<해설> 군사(軍事)의 도(道)는 국민의 생명과 국가의 존망(存亡)과 직결되므로 군사를 일으킬 때는 대의명분(大義名分)이 있어야 하고 어차피 일으킨 군사는 국가를 위해서만 써야지 사사(私事)로이 군사(軍事)를 동원하면 그 군사는 패거리로 전락(轉落)한다. 그러므로 바름으로써 근본을 삼아야 하니 올바로 행하려면 장인(丈人) -경험이 많고 노련한 장수(將帥)를 의미한다- 이라야 군사를 바르게 통솔할 수 있다는 것이다. 여기서 장인(丈人)이란 2효(二爻)인 구이(九二)를 가르키는데 2천여 년 전의 주(周)나라 때는 장수(將帥)란 칭호가 없었으며 사(師)란 2500명의 군대를 지칭했다.

2. 효사(爻辭)

구이(九二)는 재사하여 중(中)하니 길(吉)하고 무구(无咎)하니 왕삼석명(王三錫命)이로다 : 구이(九二)는 군사(軍事)에 있어 중도(中道)로서 하니 길(吉)하고 허물이 없으니 왕이 세 번 명을 주도다.

<해설> 지수사괘(地水師卦)의 주효(主爻)는 2효(二爻)인 구이(九二)와 5효(五爻)인 육오(六五)이므로 2효와 5효의 효사(爻辭)를 보기로 한다.

구이(九二)는 지수사괘(地水師卦)의 주효(主爻)로써 하괘(下卦)의 가운데에 자리하여 득중(得中)했으며 상괘(上卦)의 육오(六五)인 왕(王)과 상응(相應)함으로써 왕(王)을 대신하여 믿음직하게 전쟁을 수행할 수 있는 장수(將帥)이므로 왕(王)이 계속

신임하고 군권(軍權)을 맡긴다는 것이다.

六五(六五)는 전유금(田有禽)이거든 이집언(利執言)하니 무구(无咎)리라. 장자(長子) 솔사(帥師)니 제자여시(弟子輿尸)하면 정(貞)이라도 흉(凶)하리라 : 육오(六五)는 밭에 새가 있거든 말을 받들음이 이로우니 허물이 없으리라. 장자(長子)가 군사(軍事)를 거느리니 제자(弟子)에게 시체를 싣게 하면 바르더라도 흉하리라.

<해설> 육오(六五)는 유약(柔弱)하게 보이는 왕(王) -음효(陰爻)가 존위(尊位)에 자리했기 때문이다- 이므로 적(敵)이 깔보고 침범한 상(象)이니 육오(六五)는 적의 침공을 만천하에 밝히고 군사(軍事)를 일으켜 장수(將帥)를 임명하면 정당방위가 되므로 허물이 없다는 것이다. 그러나 장자(長子) -여기서 장자(長者)는 큰 아들이라는 뜻이 아니라 경험이 많은 노련한 장수(將帥)를 의미한다- 에게 군의 통수권(統帥權)을 주어야지 그러지 않고 제자(弟子) -여기서도 제자(弟子)는 작은 아들이라는 뜻이 아니고 경험이 별로 없고 패기만 넘치는 젊은 장수나, 왕이 편애(偏愛)하는 장수를 의미한다- 에게 통수권을 나누어 주면 전쟁에 패한 후에 아무리 옳다고 해도 흉하다는 것이다. 여기서 육오(六五)는 음효(陰爻)가 양(陽)자리에 자리하여 득정(得正)하지는 못했으나 상괘(上卦)의 중심에 있기 때문에 득중(得中)했고 충직한 장수에 해당되는 구이(九二)와 상응(相應)하고 있기 때문에 구이(九二)에게 군의 통수권을 맡기면 충분히 적을 물리칠 수 있으나 구이(九二)를 믿지 못하고 육삼(六三)이나 육사(六四)에게 군권을 나누어 주면 패한 뒤에 모든 책임은 육오(六五)의 과실로 남게 된다는 것이다. 임진왜란(壬辰倭亂) 때만 하더라도 선조(宣祖)가 끝까지 이순신장군에게 해군 통수권(統帥權)을 맡겼으면 국가적인 손실을 줄였을 것을 원균에게 통수권을 넘겨 주는 바람에 조선수군(朝鮮水軍)이 괴멸(壞滅)되어 정유재란(丁酉再亂)때 전라도 지역이 큰 피해를 당했던 것이다.

수지비괘(水地比卦)

1. 괘사(卦辭)

비(比)는 길(吉)하니 원서(原筮)하되 원영정(元永貞)이면 무구(无咎)하리라. 불녕(不寧)이어야 방래(方來)하니 후(後)하면 부(夫)라도 흉(凶) 하리라 : 비(比)는 길(吉)하니 점을 쳐서 근본을 살피되 원(元)하고 영(永)하고 정(貞)하면 허물이 없으리라. 편안하지 않아야 비로소 오니 뒤에 오면 대장부라도 흉하리라.

<해설> 수지비괘(水地比卦)는 전쟁이 끝나고 국민들이 합심하여 나라를 재건(再建)할 때이므로 괘명(卦名)을 서로 돕는다는 의미가 있는 도울 비(比)자를 쓴 것으로, 나라를 다시 세운다는 것은 힘은 들지만 좋은 일이기 때문에 길(吉)하다고 한 것이다. 나라를 재건하려면 가장 먼저 해야 할 일이 왕(王)을 뽑는 일인데, 점(占)을 쳐서 왕의 자질을 살피되 왕이 될 사람은 바탕이 있고 나라를 오래오래 잘 다스릴 수 있으며 모든 일에 바르게 처신할 사람이면 허물이 없다는 것이다. 백성들이란 본래 자기들의 안녕을 지킬 수가 없을 때 왕에게 몰려드는 것이니 늦게 오면 아무리 뛰어난 대장부라도 후회한다는 것이다.

2. 효사(爻辭)

구오(九五)는 현비(顯比)니 왕용삼구(王用三驅)에 실전금(失前禽)하며 읍인불계(邑人不誡)니 길(吉)하도다 : 구오(九五)는 나타나게 돕는 것이니 왕(王)이 세 군데로 몰매 앞의 새는 놓아주며 읍(邑)사람이 경계하지 않으니 길(吉)하도다.

<해설> 구오(九五)를 현비(顯比)라고 한 것은 수지비괘(水地比卦)의 5효(五爻)인 구오(九五)는 양효(陽爻)가 양(陽)자리에 있기 때문에 득정(得正)하였으며, 상괘(上卦)의 중심에 있기 때문에 득중(得中)하였다. 또한 하괘(下卦)의 2효(二爻)인 육이(六二)는 물론이고 다섯 개의 음효(陰爻)와 상응(相應)하고 있으므로 64괘

중의 어떤 존위(尊位)보다도 막강한 존위라고 할 수 있다. 그러므로 수지비괘(水地比卦)의 구오(九五)인 왕(王)은 백성을 다스림에 광명정대(光明正大)하고 사심(私心) 없이 다스릴 수 있기 때문이다.

구오(九五)는 왕(王)이 백성을 다스림에 명명백백(明明白白)하게 다스리는 것이니 사냥할 때와 같이 세 방향에서는 몰고 앞길은 터놓아서 죽기 살기로 도망하는 것은 놓아 주고 -옛날에는 사냥을 할 때 몰이꾼이 4면에서 몰이를 한 것이 아니라 3면에서만 몰이를 하고 한 면은 터주고 몰았다. 여기서 앞길을 터놓았다는 것은 왕(王)이 싫다고 가는 자는 억지로 붙들지 않는다는 의미다- 읍인(邑人)들도 [읍인이란 백성을 지칭한다] 왕(王)을 겁내어 억지로 섬기도록 강요하지 않음으로서 오히려 백성들이 성군(聖君) 밑으로 모여들도록 하는 것이니 길하다는 것이다.

참고문헌

가노 나오키(1988), 「中國哲學史」, 서울 : 乙酉文化社

김경일(1999), 「갑골문이야기」, 서울 : 바다출판사

김두철(1993), "물리학적 질서의 새로운 차원", 『과학사상』 제6호, 서울 : 범양사.

김병국 외(2000), 『조직의 이해와 관리』, 서울 : 대영문화사.

김상일(1993), 『화이트헤드와 동양철학』, 서울 : 서광사.

김상일(1994), 『카오스와 문명 : 문명의 위기와 카오스 여신의 부활』, 서울 : 동아출판사.

김상철(2001), 『노자 제대로 읽기』, 서울 : 씨앗을뿌리는사람.

김영덕(1998), "신과학에서 신과학운동으로," 『과학사상』제27호, 서울 : 범양사.

김영진(1994), 「IBM」, 서울 : 길벗

김용옥(2000), 『노자와 21세기[1][2][3]』, 서울 : 통나무.

김용운(1999), 『카오스의 날갯짓』, 서울 : 김영사.

김용운 · 김용국(1998), 「프랙탈과 카오스의 세계」, 서울 : 祐成

김용정(1993), "혼돈과 무의 극", 『과학사상』 제6호, 서울 : 범양사.

김학목(2000), 『노자 도덕경과 왕필의 주』, 서울 : 홍익출판사.

나단 스필버그 · 브라이언 D. 앤더슨(1994), 「과학혁명」, 이충호 옮김, 서울 : 새길

다사카 히로시(1997), 『복잡계 경영』, 주명갑 역, 서울 : 한국경제신문사.

도다 모리가즈(1994), 『카오스-혼돈 속의 법칙』, 21세기 과학시리즈 편찬회 역, 서울 : 대광서림.

랄프 D. 스테이시(1996), 『카오스 경영』, 최창현 역, 서울 : 한언.

마이클 M. 하몬 · 리처드 T. 메이어(1993), 『행정조직이론』, 최창현 역, 서울 : 대영문화사.

박배식(1995), 『카오스란 무엇인가』, 서울 : 범양사.

박이문(1997), "문명의 미래와 생태학적 세계관," 『동양사상과 환경문제』, 한국불교환경 교육원 엮음, 서울 : 도서출판 모색.

박형규 · 이장우(1997), “복잡성 과학과 기업 조직의 관리,” 『복잡성 과학의 이해와 적용』, 삼성경제연구소 편.
방건웅(1997), 『신과학이 세상을 바꾼다』, 서울 : 정신세계사.
변정환(2001), 『도덕경』, 경산대학교 출판부.
삼성종합기술원 기술전략실(1993), 『Chaos 이론 및 응용』, 서울 : 삼성종합기술원.
시오노 나나미(1995), 「로마인이야기」, 김석희 옮김, 서울 : 한길사
앤거스 그레이엄(2001), 『도의 논쟁자들』, 나성 역, 서울 : 새물결.
앨런 와츠(1994), 『해탈의 길』, 종서 옮김, 서울 : 고려원미디어.
양창삼(1997), 『조직혁신과 창조적 경영』, 서울 : 민영사.
요명춘 · 강학위 · 양위현(1994), 「주역철학사」, 심경호 옮김 서울 : 예문서원
이가은(1998), 「세계사 5000년」, 서울 : 그린비
이상기(1997), 『노자도덕경』, 서울 : 전원문화사.
이용필(2000), 『사회과학연구와 새로운 패러다임』, 서울대학교출판부.
이재권(1995), 『도가철학의 현대적 해석』, 문경출판사.
이창원 · 최창현(1997), 『새 조직론』, 서울 : 대영문화사.
이춘식(1991), 「中國史 序說」, 서울 : 教保文庫
이호연(1998), “혼돈과 복잡성의 과학”, 『과학사상』 제27호, 서울 : 범양사.
일리야 프리고진 · 이사벨 스텐저스(1994), 「혼돈으로 부터의 질서」 신국조 옮김, 서울 : 고려원미디어
장기근, 이석호(1982), 『老子 · 莊子』, 서울 : 삼성출판사.
장승권(1997), “복잡성 과학의 이해와 적용”, 『복잡성 과학의 이해와 적용』, 서울 : 삼성경제연구소.
장은성(1999), 『복잡성의 과학』, 서울 : 전파과학사
정진일(1998), 『주역』, 서울 : 서광사.
제임스 러브록(1996), 「GAIA」, 김기협 옮김, 서울 : 김영사
죤 · 화이트(1981), 「地球의 極移動을 豫測한다.」,드라이브社 편집기획실 옮김 서울 : 드라이브社
청솔역사교육연구회(1998), 「이야기 세계사 (하)」, 서울 : 청솔출판사
최창현(1993), “조직 이론 관점의 변천”, 한국행정학회 동계학술대회 발표 논문.
_____역.(1996), 『카오스 경영』, 서울 : 한국언론자료간행회
_____(1997), “카오스 이론과 조직 관리”, 『복잡성 과학의 이해와 적용』, 서울 : 삼성경제연구소.
_____(2000), “복잡성 이론의 조직 관리적 적용 가능성 탐색”, 『한국행정학

보』, 33.(4) : 22.

_____(2005), 『복잡계로 바라본 조직관리』, 서울 : 삼성경제연구소

탈콧트 파슨스(1999), 『현대사회들의 체계』, 윤원근 역, 서울 : 새물결.

한국도교문화협회(1998), 『도교와 생명사상』, 서울 : 국학자료원.

한국도교사상연구회(1995), 『한국 도교와 도가사상』, 서울 : 아세아문화사.

한국생산성본부(1997), 『생산성 개념 체계에 관한 연구』, 생산성연구총서 97-06.

한국주역학회 편(1992), 「周易의 現代的 照明」, 서울 : (주) 범양사 출판부

해리슨 E. 솔즈베리(1985), 「大長征」, 정성호역, 서울 : 汎友社

A. L. 바라바시(2002), 「링크」, 강병남 · 김기훈 옮김, 서울 : 동아시아

Arthur, W.B.(1987), "Path-Dependent Processes and the Emergence of Macro-Structure", European Journal of Operational Research, vol.30.

Bertalanffy Ludwig von.(1968), General Systems Theory, Middlesex, England : Pengiun Books.

Bertalanffy, Ludwig von.(1956), "General System Theory", in General Systems : Yearbook of the Society for the Advancement of General Systems Research, ed. Ludwig von Bertalanffy and Anatol Rapoport. 1.

Boulding, Kenneth E.(1956), "General Systems Theory" : The Skeleton of Science, Management Science, 2.

Brigs, John(1990), 『혼돈의 과학』, 김광태 · 조혁 역, 서울 : 범양사출판부.

Casti, John (1997) 『복잡성 과학이란 무엇인가』, 김동광 · 손영란 역, 서울 : 까치글방

Choi, Chang-Hyeon (1996). "Detecting Chaotic Attractors in Organization Ecology", paper presented to IMFORMS, Organization Science Conference, Atlanta.

Choi, Chang-Hyeon (1997). "Generalization of the Lotka-Volterra Population Ecology Model : Theory, Simulation, and Applications, Nonlinear Dynamics, Psychology, & Life Sciences, vol. 1, no.3.

Choi, Chang-Hyeon (1998). Application of NK Model to Organization Management, Proceedigs of the 2nd International Conference on Complex Systems held at Sheraton Hotel, Nashua, NH.

Costanza, R. (1993). "*Modeling Complex Ecological Economic System*", BioScience, vol.43,no.8,Sep., pp.544~555

Coveney, P. & Highfield, R. (1995). *Frontiers of Complexity*, New York, Fawcett Columbine.

E. A. 가르시아(1997), "조직 연구에서 복잡 적응 시스템의 활용", 『복잡성과학의 이해와 적용』, 최창현 옮김, 서울 : 삼성경제연구소 편.

Erich Jantsch(1989), 「자기조직하는 우주」, 홍동선 옮김 서울 : (주) 범양사 출판부

F. 카프라(1985), 『새로운 과학과 문명의 전환』, 이성범 · 구윤서 역, 서울 : 범양사출판부.

_____(1989), 『현대물리학과 동양사상』, 이성범 · 김용정 역, 서울 : 범양사출판부.

_____(1998), 『생명의 그물』, 김용정 · 김동광 역, 서울 : 범양사출판부.

Fritjof Capra(1979), 「현대물리학과 동양사상」, 李成範 · 金鎔貞 譯 서울 : (주) 범양사 출판부

Fritjof Capra(1985), 「새로운 科學과 文明의 轉換」, 李成範 · 具閏瑞 옮김, 서울 : (주) 범양사 출판부

Fritjof Capra(1998), 「생명의 그물」, 김용정 · 김동광 옮김, 서울 : (주) 범양사 출판부

G, 모르간(1994), 『조직사회학』, 오세철 · 박상언 역, 서울 : 현상과인식.

Gleick, J.(1987), "Chaos" : Making a New Science, New York : Penguin Books.

Gleick, James (1993), 『카오스 : 현대과학의 대혁명』, 박배식 · 성하운 역, 서울 : 동문사.

Hall, A. D. and Fagen R. E.(1956), "Definition of System," General Systems : The Yearbook of the Society for the Advancement of General Systems Theory, 1,

Heinz R. Pagels (1988) The Dreams of Reason: The Computer and the Rise of the Sciences of Complexity.

Heinz R. Pagels(1989), 「우주의 암호」, 이호연 옮김 서울 : (주) 범양사 출판부

Ian Stewart (1989), 『하느님은 주사위놀이를 하는가?』, 박배식 · 조혁 역, 서울 : 범양사.

James Gleick(1993), 「CHAOS」, 박배식 · 성하운 옮김, 서울 : 동문사

Jantsch, E.(1980). The Self-organizing Universe : Scientific and Human Implications of the Emerging Paradigm of Evolution. Pergamon Press.

Kapra, F (1993), 『새로운 과학과 문명의 전환』, 이성범 외 역, 서울 : 범양사. p. 28.

Kauffman, S. & Macready, W. (1995). "Technological Evolution and Adaptive Organizations," Complexity, Vol. 1, No. 2, 26-43.

Kauffman, S. A (1995) *At Home in the Universe*, Oxford, Oxford

University Press.

Kauffman, S. A. (1993). The Origins of Order: Self-Organization and Selection in Evolution, New York: Oxford University Press.

Kelly, S. (1998). The Complexity Advantage : How the Science of Complexity Can Help Your Business Achieve Peak Performance, McGrow-Hil.

Kiel, Douglas, L. (1994). Managing Chaos and Complexity in Government, Jossey-Bass : San Francisco

Laszlo(1986), In Soeiocybernetic Paradoxes, Ed. by Geyer, R. Felix & Zuwen, Johannes van der, SAGE

Lewin, Roger (1992) 『컴플렉시티』, 김광희 역, 서울 : 세종서적

March, J. G. (1991). "Exploration and Exploitation in Organization Learning", Organization Science, vol.2, no.1, Feb.

Morgan, G.(1986). Images of Organization, Newbury Park: Sage Publications.

Pagels(1988), 『이성의 꿈』, 구현모·이해심·이호연 역, 서울: 범양사출판부.

Parker, D., and Stacey, R.(1994), Chaos, Management and Economics : The Implications of Non-Linear Thinking, Institute of Iconomic Affairs-Hobart Paper 125, London.

Prigogine, I., & Stengers, I.(1984). "Order out of Chaos": Man's New Dialogue with Nature. New York : Bantam Books.

Prigogine, Iliya (1993), 『혼돈으로부터의 질서』, 신국조 역, 서울 : 고려원미디어.

Radcliffe-Brown A.R.(1952), Structure and Function in Primitive Society, Glencoe,Ⅲ. Free Press.

Scott, W.R.(1992), Organization: Rational, natural, and open systems (3nd ed.). Englewood Cliffs, N. J. : Prentice-Hall.

Sherman, H. & Schultz, R. (1998). Open Boundaries : Creating Business Innovation Through Complexity, Pesseus Books.

Simon, H. A. (1996). The Sciences of the Artificial, 3rd ed. MIT Press, Cambridge, MA.

Stacey, R. D.(1996). Complexity and Creativity in Organization, Berrestt -Koehler Publishers, Inc.

Stacy, R. (1992). Managing Chaos : Dynamic business strategies in an unpredictable world. London: Kogan Page.

Waldrop, W. M.(1992), Complexity, New York: Simon & Schuster.

Weaver, Warren. (1948). Science and Complexity, American Scientist, vol.36

저자 소개

☯ 최창현

뉴욕 주립대 록펠러 행정대학원 박사(행정행태 전공)
성균관대 행정학과 졸업
University of South Carolina 방문교수
한국조직학회 부회장
한국조직학회 편집위원장
한국행정학회 편집이사
뉴욕주립대 록펠러 행정대학원 객원교수
RPI Lally 경영대학원 초빙교수
(現) 관동대학교 행정학과 교수

연구실적
- 환경에 대한 조직적응양식
  :구조적 상황이론, 자원종속이론, 개체군 생태학이론,
  제도이론의 비교분석 (1992)
- 조직구조와 혁신의 관계(1994)

저서및 공저
- 『조직사회학』 (1995)
- 『새조직론』 (1996)
- 『복잡계로 바라 본 조직관리』 (2005)

역서
- 『카오스경영』 (1996)

☯ 박찬홍

한양대학교 건축공학과 졸업
건설회사와 감리전문회사 등에서 25년간 재직

주역(周易)과 사주명리학(四柱命理學)은 물론이고,
동양사상 전반과
기후학, 생물학, 천문학, 유체역학, 현대물리학, 복잡계과학
등을 30여 년간 연구.

저서
- 『사이언스사주
  :사주학(四柱學)은 기후생물학이며 복잡계과학이다!』 (2006)

복잡계와 동양사상
: 자기조직화와 조직관리

2007년 9월 3일 인쇄
2007년 9월 10일 발행

저 자 / 최창현 · 박찬홍
발행자 / 김 종 호
발행처 / **지 샘**
서울시 성동구 성수2가3동 279-39호
TEL · 02-461-5858
FAX · 02-461-4700
출판등록 / 제4-339호

ISBN : 978-89-88462-90-4

정가 : 20,000 원정